呑み鉄、ひとり旅

乗り鉄の王様がゆく

芦原　伸

呑み鉄、ひとり旅

◉乗り鉄の王様がゆく

芦原伸

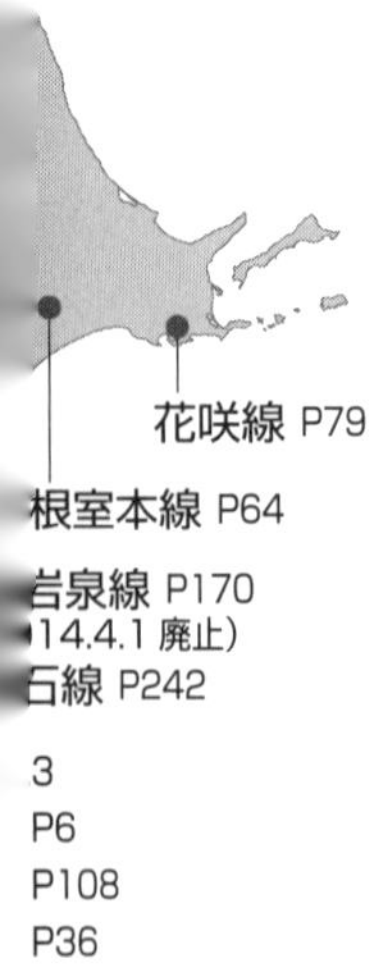
花咲線 P79
根室本線 P64
岩泉線 P170
14.4.1 廃止)
石線 P242
3
P6
P108
P36

目次

春

夏

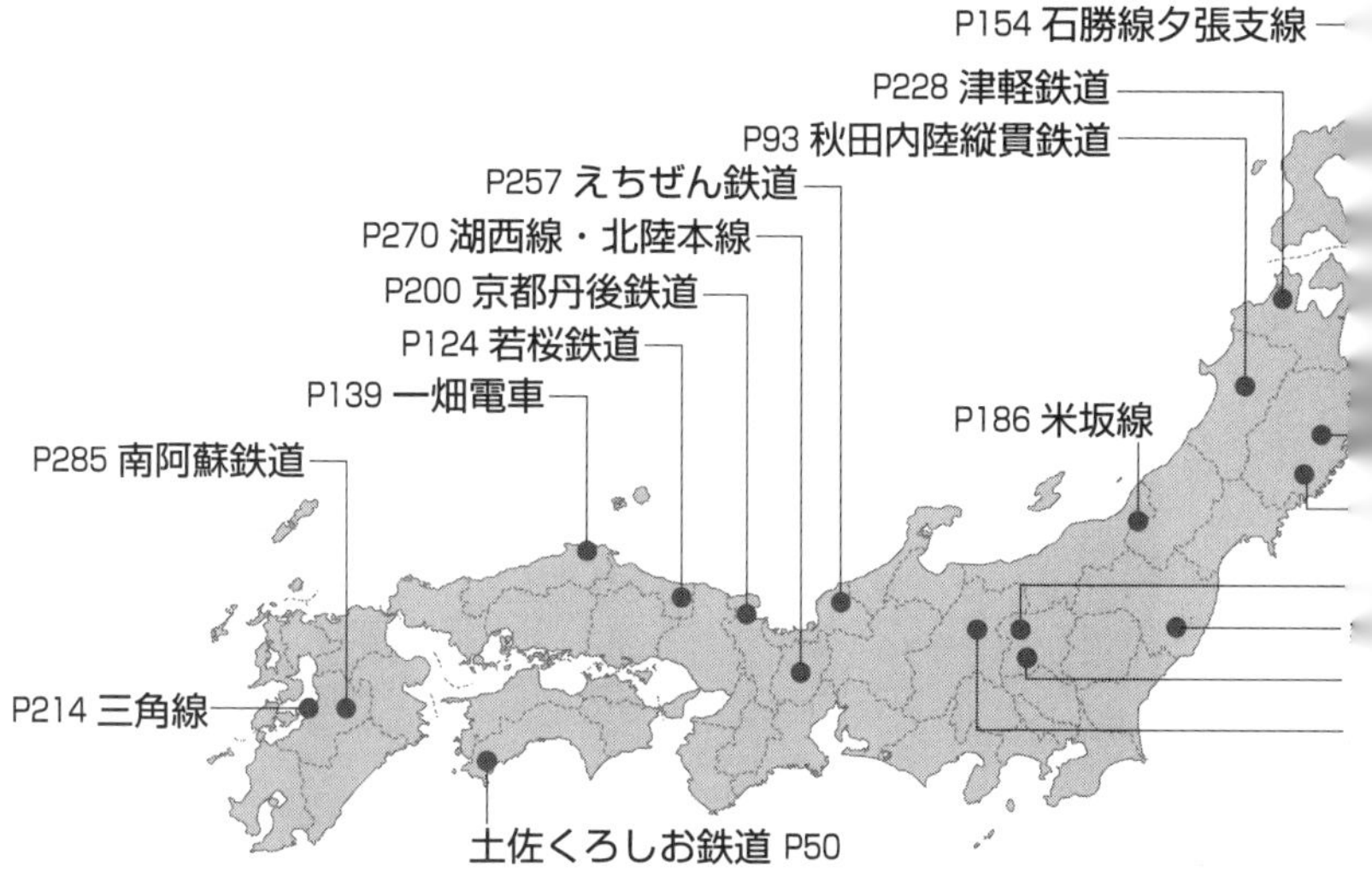
P154 石勝線夕張支線
P228 津軽鉄道
P93 秋田内陸縦貫鉄道
P257 えちぜん鉄道
P270 湖西線・北陸本線
P200 京都丹後鉄道
P124 若桜鉄道
P139 一畑電車
P186 米坂線
P285 南阿蘇鉄道
P214 三角線
土佐くろしお鉄道 P50

秋

冬

春

磐越東線
吾妻線
上田電鉄
土佐くろしお鉄道

【磐越東線】

里山街道をゆく

三春の滝桜を親に持つ、諏訪神社の〝子ざくら〟

東京ではすでに新緑がはじまっていたが、ここ福島県ではまだ桜が咲いていた。春たけなわの四月二〇日のことである。

東北新幹線開業以来、福島は近い、という距離感が身についてしまっていたが、「いいや、ここは遠い東北地方なのだ」——と、二週間遅れの桜花が教えてくれた。

磐越東線に乗るのは初めてだ、と言ってもいい。ずっと以前の話だが、急行「いわき」が走っており、水戸から福島まで乗った覚えはある。しかし、眠っていたのか、あるいは寄る年波に記憶が遠のいたのか、ほとんど思い出せない。もともと地味な路線である。この地域によほどの用がなければ、利用

現在、磐越東線で主力となっているディーゼルカーはキハ110系。最高速度は110キロである

しない路線である。

東京から脱都会をして常陸太田に長らく暮らす先輩がいて、花見に誘われた。布施正直さんで、専門は植物写真家である。

里山の桜は満開で見頃だという。友人らを交え旧里美村（現・常陸太田市）の横川温泉に一泊したが、その時磐越東線に乗ってみよう、という気になった。長らく乗っていなかったし、沿線の桜、三春の滝桜をこの際見ておきたいと思った。

いわき駅から旅をはじめた。

旅の友、サントリー角のポケット瓶と一緒である。手頃な値段でコンビニで買え、ポケットにすっと入る〝ポケ角〟は、鉄道旅行におすすめだ。グラスは要らない。ストレートでクイッとやる。いきなり風景は鮮明となり、風景が物語りをはじめる。

16時54分発の1753D（列車番号、Dは気動車）列車はわずか二駅先の小川郷《おがわごう》止まりでその先へ

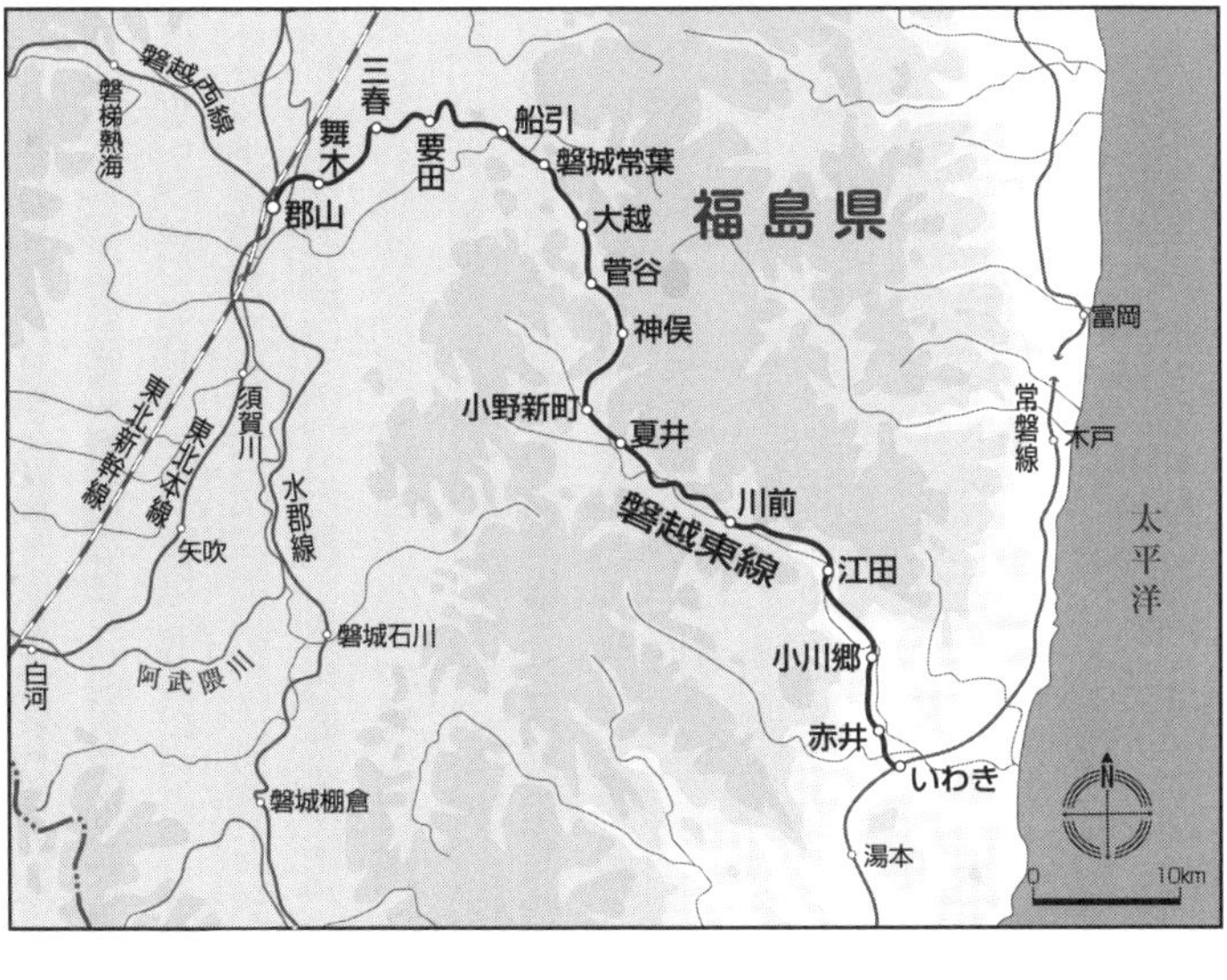

はゆかない。キハ110系（キは気動車、ハは普通車）、二両編成のディーゼルカーだった。次の列車は小川郷を18時01分発。ワンマンカーだったので、降車する際、「いわきで折り返して、また来るんですか？」ときいてみたら、運転士は「実はそうなんです」と笑って答えた。たった三駅だけで折り返す不思議な運行だが、中高生たちが通学に利用していた。まるで通学専用列車である。

磐越東線は当初、平《たいら》（現・いわき）と郡山を結ぶ平郡線《へいぐんせん》として計画された。平から小川郷までが平郡東線、郡山から小野新町《おのにいまち》が平郡西線として開業し、大正六（一九一七）年に全通すると、平〜郡山間が磐越東線と改称された。小川郷止まりというのは、実は一〇〇年も前の平郡西線のなごりなのである。ほかに一〇〇年前の時刻表通りに運行している列車が世の中にあるだろうか？　なんとも時空を超えたミステリアスな旅に思えた。

さて、次の列車まで一時間ほどあった。待合室に入ると、驚いた。まるで図書館である。小学生用の児童文庫から大人の恋愛小説や百科事典まで揃っている。これはただの駅ではない！　小川郷という名からしても、古き江戸時代の香りが立ち込めるではないか。さぞや教育熱心な土地柄なのだろう。

駅前に出ると、目の前に〝代行タクシー〟の看板が見えた。

「どこか見るところは？」

客待ちしていた運転手にきくと、

「諏訪神社の桜が今、満開だよ。三春の滝桜の株を分けてもらったんで、ここでは〝子ざくら〟と呼ばれている」

料金をきくと、

「まあ一〇〇〇円でいいや」

さっそく桜見学に出かけた。

諏訪神社に着くと、みごとなものであった。階段上の神社の境内から滝のように桜花がこぼれ落ちている。地面は一面の花びらだ。老幹は三春の滝桜と同じように木柱で支えられ、今にも倒れんばかりで、圧倒される。

運転手の説明によれば、しだれ桜は樹齢約六五〇年、高さ一一・五メートル、周囲三・六メートルの巨木で、いわき市の天然記念物に指定されているようだ。のちに入手した「福島県内【1本桜】番付表」によれば、三春の滝桜は押しも押されもせぬ東の横綱だが、西の横綱は郡山市の紅しだれ地蔵桜、この諏訪神社のしだれ桜は東前頭八枚目である。地方にはその地方にしか知られない銘木が数々あるものだ。

「草野心平記念館へ、寄ってみるかい?」

近いというので、ついでに回ってもらう。

詩人の草野心平がこの郷の出身だとは、知らなかった。その剛気、波乱に満ちた生き方から、てっきり大陸育ちか、と思っていたのだ。記念館はすでに五時を過ぎており、閉館されていたが、建物は雄大な阿武隈《あぶくま》山地と里山が一望できるすばらしい景観のなかにあった。

草野心平といえば「蛙」である。そうか、初夏ともなれば、この周囲は蛙の合唱が夜通し轟き渡ることだろう。

草野心平は明治三六（一九〇三）年、小川郷に生まれ、慶応大学を中退し、中国へ渡り、広東の大学に学んだが、排日運動のため帰国を余儀なくされた。自由奔放な人で、詩人特有の貧乏生活にもめげず、六〇歳になるまで質屋へ通い続け、焼き鳥屋も開いたことがある。

ほっ　いぬのふぐりがさいている。
ほっ　おおきなくもがうごいている。
ケルルン　クック
ケルルン　クック

『春のうた』は教科書で昔学んだことがあったが、この雄大な阿武隈山地からあの詩が生まれたのだ、と思うと、納得できた。六五〇年も生き続けるしだれ桜、雄大な山地とのどかな里山風景、そして草野心平の「蛙」の詩……。磐越東線が「ゆうゆうあぶくまライン」と呼ばれる所以がこの時はじめて分かった。ここでは悠然と時が流れ、心平の大きな心のような白雲が気ままにさすらうところなのだ。

駅に戻った。

「いくらですか？」

ときくと、

三春駒や三春張子などの郷土玩具、そして滝桜が待つ三春駅に降り立つ

「一〇〇〇円でいいや。おまけしとく」

何とも大らかではないか！　今どき都内で小一時間、タクシーをチャーターしたら、五〇〇〇円はするだろう。運転手は添野さんといった。もともと郡山の出身で、横浜へ働きに出て、住宅建設会社で出世して部長になり、一〇〇人の部下を使っていたという。定年近くなり、第二の人生をのんびりやろうとUターンしてこの地へ来た。それで介護と代行タクシーをひとりでやっている。なんだか、現代の草野心平に出会ったような気がして嬉しくなった。

悲喜こもごもの人生を乗せて列車は走る

小川郷から1755D列車に乗る。

やはり二両編成だったが、こちらの列車には車掌が乗っていた。

車窓から眺める野山には桜、山吹、雪やなぎ、菜の花など色とりどりの花が咲き、竹藪に囲まれた瓦屋根の民家がしっとりと点在し、水の入らぬ涸れ田が広がる。野辺の風景は日本の里山そのものの原風景のようだった。

高度成長の時代、この地域の少年少女たちはこぞって集団就職列車に乗って上京したのだろう。この頃、東京は遠かった。そしておそらく故郷へはもはや帰ることなく、言葉の〝訛り《なま》〟を捨て、東京人となって都会で暮らしていることだろう。残された親たちは齢を重ねて孤立化している。

全国の都道府県は少子化で人口が減少しつつあり、一七一八ある市町村のうち七七五市町村が過疎地だといわれている。実に四五パーセントを占めている。過疎地の人口は一〇三二万人、総人口の約一〇パーセントが国土の五七パーセントを占めている。

戦後人口の移動で、都市は復旧したが、しかし、地方はいよいよ過疎となり、限界集落化してゆくばかりだ。

ここ福島の農家はいかがなものだろうか？　などと考えながら里山風景を眺めている。

ぼんやり車窓を眺めていると、さまざまなことを想起する。楽しいこともあれば、悲しいこともある。鉄道は単なる輸送機関ではない。鉄道は悲喜こもごもの人生を運んでいるのだ。

この日、嬉しかったことがあった。拙著『へるん先生の汽車旅行』の書評が、朝日、産経、東京の三紙に同時に出たことだった。友人たちから次々にケイタイメールで知らされて、心が躍った。三年以上かけた労作だが、やはり認めてくれる人はいたのだ。なかでも朝日新聞に掲載された保阪正康さんの〝歩く評伝という新しいジャンルが生まれた〟との評には感動した。衰退する紀行文学をノンフィクションの一分野として正当に評価してもらいたい、という思いがこの本を書く動機の一つでもあったが、その思わくを洞察されて、嬉しく思った。今夜の酒はさぞうまくなるだろうと、心がときめく。

同時に悲しい知らせもあった。実は二人の友人の訃報も列車のなかに届いたのだ。

ひとりは勝見洋一さんで、作家、エッセイスト。優れた食味文化エッセイを発表していた。このところ便りがないと思っていたら、入院されていたようだ。三〇歳代からの古い友人で、幾度も酒を酌み交わした仲だった。作家の桐島洋子さんとおしどり夫婦だった頃、原宿のマンションにお訪ねして、とびきり上等なワインをよく飲ませてもらった。ぼくのワイン学の師匠ともいえる人だった。もともと骨董鑑定家で、中国の文化革命で失われた文化財の発掘に尽力していた。

もうひとりは日本旅のペンクラブの先輩で、釣り仲間だった豊富良哲さんだ。豊富さんとはしばしば東北へイワナ釣りに出かけたが、年の暮から状態が良くない、とは伺っていた。鉄道旅行にも造詣が深く、『旅と鉄道』誌のテーマ別魅力ランキングにも毎号欠かさず投票していた。

たそがれの里山を走る列車は悲喜こもごもの思いを乗せて走った。

——さまざまな事おもひ出す桜かな（松尾芭蕉）

山襞に咲く山桜、里山に咲くしだれ桜の花びらが夕まずめの空に妖しく浮かぶ。

桜花には妖艶な美しさもあるが、一抹の淋しさもある。車窓の花々は友人への手向けのようでもあった。去ってしまった友人たちがどこかで呼んでいるような気配がした。

トンネルを抜けると、渓谷が現れた。夏井川渓谷だ。

今は枯れているが広葉樹と針葉樹の混成林のなかを列車は走った。右に左に渓流がほとばしる。渓谷の名物は岩ツツジ（アカヤシオ）で、ピンクの花をつける頃、列車はわざとゆっくり走ってくれるという。今は早いのか、遅いのか、花々を見ることはできなかった。

小屋掛けのような待合室だけがある江田を過ぎると、周囲はもはや薄暗くなった。

遅れてきた客にも「お食事の前に、お風呂へ」

――阿武隈山地は地味なところだ。山なみは平凡、最高峰の大滝根山（一一九三メートル）の知名度は低い。有名な観光地や温泉も乏しくて、一般の旅行案内書を見ても、ほとんど無視されている。

（宮脇俊三『日本探見二泊三日』より）

紀行作家の先輩である宮脇さんが書いたように阿武隈山地は確かに地味なところである。

福島県の中通り地方と浜通り地方のあいだに丘陵のように横たわり、阿武隈川、久慈川という河川が南北に流れる。その丘陵のなかに湯沢温泉という名の温泉を見つけた。今どきインターネットでもなかなか見つからない隠れ湯だ。

案内には夏井駅から徒歩二〇分とあったが、くねった上り坂をゆけどもゆけども温泉宿らしき気配はない。すでに日はとっぷり暮れて、辺りは暗闇である。街中と違い田園では街灯はなく、遠くの農家の灯りがちらつくだけだ。

暗闇という空間を久しぶりに体験した。薄曇りだったので、月はなく、星もない。唯一光を見るのは、田舎道を一目散に走り抜ける乗用車のヘッドライトだけである。標高は四〇〇メートルくらいあるので、大気は日没とともにみるまに冷え込んできた。

二〇分歩いても、気配がない。さすがに気分が落ち着かず、宿へ電話した。

「徒歩ですか。ならば今迎えに行きましょう」

今どき、鉄道に乗って歩いてくる客は珍しいようだ。ほとんどがマイカー族か、団体バスの昨今である。

宿の亭主が迎えに来てくれて、さらに一キロほど分け入ったところに温泉宿があった。最初から駅まで迎えに来てくれれば……夜道を歩いた苦労は何だったのだろうか？　という気持ちもあったが、ここは素直に感謝しよう。亭主は部屋や料理の準備に忙しかったのだろう。

山影にひっそりとたたずむ秘湯か、と期待したが、宿は田んぼと道路に面しており、普通の大きな農家のようで、残念ながらさして風情はなかった。しかし、愛想のいい、てきぱきした快活な女将《おかみ》の「まあ遠いところを、お疲れさまでした」の一言に心はたちまちなごんでしまった。部屋はすでに暖房が効いており、山地の冷気はすっかりと拭われていた。どうやら宿は夫婦だけでやり繰りしているようである。

「お食事の前に、どうぞ、お風呂へ」

と、優しい一言。普通の宿ならば、板前の都合で、食事時間が制限されている。遅れたら、先に食事が当たり前のご時世だ。しかも団体優先で、こちらがひとりだと歓迎されない。それだけでも感謝しなければならない。

「ひょっとしたらいい宿かもしれない」

などとまた期待がふくらむ。

温泉はクセのない単純泉で、一見家庭のお風呂のようであったが、ここでは贅沢はいわない。一泊二食で七五〇〇円という民宿並みの安さなのだ。

料理は特別なものはなかったが、刺身、天ぷら、鍋とひとりでは食べきれないほど。いわき地産のカレイの煮つけがおいしかった。地酒・太平桜がグイグイと胃袋に吸い込まれていった。

女将にきけば、宿は江戸時代から湯治場としてあったらしい。今の経営者になってから四代目だ、という。鍋釜持参で、農閑期に農民が長逗留する宿だった。

「震災の時は？」

と、きけば、

「大変でしたよ。地震で湯水が止まり、営業できなくなりました。水も食料もいわきまで買い出しにゆきました」

三〇キロ圏内からははずれるが、緊急時避難準備区域ぎりぎりの場所にあるため、風評被害も多く、野菜が売れず、温泉客の足も遠のいた。山川は汚染され、住民の半分は他所へ避難した。周辺でも閉館した温泉宿は多かったという。今は湯治客に代わり、登山客や釣り客が主流だが、三年経って徐々に戻りはじめているようだ。

まだ蛙の季節には早いが、静かな田園の宿のもてなしに感謝した。

夏井千本桜には早過ぎた

翌朝、夏井9時20分発、731D列車に乗る。昨日と同じキハ110系の二両編成だった。

列車は夏井川に沿って進む。夏井川の堤には桜が植えられ、約五キロにわたり、約一〇〇〇本の染井《そめい》吉野《よしの》が埋め尽くす。いくつかの鯉幟が川にかけられている。シーズンには臨時列車が運行するほど人気があるそうな。この日、この地では標高が高いため桜はまだ早く、今にも芽吹きそうな薄茶色の小枝ばかりを眺めることになった。東北本線の大河原～船岡間の白石川一目千本桜《ひとめせんぼんざくら》も圧倒されるが、ここ夏井千本桜も延々と車窓から離れずに続いており、開花時にはさぞや美しい眺めだろうと想像できる。百聞は一見にしかず――やはり実際に来て見てみないと、風景は語れない。

小野新町から車掌が乗った。

「すべてのドアから乗り降りできます」

アナウンスがあった。

小野新町は三春と並んで歴史のある町である。

磐越東線は江戸時代の磐城街道に沿って作られているが、小野新町はその磐城街道の宿場だった。この町には小野小町の伝説が残っている。小野小町は平安初期の天才歌人で絶世の美女だったためか、全国各地に伝説が残っている。祖父の小野篁《たかむら》が陸奥国にゆかりがあり、諸国を転々としたためといわれるが、この小野新町にも小野篁が救民撫育使《きゅうみんぶいくし》として統治をした、という逸話が残り、小野小町を観光資

デコ屋敷、彦治民芸のご主人と郷土玩具を語る

源に利用している。

列車は駅前にある小野篁館跡の記念碑を見ながら進んだ。

9時38分、菅谷《すがや》着。

あぶくま洞にゆこうとして、駅員（嘱託）の女性に尋ねると、

「おやまあ、前の神俣《かんまた》駅の方が近かったのに。こちらは入水《いりみず》鍾乳洞《しょうにゅうどう》の最寄駅ですよ」

そうだったのか！　案内板を見落としてしまったようだが、各駅停車のひとり旅にはままあることだ。

駅前からは雪山のような白い山が見えた。

「石灰の山です。三山《みやま》です」

阿武隈山地は古い地層の山である。今から八〇〇〇万年前に海底だったところで、その後隆起してできた山地だ。地層は石灰岩が多く埋もれ、あぶくま洞は石灰の山中にできた鍾乳洞だ。

駅前からタクシーを呼び、あぶくま洞を見学した。日本を代表する鍾乳洞はいくつか見たが、あぶくま洞もおなじような景観でさして新鮮味はなかった。ただ地元の葡萄で作ったというワインを貯蔵しており、半年間鍾乳洞にねかせておくと一層味わいが深くなり、美味になるそうな。少々重いけれど、試しに飲んでみようと売店で買い求めた。

11時25分、神俣発。

枯れた田んぼ、竹林、杉の森、時折現れるしだれ桜……風景は変わらない。

大越《おおごえ》、磐城常葉《いわきときわ》、船引と停車して、三春には11時58分に着いた。朝から曇り空だったが、車内にいる時から雨が降りはじめ、三春に着いたら本降りになった。

デコ屋敷へ行った。

デコとはこの地方で人形のことをいい、木偶《でく》が訛ったといわれる。木製の三春駒や紙製の三春張子を作る農家が四軒あり、デコ屋敷という風変わりな名称で呼ばれている。

そのなかの一軒、彦治《ひこじ》民芸の橋本高宜《たかよし》さんのデコ屋敷を訪ねた。築四〇〇年という江戸時代に作られた大きな古民家だ。

「みんな勘違いするけど、ここは三春じゃないんだ。高柴《たかしば》といって、郡山になる。〝デコ屋敷〟とカーナビに入れると、郡山駅前の居酒屋に案内されちゃうからご注意！」

いきなり先制された。

「〝三春駒〟は正式には三春の城下で飼育した南部馬のことだよ。こちらの玩具の馬は、正式には〝高柴子育木馬《きんま》〟というんだ」

かなりマスコミ慣れしているようだ。六三歳でほぼ同世代だが、見事な白髭を蓄えて顔もつやつやしてお元気である。記者がききたいことがはじめから分かっていらっしゃる。続けて、

「起源は一二〇〇年前の坂上田村麻呂に遡ります。奥州制圧の折、京都の清水寺の円珍上人が馬の木像をお守りに一〇〇個もたせた。田村麻呂があぶくま洞付近の戦いで劣勢になった時、本物の一〇〇頭の野馬が現れて、その勢力を得て敵に勝った。その一つが高柴で見つかり、先祖たちが九九の木馬を補って、以来子供たちのお守りにした。それが今の三春駒の原形なんだ」

なるほど、そうだったのか。

「昭和四九年のＮＨＫ『新日本紀行』。これが当時の人気番組でね。三春の滝桜とデコ屋敷を紹介してくれた。以来、全国的に知られて観光バスが来るようになった」

というわけで、もはや何もきかないまま、デコ屋敷の由来や概要が納得できた。

奥さんと息子さんと三人で製作、販売をしている。郷土玩具工房というと遠慮しながら見させていただくということになるが、デコ屋敷はどこも民芸品販売店に近く、誰でも気安く品定めができる。黒馬は若い人たち、白馬は高齢者のお守りになるという。見た目はやはり黒馬がいい。荒削りながら躍動感が溢れている。郷土玩具の逸品だろう。

外に出ると、雨が激しくなってきた。

滝桜は諦めよう。濡れながら、見学者の長蛇の列に並ぶのは、どん行列車のひとり旅にはふさわしく

ない。

——花の色は移りにけりないたづらに　我が身世にふるながめせし間に

有名な小野小町の歌でこの旅を終えよう。

小町は自分の美貌が時間が経つままに無情に衰えるのを花にたとえて悲しんだが、すでに十分老いさらばえたぼくは、もはや何も恨むことはない。ただ、今宵もうまい酒と肴にめぐりあいたく、ひそかに祈るばかりであった。

（平成二五年四月取材）

【吾妻線】どん行湯けむりの旅

大前ってどこにあるの？

群馬県の中西部を東西に流れる利根川の支流・吾妻《あがつま》川沿いには、下流から伊香保《いかほ》、沢渡《さわたり》、四万《しま》、川原《かわら》湯《ゆ》、花敷《はなしき》、草津、鹿沢《かざわ》、万座《まんざ》と、名の知れた温泉が点在している。

渋川から大前《おおまえ》までの五五・六キロを、ＪＲ吾妻線が吾妻川と絡み合うように、並行して走っている。

旅の友、〝ポケ角〟を片手に、上州路を新幹線で北上。高崎で吾妻線に直通する11時38分の大前行きに乗り継ぐ。ホームに待っていた電車は、懐かしい湘南色の緑とオレンジの１１５系四両編成だ。景色の見やすいボックスシートと、窓辺の小さなテーブルがうれしい。

「草津まで行きたいんですが、この電車でよろしいですかね」

日本一短いといわれた樽沢トンネル

七〇歳代とおぼしき、女性グループのひとりに声をかけられた。

「ええ、長野原草津口で降りて、ＪＲバスに乗り換えですよ」

「大前行きとあるから、分からなくて」

大前は嬬恋《つまごい》村の中心集落の字名である。〝キャベツの生産日本一〟として、今では名の知れた村名だから、「嬬恋駅」としたほうが、よかったのではないかと思う。若山牧水の頃にも、草軽電鉄の「嬬恋驛」はあったのだ。

酒と旅をこよなく愛した、歌人の若山牧水は、大正九（一九二〇）年の春五月、吾妻川に沿って川原湯温泉をめざしている。牧水は日向・東郷村に生まれ、早稲田大学在学中から歌人としての頭角を現した。有名な『みなかみ紀行』はじめ『海より山より』、『樹木とその葉』などの優れた紀行文集がある。思えば牧水は〝元祖ほろ酔い紀行作家〟なのであっ

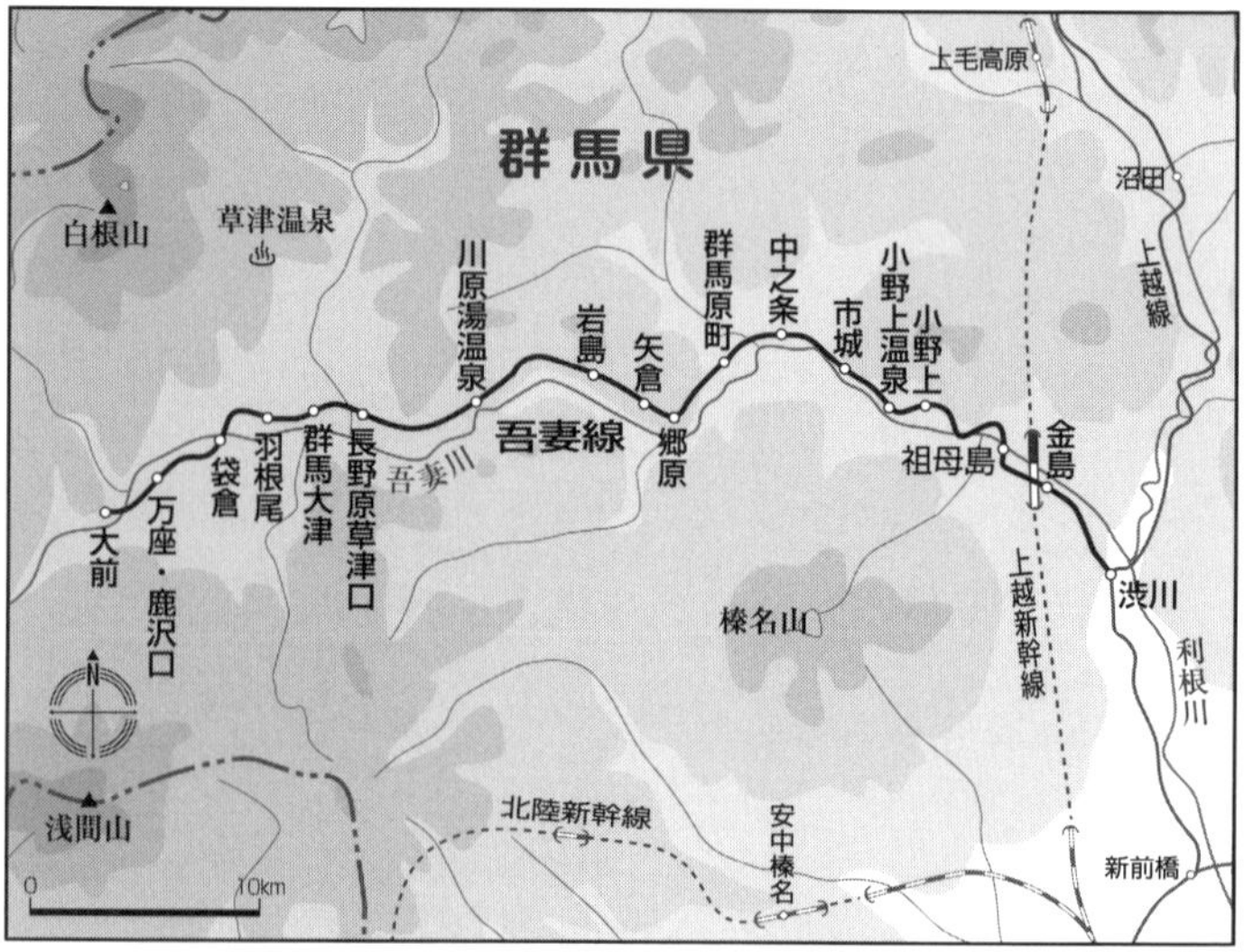

た。といっても、彼の定量は一日、日本酒一升！　だったというから平成のほろ酔い作家はとてもかなわない。

今回は、「大先輩」を見習っての旅立ちだった。

――上州中之条《なかのじょう》で渋川から来た軌道馬車を降りた客が五人ある。うち四人は四万温泉へ向かひ、私はただひとりそれらの人たちと別れて更に五里ほど吾妻の流れに沿うて遡り、その渓《たに》ばたに在る川原湯温泉にやって来た。

（『渓ばたの温泉』〈雄鶏社『若山牧水全集』第六巻所収〉）

馬車軌道は、渋川～中之条間の二〇キロほどを三時間近くかかっていた。５３３Ｍ（列車番号、Ｍは電車）は、同じ道のりをわずか二六分で結んでくれる。

中之条で途中下車して、沢渡温泉へ向かう。待っていたのは「路線バス」のステッカーを貼った、ワンボックスの一〇人乗りワゴン車だった。

12時39分、発車。座席は年配の女性客でいっぱいだった。

「沢渡に、お泊まりかね？」

同席した中高年の主婦に尋ねられる。

「いや、立ち寄り湯です」

と、答えた。

「私は、温泉病院さぁ」

沢渡温泉病院は、昭和三七（一九六二）年の開設以来、温泉療法を含む回復期リハビリテーションに、大きな実績をあげている。沢渡温泉のシンボル的存在だ。

中之条駅から二〇分ほどで、バスは沢渡温泉に着く。

まずは、腹ごしらえ。

バス停のわきにある、「よしのや」の暖簾をくぐる。

店主の関上富士夫さんと、節子さん夫妻が切り盛りするそば店で、店内には石臼が置かれ、厳選した福井産のそばの実が、そこで挽かれる。

とろろそばを注文した。待つことしばし、出てきたそばは、都会ならば大盛りほどのボリュームがあった。麺に黒い殻の粒が散らばる〝田舎風挽き割り〟ながら、細めに麺が切られている。どこか〝江戸風〟の洗練された食感だった。水がいいから、うまいのだろう。

「よしのや」を出て、急な坂道を下ると、「まるほん旅館」の建物がある。玄関に入ると、ご当主の福田智さんが、濃紺の作務衣姿で、笑みを浮かべて出迎えてくれた。

「時間の許す限り、ゆっくりなさってください」

この歓迎ぶりには後述するワケがある。

大浴場は、フロント脇の階段を上り、木造の渡り廊下をたどった先にあった。扉を開けると下りの階段を挟んで左右に、ふたつの湯船がある。壁も、高い天井も、湯船も総ヒノキ造り。底には青石が敷かれているので、湯が青みがかって見える。

源泉の温度は五四・八度。ほど良く冷まされた湯に浸る。

「いい、お湯だ！」

この湯に入ると、いつも気力が湧いてくる。温泉好きの作家・嵐山光三郎さんもまるほんの湯を絶讃している。一〇年ほど前、先代の主人から相談されたことがあった。一人息子を交通事故で亡くし、先の望みを失った先代は後継者を探していた。「誰か捜してほしい」との依頼だった。その時、二、三人紹介したが「伝統を守りたい」という先代の目にかなわず、当時地元の銀行マンで「まるほん旅館」の担当だった智さんに白羽の矢が立った。

問題は、温泉組合の「源泉の利用権は、相続人のみが継承できる」という規約だった。それをクリアするには、後継者は先代の養子となり、福田姓を継がなければならない。総ヒノキの大浴場に浸りながら、智さんは考えた。

「失うには惜しい湯だ。自分が努力しよう」

職場結婚だった妻の節子さんを説得し、平成一六（二〇〇四）年、「まるほん旅館」に新当主・福田智さんが誕生した。

牧水も『みなかみ紀行』で、草津から暮坂峠《くれさか》を越えて、日帰りの立ち寄り湯で、沢渡温泉を訪れている。「無色無臭、温度もよく、いい［夕食］であった」が、結局牧水は、四万温泉に向かい、「いかにも

川原湯温泉駅で大前行きの吾妻線普通列車を降りる

不快な印象を其処《そこ》の温泉宿から受ける」羽目《はめ》になる。

中之条駅に戻り、15時59分発の大前行き539Mで、川原湯温泉に向かう。107系の四両編成。〝ほろ酔い紀行〟には不向きな、通勤タイプの電車で、ロングシートが窓に背を向けて並んでいる。

——通り懸ったこの吾妻の渓はまったく渓らしい渓である。利根の水上より遥かに渓らしい幽邃《ゆうすい》と閑寂《かんじゃく》を備えている。五町、十町、十五町と見てゆく間に私は殆ど酔った者の者のようになってしまった。

（『吾妻の渓より六里が原へ』〈『みなかみ紀行』所収〉）

牧水ほどの酒豪が、酒なしで酔えるほど！　の渓谷美が車窓に続く。谷が一気に狭まったあたりで、列車は一瞬、闇を抜ける。長さはわずか七・二メートル、〝日本一短いトンネル〟とされる樽沢《たるさわ》トンネル（平成二六年九月閉鎖）だ。

そのすぐ先に、「八ッ場《やんば》ダム建設予定地」の看板が立っていた。つまり、樽沢トンネルそのものは、ダムが完成しても湖底には沈まない。松の木を戴いた、ちいさなトンネルの存続を祈るばかりだ。

銀河鉄道の夜

16時21分、川原湯温泉着。温泉街に続く坂道を上る。

今宵の宿は、「山木館」である。何はともあれ、険しい崖に張りつくようにして設けられた〝崖づくり建築〟の最下層、露天風呂「水車の湯」に身を浸す。

含硫黄―カルシウム・ナトリウム―塩化物・硫酸塩泉の湯は、源泉が七一・六度もあって、露天でもけっこう熱い。

「しっかりしたお湯だ」

ダムが完成すると、ちょうどこのあたりが満水位の湖面になるという。温泉街はさらに高台に移転することになっている。

「新しい場所も、決まりました。あと二年ほどで、そちらへ移ることになるでしょう」

女将がいう。名物のムササビは東日本大震災の後、一時姿を見せなくなったが、最近はまた、訪れるようになったそうだ。

なぜ、この宿を選んだかを説明しなければならない。実は前回、偶然この宿に泊まった時、部屋の窓から見えた〝銀河鉄道〟に感動したからだ。厳冬だったからか、暗闇のトンネルから浮かび出て、空中へと消える吾妻線の列車が〝銀河鉄道〟のように見えた。今回はそれを写真に収めたい、と思ってきた。

地酒を飲み、茶の間で待っていると、ふと、遠くで踏切の音が聞こえ、とっぷりと暮れた闇の中に、車窓から漏れる明かりを連ねた列車が、右から左へ。光の列となって緩い勾配を上ってゆく。走行音が遠ざかり、光の帯はトンネルに入ったようで、いっとき姿を消す。一〇秒ほども経っただろうか、するとまた、はるか左手奥の高みに、再びその列車の姿が現れ、『銀河鉄道の夜』の情景さながらに、天空へと上ってゆくのだった。

三脚がなくて、写真のほうは失敗したが、ぜひ〝吾妻線・銀河鉄道の夜〟をお試しあれ！

周囲に一軒宿しかない終着駅

翌朝、山木館を早立ちして坂道を下り、吾妻線下りの一番列車、7時30分発の525Mで、終点・大前をめざす。

土曜日だったが、制服姿の高校生が数人ずつ、男女に分かれて座っている。丸刈りに学生服の男子グループに声をかけてみる。「嬬恋高校です」「中之条から乗りました」「今日は部活の関係で、長野原草津口で降ります」

はきはきした受け答え。足元のバッグを見ると、野球部員らしい。

長野原草津口を出ると、間もなく右手に、朽ちかけたコンクリートの橋脚に支えられ、赤錆びた鉄橋が並行して見える。昭和四六（一九七一）年に廃止された国鉄長野原線太子《おおし》支線の、白砂川《しらすながわ》橋梁《きょうりょう》の遺構である。

今でこそ〝いで湯路線〟のイメージが強い吾妻線だが、もともとは、支線の終点にあった群馬鉄山《てつざん》の鉄鉱石輸送のため、太平洋戦争中に突貫工事で建設された貨物専用線だった。

長野原（現・長野原草津口）〜太子間五・八キロの支線は、同年五月一日付で廃止。同じ日に長野原

〜大前間が開業し、路線名も吾妻線と改められた。

今の終点・大前駅は片面ホーム一本きりで、駅前には「嬬恋温泉つまごい館」の建物が一棟ポツリと建つばかりだ。朝風呂に浸かっていきたいところだが、一八分後に折り返すこの列車を逃すと、13時40分まで上り列車はない。

吾妻線は、本来、信越本線の豊野（長野市）まで延伸する計画だった。結局、実現することはなく、大前駅ホームの西端から延びたレールは、数十メートル先で、ぽつりと途切れている。

命を賭けたかつての「湯もみ」

長野原草津口へ戻り、草津温泉へと向かう。

草津名所、湯畑はバス停から歩いて、数分のところだ。牧水も共同湯で行われる「時間湯」を見た。当時の風景を再現した「湯もみショー」が行われていた。

口上によると、湯もみは九四度にも達する強酸性の源泉を、水を加えず、入浴可能な温度まで下げる〝儀式〟だという。当時は約三〇分間、汗だくになりながら湯治客が湯を板でもんだ。柄杓《ひしゃく》で頭にさんざん湯をかけた後、三分間だけ湯に浸かる。浴槽内で手足を動かすことは厳禁とされた。

いまは紺絣《こんがすり》の着物に赤い襦袢《じゅばん》姿の女性が、「草津よいとこ〜」と歌うのんびりした『草津節』に合わせて板を動かすばかりだが、当時の人々は病気を治すために必死だった。

――湯を揉むとうたへる唄は病人がいのちをかけしひとすぢの唄
（『みなかみ紀行』）

草津最大の露天風呂、「西《さい》の河原《かわら》」へゆく。

狭い通りには土産物屋が並び、温泉まんじゅうや手焼きせんべいのおいしそうな匂いが漂う。下駄で歩くと楽しそうだ。遊歩道の途中に、草津温泉の名を世界に広めたドイツ人医学者エルウィン・フォン・ベルツの胸像が置かれている。

草津を世界に知らしめたベルツの功績

ベルツは明治時代に日本に招へいされた〝お雇い外人〟。二七歳で東京医学校（現・東京大学医学部）で西洋医学を教え、日本の近代化に尽力した人だ。

箱根の富士屋ホテルに滞在中、女中の手が荒れているのを見かねて、グリセリン液で治療した。これが今に残る〝ベルツ液〟である。退官後は宮中侍医として、明治天皇に召し抱えられるほど人望が厚かった。明治二六（一八九三）年、ベルツは休暇帰国中のドイツ・ヴィースバーデンで開かれたドイツ内科学会で、「熱湯浴」を紹介する講演を行った。

――数ある湯のなかで、入浴法、治療効果とも世界に例を見ない湯を御紹介しましょう。それは温泉地として名高い草津の湯です。「お医者さまでも、草津の湯でも、恋の病はなおりゃせぬ」という日本の諺からも、その効果のほどがおわかりいただけましょう。

（『ベルツ日本文化論集』〈東海大学出版会所収〉、池上弘子訳）

一九世紀のドイツの学会で、『草津節』が論じられている様子を想像すると、何とも愉快な気分になる。

ヨーロッパの温泉は、日本のように娯楽や湯治目的ではなく、転地療法による長期滞在型の保養が主流だった。そこでは温泉病院を中心に、野外舞踏会や音楽会が催され、人々は料理やスポーツを楽しみながら、温泉リゾートを享受した。

ベルツは自らの手で、草津を「娯楽的な湯治場」から西洋風の「温泉保養地」に変えようと、五七〇〇坪の土地を購入しようとした。

しかし、当時の草津村はベルツの温泉使用を拒否した。ベルツが外国人であったためで、外国資本に草津温泉を買い取られることを恐れたのだった。夢破れたベルツは、明治三八（一九〇五）年に、日本を去った。

しかし、彼の思想はのちに草津町民により、高く評価されることになる。昭和一〇（一九三五）年、西の河原に「ベルツ先生記念碑」が建立され、胸像は平成四（一九九二）年に設置された。

草津は今、高原のリゾート地としてコンサートやスポーツイベントを行い、古い湯治場のイメージを脱却しようとしている。それは一〇〇年前、明治時代にベルツが提唱した「クワリゾート構想」に他ならない。

ベルツは日本女性、花と結婚し、幸福な老後を送った。

一方、若山牧水は四二歳の若さで、惜しまれて永眠した。死因は肝硬変で、酒の飲み過ぎともいわれた。

人生も酒もほどほどがよいのである。

ロングラン鉄道も楽しいが、吾妻線のように、ほどほどの距離をゆく中距離ローカル線も捨てがたい旅趣に溢れている。

西の河原の広々とした、野趣そのものの露天風呂に入り、汗をかき、喉が渇いた。

さて、そろそろ、たそがれの、幸せな〝ドリンクタイム〟である。

（平成二四年四月取材）

【上田電鉄】

信州塩田平、別所線をゆく

花に誘われ信州は上田、別所線に乗って

今春はよく花を見た。三月下旬の京都、鶴岡では二分咲き、四月上旬の会津若松、三春は満開、四月中旬の常陸太田はすでに葉桜だった。

——願はくは花の下にて春死なむ　その如月《きさらぎ》の望月のころ

西行法師の有名な辞世の歌だ。

下之郷駅は途中駅で唯一駅員が配置されている

西行はその歌の通り、文治六（一一九〇）年二月一六日に入寂した。当時は陰暦だから新暦の今でいえば三月下旬のことだろう。この世の最期に西行が見た風景は満月に照らされて浮かぶ夜桜だった。

花といえば今は桜が主流だが、古来多くの和歌に詠まれてきた花は梅だった。王朝時代の平安人はパッと咲いて散る桜より、寒々とした季節の中で、遠慮深く春を告げる白梅、紅梅のほうを愛していたのである。桜花の美しさは鎌倉時代初期に西行が世に広めた、といっても過言ではない。西行の旅した地のいたるところに桜の名所や〝西行桜〟が残っている。

時代はいきなり飛ぶが、明治時代、日本にやってきたラフカディオ・ハーン（小泉八雲）も桜のファンになったひとりだ。桜を愛した老サムライが身代わりに切腹をして、老木に延命の樹霊を与えた、という短編を『怪談』に書いているが、それは四国の

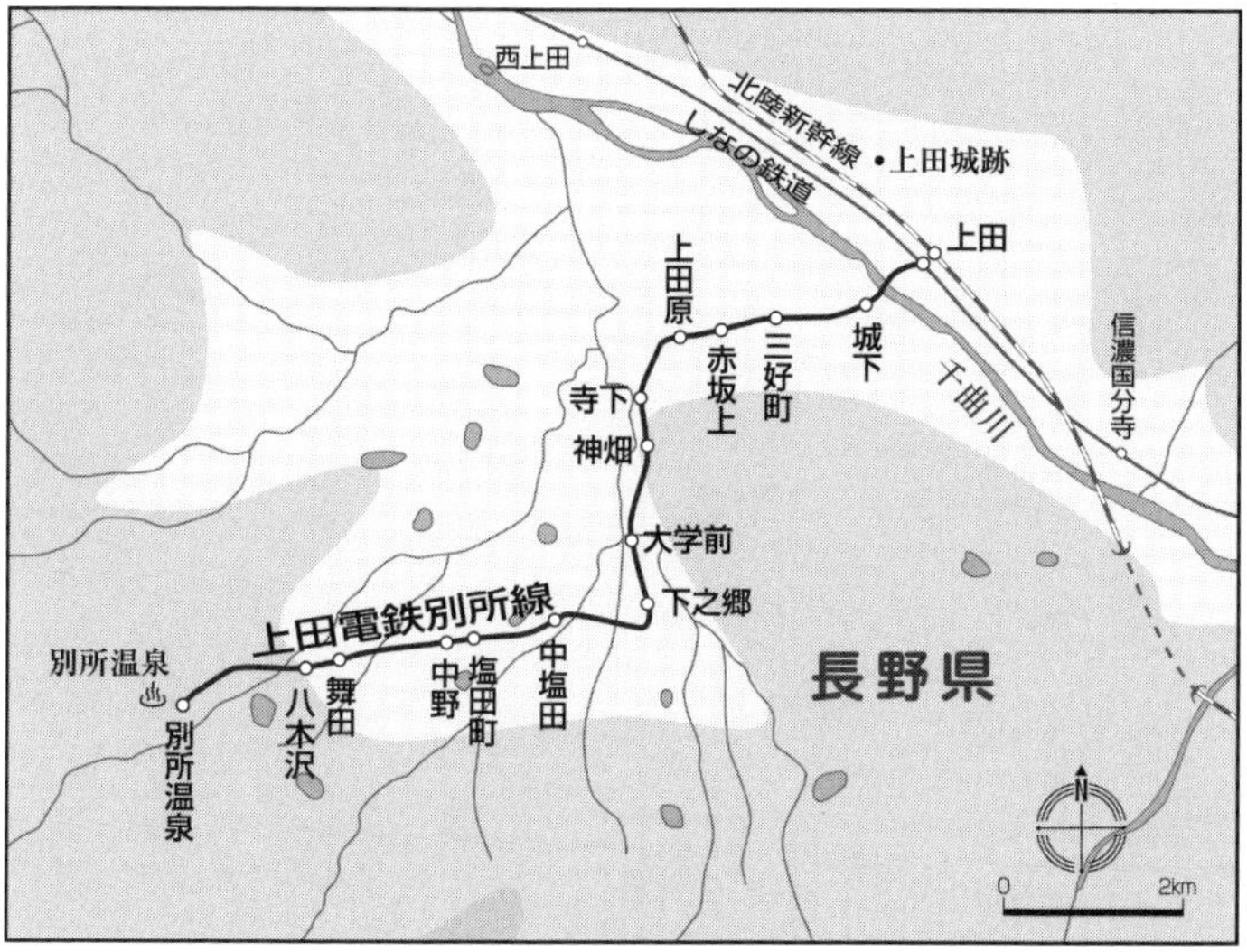

松山郊外に季節外れに咲く老桜があると知ったことによる。

それはともかく、今春最後の花見をしたくなった。

ぼくが好きなのは、華々しい染井吉野ではなく、里山にひっそりと咲く山桜である。春浅き枯色の山裾に、ぼんぼりを灯すようにちらりほらりと桜色を添える山桜。心がジーンと締めつけられる。これぞ日本の原風景だ。そんな時、記憶の景色の向こうに信州の塩田平《しおだだいら》が浮かんできた。「そうだ、別所線に乗ろう!」――まだその美しい散り際に間に合うかもしれない。

〝ほろ酔い列車〟はそんな花の誘いにより動き出した。長野新幹線「あさま」に乗ったのは、ゴールデンウィーク前のことであった。

上田は懐かしい町である。写真家の友人S君やY君の故郷が上田だったためよく訪れた。駅前から城跡へのメインストリートを歩き、横丁に入る。確かこの辺りに有名なそば屋があったはずだと、おぼろげな記憶をたどりながら歩くと、懐かしい店構えの「刀屋《かたなや》」が現れた。

昼前だというのにすでに席は客で埋まっており、人気は変わらずのようだった。最初この店でそばを食べた時、味はともかく、その量に驚いた。東京のそば屋の四倍！ はゆうにあるのだった。それが「普通盛り」だった。今は「普通」の下に「中」と「小」というランクが設けられていた。「大」を注文した客に、店員は穏やかにその量たるものを説明している。「八〇〇グラムから一キロありますが、いいですか?」。たちまち客は「普通で」と改めた。「そば（普通)」とビールを注文。昼間のそば屋での酒はことのほかうまい。お通しに、たっぷりと漬物が添えられ万全である。

喉の渇きを潤し、仕事を忘れ、まったりとした気分に浸る。ひとり旅がいいのは、こうして束縛されず、誰にも気兼ねしない〝自由時間〟があることだ。微睡《まどろ》みのなかで写真家のS君やY君の顔が浮かぶ。かつては質より量、とにかくそばを腹に流し込んだ欠食児童の頃を回顧しながら、両君と夜明けまで飲んで騒いだ若き日の思い出に耽る。

やっと、〝ほろ酔い列車〟にエンジンがかかった。

真田氏のお膝元、上田を出発し下之郷へ

上田電鉄別所線の上田駅ホームは平成一〇（一九九八）年に高架化された新しいコンクリート製で、やや味気がない。〝途中下車のんびり派〟のぼくは迷わず「別所線散策きっぷ」を購入。連続した二日間を自由に乗り降りできる割引乗車券だ。待っていた列車は、かつての旧型〝丸窓電車〟を模した「まるまどりーむ」号だった。塗装も下半分が紺色で上部が淡いクリーム色という懐かしい別所線カラーである。発車メロディは山下達郎の「僕らの夏の夢」。アニメ映画『サマーウォーズ』（平成二一年・細田守監督）の主題歌で、舞台がここ上田と別所線だった。

上田を出発するとすぐに千曲川《ちくまがわ》の橋梁を渡り、城下《しろした》に着いた。前身の上田温泉電軌開業時には千曲川にかかる鉄橋はまだなく、青木村方面への起点駅であった。その頃の名残だろうか、別所線では唯一、二面二線式の立派なホームをもっている。

しばらくは郊外を走る。かつては田園地帯だったが、今は建売住宅が続いている。マンションの窓から、男の子が身を乗り出し、手を振っていた。あの子は毎日こうして別所線を走る列車に目を輝やかせているのだろうか。有望な〝鉄ちゃん〟予備軍に思わず手を振り返した。途中の上田原からはかつて青木線が延びていた。

神畑《かばたけ》に止まる。駅の脇には微妙に色の異なる三本の梅の花。上田の標高は約四五〇メートル。ここでは梅、桃、桜も同時に咲いていていた。

別所線は上田と別所温泉を結び、走行距離一一・六キロ。駅数は一五、所要三〇分ほどの短い路線だ。地方私鉄の御多分に洩れず、ここも経営難に苦しむ鉄道のひとつである。社名が上田温泉電軌、上田電鉄、上田丸子電鉄、上田交通、そしてまた上田電鉄と幾度も変わっていて苦労の跡がしのばれる。

現在の上田電鉄は、平成一七（二〇〇五）年に上田交通から鉄道事業を独立させてできた会社である。かつては信越本線（現・しなの鉄道）上田駅と大屋駅を中心に、東は真田町へ真田傍陽《そえひ》線が、西は青木村へ青木線が、南は丸子町へ丸子線が、それぞれ線路を延ばしており、その営業キロは四八・六キロに及んでいた。車社会が進むなか、比較的早い頃から旧上田交通は路線存続の危機に陥り、昭和四七（一九七二）年までに別所線以外のすべての路線を廃止。同年の真田傍陽線の廃止におよび、その翌年に別所線も廃止方針を出すが、別所温泉関係者を中心に反対の声が上がり、回数券の販売拡大や駅清掃ボランティアなどの活動を得て、補助金を受けながら辛くも生き残っている。

塩田平は上田盆地の片隅だが、古くから開けた地で、古代の条里制水田の跡が残っている。中世には

八木沢駅で塩田平を前に読書して次の列車を待つ

塩田北条氏の拠点であった。北条氏は鎌倉が危機に瀕したときの代替の地としてこの塩田平を考えていたという。鎌倉へと通じる〝鎌倉街道〟も整備した。大学前駅には、その名の通り上田女子短期大学と長野大学の二大学がある。ちなみに上田市内には信州大学繊維学部、下之郷《しものごう》駅近くには長野県工科短期大学校があり、別所線の利用者には通学利用の若者が多い。

下之郷駅に降りる。

別所線の中核駅で、車庫が併設され、電鉄本社もここにある。かつてここから山を越えて西丸子まで西丸子線が延びていた。現在もそのホーム跡が残っており、駅舎だった建物は鉄道資料館になっている。

ここでのお目当ては元祖「丸窓電車」のモハ5253（モは電動車、ハは普通車）を見学することであった。タクシーで案内されたのは、駅から離れた長野計器株式会社の工場であった。計器工場になぜ？　と思われるかもしれない。

実はモハ5250型には長野計器の製品が使用されており、それを知った同社社長が、廃車になっていたこの車両を譲り受けたのだ。当時中塩田駅に留置されていた車両を大型トレーラーで運び、社員が休日に手作業で修復して資料館としてオープンした。なんとも心暖まる鉄道愛の物語ではないか。本物の車両を前にするとかつて乗った「丸窓電車」の記憶が蘇ってくる。重厚な木製の床にワインレッドのシート、そして大正ロマンを感じさせる丸窓。リンゴ畑の中を元気に走っていた電車が遠く郷愁の風景のなかを走った。

下之郷のホームで次の列車を待つと、今度は賑やかな外装の列車が到着した。白地にカラフルにデザインされた昆虫、植物、動物のイラストが車体に描かれた1000系は、諏訪市出身の画家・原田泰治《はらだたいじ》氏がデザインした「自然と友だち」号だった。古き丸窓なきあと、電鉄はいろいろと斬新なアイデアを盛り込んでいる。

次の中塩田は一面一線のホームだが、かつては列車交換駅だったことをうかがわせる。留置線となっている隣の線路には黄色い保線用車両が置かれていた。

中野、舞田《まいた》を過ぎる。このあたりが上田電鉄の名場面だ。桃が花咲き、リンゴ畑が点在し、水田、畑が広がり、切り立つ峰の独鈷山《とっこさん》が屏風のように聳《そび》える。塩田平は降雨量の少ない土地であり、あちこちに溜池がある。そのなかの塩吹池《しおふきいけ》という溜池が、「塩田」の名の由来といわれている。

終着の別所温泉の一つ手前、木造駅舎の八木沢で途中下車。切妻屋根の家屋の片側をくりぬいて造ったような独特の形をもつ板張りの古い駅舎で、庇《ひさし》がホームにせり出している。上田温泉電軌川西線の駅として大正一〇（一九二一）年に開業した駅だ。周りには小さな集落のほかは何もなく、塩田平が一望できる。菜の花畑が郵便ポストの赤に映えている。線路と並走する農道との間には柵もなく、遮断機や警報機のない踏切がそのまま残っている。なかなか目にすることののないのどかな風景で、列車をぐっと間近に感じることができるだろう。

懐かしい土の匂いがした。田園の風である。見渡す限りの田畑を前にして、本を読みながら列車を待った。

八木沢を出ると、高低差約五〇メートルの勾配を上り、終点の別所温泉へ。別所温泉の駅舎はパステルカラーの洋館風で、正面には旧上田丸子電鉄の社紋が誇らしく客を迎えている。『男はつらいよ　寅次郎純情詩集』に登場したことでも知られ、駅舎ランキングで常に上位に位置する有名駅である。改札で丁寧に切符を改めてくれる袴姿の女性駅長の姿は、寅さんの昭和を越えて大正ロマンへと時代を巻き戻すかのようであった。

別所温泉に、過ぎ去りし師匠との日々を想う

別所温泉はヤマトタケルが開湯したという伝説のある、日本最古の温泉のひとつ。神話では東方征伐の旅の途中で、妻を失ったヤマトタケルにオオクニヌシが「人の世の七つの苦労を流す泉」として授けたとされ、その名は古名の「七久里《ななくり》」や、「七苦離地蔵」などに残っている。清少納言の『枕草子』にも「湯はななくり、有馬の湯、玉造の湯」とあり、〝日本三名泉〟のひとつに数えられている。

古寺の安楽寺《あんらくじ》に向かう。ところが門前には「葷酒《くんしゅ》山門に入《い》るを許さず」の文字。つまり酒気を帯びた者は入門禁止のお触書である。なんと、ここは〝ほろ酔い旅〟には鬼門ではないか？　ポケットに〝ポケ角〟を隠しつつ謹んで門をくぐる。そういえばここには「西行の戻り橋」という橋もある。これは「西行戻しもの」といわれる全国各地に残る逸話のバリエーションのひとつで、松島の「西行戻しの松」、日光の「西行戻り石」などが有名だが、ここ別所温泉にもあったとは、隠れ西行ファンであるぼくも知

らなかった。

北向《きたむき》観音を訪れた西行が、子どもたちにやりこめられ、さては天狗の仕業かと橋の途中で参拝をやめて引き返してしまった。この話、真相は西行もぼくと同じくほろ酔い心地でこの地を訪れ、山門で門前払いをくらったのではないだろうか、などと、よからぬ想像をたくましくしてしまった。

寺の境内、周囲には新しい季節が踊っていた。

蓮池にさしかかると、蛙の合唱が出迎える。深閑な山道に乾いた音でカラコロと響くその声はなんとも風流で、藪のなかではウグイスがさえずる。蛙、ウグイス、山吹、山桜……、季語のオンパレードが生命の躍動を感じさせる。

いい時期に旅に出た、とつくづく思う。

ここで関沢新一さんのことを話したいと思う。

関沢さんは作詞家（レコード大賞を受賞した美空ひばりの「柔《やわら》」などの作詞）、シナリオ作家（『モスラ対ゴジラ』などの脚本）として活躍した文芸家だが、実は大の鉄道ファンでもあった。ぼくが鉄道ジャーナル社に在籍していた頃、編集顧問を引き受けておられ、以来、ぼくの〝押しかけ師匠〟となっていただき、いろいろ指導していただいた。

師匠とは幾度も撮影旅行にお供した。鉄道あるところ、師匠の姿は必ずあった。実はここ別所温泉も訪ねたことがあったのだ。

「アシハラ君、丸窓電車撮りにゆこうや。信州のリンゴ畑の中を走るんやで。のんびりしていいもんや」

京都生まれの師匠は、長らく東京に暮らしていても関西弁丸出しであった。背は低いが、がっしりとした肩、帽子の下で、少年のような好奇心に満ちた眼がキラキラと光っていた。

別所温泉で今回旅装を解いた「臨泉楼柏屋別荘」は、かつて師匠と泊まった宿だった。駅から山側にすこし離れた、歴史のある旅館である。上田藩の出屋敷、造酒屋を経て、湯宿になったという木造四階建ての老舗だ。

玄関に絵が飾ってあった。別所線の風景である。かくあれかしと思う日本の原風景とはまさにこの絵のような風景であり、それがまた鉄道の原風景でもあった。その時、師匠を思い出したのだった。

「これからは中国や。中国ではまだ汽車が走っておるで。シルクロードへゆこうや」

中国へもお供した。

体が弱かった関沢さんは少年時代に逞《たくま》しい蒸気機関車に憧れた。国鉄をめざしたが、体力テストで不合格になった。その後戦地をさまよい、戦後映画界に分け入った。苦労を重ねて、シナリオ作家、作詞家として成功を収めた。

「蒸機の汽笛聞くと、がんばれよって、いわれてるような気がしてな。体が弱くても、気力さえあれば、人間何でもできるんやで」

鉄道ジャーナル社を退職してフリーランスになった時、励ましのお手紙をいただいた。

師匠との旅はその後も続いたが、鬼籍に入られて、いつしか長い時が経った。いまだに恩が返せない

葡萄畑と上田盆地を眺めながら玉村豊男さんと語り合う

でいる。

師匠のヒット作に都はるみが歌った「涙の連絡船」がある。そのサビ、「今夜も汽笛が、汽笛が」の汽笛は、連絡船ではなく実は蒸気機関車の汽笛だった。師匠が渋谷から南平台の自宅へと坂を登る時、ふと浮かんだ。

「なんだ坂、こんな坂」

師匠の耳元には、大好きな蒸気機関車の走行音が聞こえていた。

葡萄酒にほろ酔い、千曲川に桃源郷を見る

信州上田に来て会いたい人がいた。

エッセイストの玉村豊男《たまむらとよお》さんである。〝玉さん〟とのつきあいはすでに三〇年を越している。『週刊朝日』で知り合い、前述の写真家のY君が縁をとりもってくれた。お互いまだ駆け出しの三〇代のライ

ターだった。

画家としても活躍中だが、最近は「ヴィラデスト／ガーデンファーム・アンド・ワイナリー」のオーナーとしてのほうが有名かもしれない。

ヴィラデストは上田からしなの鉄道に乗り換えて二つ目、大屋駅から見上げる丘の上の方にある。二〇年ほど前、自分のために小さな葡萄畑を上田の隣町・東御《とうみ》市に持ったが、その後免許を取得して本格的なワイナリーをはじめ周囲を驚かせた。その結果成功を収め、いまやすっかり「里山ビジネス」の分野でも時の人である。ワイナリーの名でもある「ヴィラデスト（VILLA D' EST）」の「EST」はラテン語で「ここにあり」の意味。ローマ時代、ワインを好んだ司祭が従者を先に行かせワインを試飲させ、うまいワインがあったら扉に「EST」と書くように命じたとの故事にちなんでいる。

カフェのテラスからは千曲川の河岸段丘が伸びやかな丘をなし、葡萄畑が広がるさまはフランスの片田舎のようでもある。

作家は陽に焼けた健康そうな顔だった。すっかり人生観を変えたようである。カフェのテラスで赤ワインを飲んだ。

「上田はもともと養蚕の盛んな地で、蚕都と呼ばれた。このあたり昔は一面桑の木が植わっていたんだ。桑と葡萄の木は似てるだろ。ならば葡萄も育つのではないか、と思ったんだ」

シルクからワインへ。玉村さんは千曲川周辺の農業環境を変えようとしている。「ヴィラデスト」がゆりかごとなり、次の世代を育てる。千曲川に沿った長野県を日本一のワイナリーの集積地にする。それが彼の壮大な「千曲川ワインバレー構想」だ。

よいワイン葡萄畑に必要な三つの条件、雨が少ないこと、日当たりがよいこと、風通しがよいことは、そのままよい桑畑の条件でもあった。

「養蚕は昔のことだと思うだろ？　ところが昭和四〇年代まで信州では基幹産業だったんだ。明治以来ずっと続いていていたんだね」

思えば鉄道も養蚕と密着していた。

長野、群馬は日本でも指折りの繭の生産地で、諏訪や富岡に製糸場が作られた。そこから生糸は高崎線や八高《はちこう》線、中央本線や横浜線で横浜へ運ばれた。山手線も上野と新橋を結び、東海道本線で横浜へとつなぐために作られた。関東地方の鉄道はいわば〝日本のシルクロード〟だったのだ。ワインバレーもちょうど、しなの鉄道、上田電鉄、長野電鉄がつないでいる。ワインと鉄道をテーマとして新しい企画が生まれるかもしれない！

カフェのテラスから葡萄畑を眺める。上田盆地、千曲川の崖を見下ろし、その向こうに北アルプスを遠望する。透き通った赤ワインを口に含むと、自分も目の前の壮大な大地の一部になったような錯覚を憶えた。またまた酔ってしまったが、今回の旅は何かの福音だったのかもしれない。

（平成二五年五月取材）

【土佐くろしお鉄道】
土佐・四万十、清流の旅

お遍路さんも乗っていた

土佐くろしお鉄道中村線、窪川《くぼかわ》といってもご存じない方が多いだろう。

四国を南北に縦断するのが土讃《どさん》線。土讃線は旧国名の土佐《とさ》と讃岐《さぬき》を結ぶのでその名がある。多度津《たどつ》を起点とする土讃線は四国を瀬戸内海側から太平洋側へと縦断して高知に達し、そこからさらに土佐湾に沿って西進を続ける。その終点が窪川だ。

一方、予土《よど》線は宇和島《うわじま》のある伊予《いよ》と土佐とを結ぶ地方交通線で、線路戸籍上の終点は一駅宇和島寄りの若井《わかい》だが、列車はすべて窪川が起終点である。窪川駅は両線が交わる鉄道の起点駅だ。

春まだ浅き三月上旬、梅一輪ほどの暖かさを求め、四国へやってきた。

車窓から望むレトロな街並とオーシャンビュー

窪川は特急停車駅とは思えないほど何の変哲もない田舎町で、ＪＲ窪川駅舎と土佐くろしお鉄道の窪川駅舎は別に設けられている。

ＪＲの駅前にはカフェが二軒あり、コンビニならぬよろず屋（雑貨店）があったが、一方、土佐くろしお鉄道の駅前には、のっぺらぼうの駐車場が広がるだけで何もなく殺風景だ。

駅は閑散としている。

「青春18きっぷは別料金になります」

という張り紙が構内で目立っていた。

土佐くろしお鉄道は第三セクターだから、18きっぷは使えない。土讃線から予土線に乗り継ぐ時は、窪川～若井間の乗車券を改めて買わねばならない。知らなくて乗り継ぐ〝18キッパー〟が多いのだろう。

土佐くろしお鉄道駅には駅員が配置されており、乗り放題、３８１９というナンバー入り「１日フ

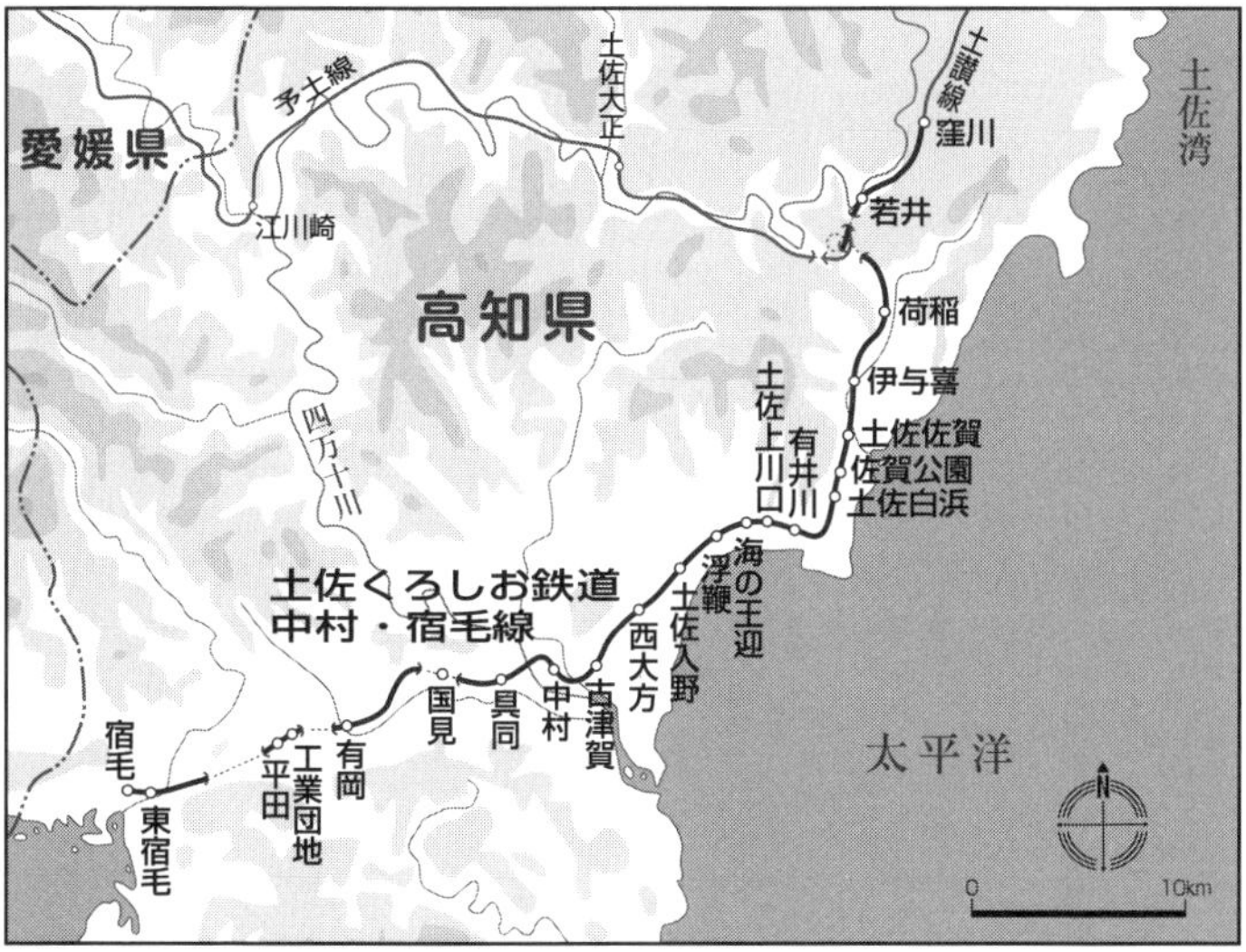

リーきっぷ」を求め、ホームに入る。すでに明るく塗装された気動車が入線していた。

12時08分、窪川発。

右手車窓には枯れた田んぼ、左手は竹やぶのある低山が枯れ野を囲み、早春の里山風景が広がる。

12時13分、若井着。

お年寄りがひとりだけ乗車してきた。平日の昼間のせいか乗客は数人しかいない。

若井と次の荷稲《かいな》の間にトンネルがあり、トンネルを抜けると川奥《かわおく》信号場がある。ここが予土線との実質的な分岐点で、杉の森の中で、いつの間にか線路は二本に分かれ、それぞれ目的地をめざすことになる。時刻表にループ線がある通り、半径三五〇メートルの大きな円を描き、二〇パーミルの勾配を列車は駆ける。

トンネルを出ると山中となった。

土佐湾沿いのこの周辺は陸が海の際まで押し迫っている。狭い海岸段丘の上を列車はコトコトと走っている。

12時24分、荷稲。築堤の上に駅があった。

南国・土佐、黒潮騒ぐ、というイメージに惹かれて、わざわざここまで乗りに来たのだが、海は車窓から望めず、内陸部をコツコツと辿る平凡なローカル線といった雰囲気である。トンネルも多く、なかなか視界が開けない。

伊予喜《いよき》ではじめて若い女性が乗ってきた。学生ではなく、役場の職員という感じで、一駅乗って降りてしまった。

フレームザックにナイロン袋をいくつもぶら下げた荷物を脇に老人が座っている。いささか薄汚れて見えるので、「この時代、ホームレスも〝乗り鉄〟を楽しむのだろうか？」と、内心疑っていたが、声をかけてみると、〝お遍路《へんろ》さん〟とのこと。大変失礼をしてしまった。

四国では新春からお遍路さんが出現する。弘法大師空海《こうぼうだいしくうかい》ゆかりの霊場をめぐり、健康祈願、開運を願い、本来は白衣、菅笠《すげがさ》に杖をもち、一〇〇〇キロ以上を徒歩で、四〇〜五〇日かけて回るようだが、時代は変わり、列車でバックパッカースタイルも増えているようだ。とりわけ最近は青い眼の外国人も多く参加している。

〝ご同輩は愛媛の人で、これまで徒歩、自転車、列車、マイカー利用で、四国八八カ所の霊場をすでに一〇九カ所回ったそうな。相当のツワモノである。その御苦労と健脚ぶりに感心した。三月初旬だが、列車内ではベストを脱いで、Tシャツ姿である。

この年（平成二七年）は、空海が高野山《こうやさん》に密教の道場を開いて一二〇〇年、という節目の年だ。各地でイベントも企画されているが、とりわけ四国は空海誕生の地で盛り上がっている。

空海は遣唐使船で入唐し、西安《せいあん》の青龍寺の恵果《えか》に師事し、秘伝を授かり、全弟子の代表となった。その教えをもって帰国し、後に真言密教《しんごんみっきょう》を開いた。その空海は讃岐国善通寺《ぜんつうじ》に生まれている。四囲《しい》を海に恵まれた土地柄だからこそ思いは大きな海の果てに向かったのだろうか？　当時の渡航は命がけで、海難事故は日常茶飯事《さはんじ》だった。

土佐佐賀で、はじめて海が見えた。港があり漁船が舫《もや》られており、湾内に小さな島があった。お遍路さんの説明によれば、鹿島《かしま》という無人島で、神社があり、祭りの時だけ人が渡るという。続く佐賀公園、土佐白浜、有井川《ありいがわ》と磯辺を走り海が広がる。やっと土佐くろしお鉄道っぽくなった。季節は厳冬だが、車窓には早春の海と光が溢れていた。

入野松原で海を眺める

12時57分、土佐入野《いりの》で下車。駅から一五分ほど歩き、入野松原へ出た。入野松原は太平洋に面した遠浅の海岸で、約四キロにわたり、白砂青松《はくさせいしょう》の砂浜が続く。夏には海水浴場となり賑わうが、今は人っ子ひとりいない早春の海が眼前に広がる。ホエールウオッチングの名所としても知られるところだ。

鯨で思い出したが、ここからほどなく、足摺岬《あしずりみさき》近くの土佐清水にはジョン・万次郎《まんじろう》の生家がある。空海は決死の覚悟で東の海を渡ったが、万次郎は漂流の上、アメリカの捕鯨船に救われて太平洋を渡った。天保一二（一八四一）年の冬の事だった。

万次郎は土佐清水の半農半漁の家の次男に生まれた。一四歳の時、手伝いで漁に出かけ、仲間とともにそのまま嵐に巻き込まれ漂流。伊豆諸島南部の鳥島《とりしま》に漂着していたところをアメリカの捕鯨船、ジョン・ホーランド号に助けられた。船長のホイットフィールドは万次郎を可愛がり、捕鯨基地だったマサチューセッツ州フェアヘブンに連れ帰り、養子として育てた。万次郎は学校で、英語や数学、航海術などを学んだ。卒業後、アメリカの捕鯨船に乗り、日本近海で捕鯨を経験、成人を迎えると、やはり日本への思いが募った。

嘉永三（一八五〇）年、帰国を決意。資金稼ぎのために当時ゴールドラッシュだったカリフォルニアへ行き、鉱山で働く。資金を得た万次郎は、ホノルルでかつての仲間と再会し、仲間とともに上海へ向かう船に乗り、翌年の冬に琉球《りゅうきゅう》（現・沖縄県）に上陸した。

当時琉球を統治していた薩摩藩に怪しまれて捕えられるが、西洋通だった藩主の島津斉彬《しまづなりあきら》は万次郎を厚遇し、藩校の教師として迎え入れた。英語や航海術、造船術に長けた万次郎は黒船来航で動揺する幕府にも迎えられ、日米和親条約の締結に尽力し、開成《かいせい》学校（東京大学の前身）の教師に迎えられた。

果てしなく広がる眼前の太平洋を眺めていると、水平線の向こうに何があるのか、と引きつけられる。万次郎は偶然だったが、大洋の片隅に暮らす人々にはそうした思いが生まれつき根づくのではないか？

ここから場所は離れるが、南紀《なんき》（和歌山県）、御坊《ごぼう》近くの日ノ御埼《ひのみさき》の付け根に三尾《みお》村（現・美浜町）がある。通称、アメリカ村である。明治時代、多くの男たちがアメリカ、カナダへ海を渡って出稼ぎに出た。三尾の集落も周囲を小高い山に囲まれて、眼前に太平洋が広がる。ここでも男たちは活路を求め、大海へ乗り出した。

四万十の天然うなぎを食す

現在、土佐くろしお鉄道は、中村線（窪川〜中村間、四三・〇キロ）、宿毛《すくも》線（中村〜宿毛間、二三・六キロ）、阿佐《あさ》線（ごめん・なはり線＝後免《ごめん》〜奈半利《なはり》間、四二・七キロ）を運営している。数ある第三セクターのなかでも総延長一〇〇キロメートルを超えるのは珍しい。

今回乗車した中村線は、もともと国鉄中村線だった。昭和三八（一九六三）年に窪川〜土佐佐賀間が土讃線の延長として開業し、その七年後に土佐佐賀〜中村間が延長され、中村線は全通した。ちょうど大阪万博の年で、直後のディスカバージャパン・キャンペーンに乗り、土佐中村は四国の小京都として脚光を浴び、若い女性の憧れとなった。中村からさらに西端の宿毛への延伸計画は当時からあり、建設は進んでいたが、昭和五五（一九八〇）年の国鉄再建法により国鉄宿毛線建設は凍結となる。

その後、赤字路線や建設凍結路線を県や地元が引き受ける第三セクター方式が生まれ、昭和六一（一九八六）年、土佐くろしお鉄道が設立された。土佐くろしお鉄道は国鉄中村線を引き継ぎ、平成九（一九九七）年、宿毛線を開業させた。さらに平成一四（二〇〇二）年、それまで凍結していた阿佐西線（現・阿佐線）も開業させた、というのが土佐くろしお鉄道の簡単な経緯である。本社のある中村駅に寺田敏春社長を訪ねた。

背広を着て、大企業の役職者のような寺田さんは、昭和二三（一九四八）年生まれの同輩だった。この年に就任したばかりで、それまでは近畿日本鉄道に在職していた。

土佐くろしお鉄道の魅力をきくと、「沿線は海と山と水の三拍子が揃っているんです。海は遠浅のコバルトブルーとダークブルーの黒潮とのコントラストが絶妙です。高知県は日本一の山林面積で、深い山が多くあることは意外に皆さん、ご存じありません。水はなんといっても日本一の四万十《しまんと》の清流です」

平成の初めころ、NHKのTV報道により、〃日本最後の清流・四万十川〃ブームが巻き起こった。その影響でブームは平成一四（二〇〇二）年頃まで続き、土佐くろしお鉄道は人気となった。

「中村と具同《ぐどう》の間の国道からの風景は名所になりましたよ。四万十川と列車と赤い鉄橋が一緒に撮れます」

乗客は中高生がメインだ。中村にはかつて春のセンバツ甲子園でわずか一二人のメンバーで準優勝し、〃二十四の瞳〃と話題になった県立中村高校がある。現在は中村中学校と中高一貫の進学校で、土佐佐賀や宿毛から通う生徒が多い。

〃おらの村の鉄道〃である。寺田さんのアイデアは、改札を取っ払ったことだ。

「この駅は入場券なしで入れます。帰省の送り、迎えはせめてホームでさせてあげたい。会社の株主は県と沿線市町村がほとんどだから、地域に根ざす鉄道作りが必要なんです」

寺田さんの故郷は石川県の能登《のと》である。鉄道が消えて、衰退した故郷の淋しさを知っている。土佐くろしお鉄道は同じ運命を辿りたくはない。

「鉄道がなくなると、地名が消えるんです。かつて能登は、輪島《わじま》の朝市と輪島塗で人気観光地だった。

ところが今は珠洲《すず》や蛸島《たこじま》の名は誰も知らない。苦しくても我慢しながら続けるべきだと覚悟しております」

七両あるワンマンカーはすべて新たにラッピングした。七市町村でそれぞれオリジナルなデザインを案出した。たとえば宿毛市は宿毛湾に沈む〝だるま夕日〟が有名だ。一車両を「だるま夕日号」にしたのも、地元援護のゆえである。

駅は昭和四五（一九七〇）年の建物で、古いままだが、構内を改修し、待合室をカフェのように新覚のスペースにした。本を読んだり、パソコンが操作できたりするようになって、地元の人々に喜ばれている。

沿線はおいしい魚と野菜が魅力で、土佐清水は「ゴマサバ」が名物。地元では新鮮な朝獲《あさど》りしか食べない。土佐佐賀はカツオ漁港でナンバーワンとして知られ、当地のカツオは〝塩たたき〟が売りで、さっぱりしておいしい。四万十川はうなぎ、川エビ、アオサ海苔。ほかに窪川の大ショウガ、沿線地域の露地栽培のトマト、キュウリ、大根などもおいしい。

と、きいて、無性にうなぎを食べたくなった。

この旅は、〝呑み鉄〟をテーマにしている。ウィスキーのポケット瓶を片手に、地方鉄道に乗り、地元の日本酒とおいしい料理を捜すのも仕事のうちなのだ。

噂にきいた「四万十屋」は四万十川の畔《ほとり》にあった。

古民家風の大きな木造の建物で、二階の食堂から四万十川の流れを見ながら、天然うなぎが食べられるという絶好の味処である。

うなぎは関東と関西で料理法が異なり、関東は背開きで、一度蒸した後に焼くのだが、関西は腹から開き、直焼《じかや》きする。この店はやはり関西風で、表面がパリッとしており、口にふくむと身のうまさ、柔らかさが滲《にじ》み出てくる。

話はとぶが、〝江戸前《えどまえ》〟といえば今では寿司《すし》の代名詞となっているが、もともと東京湾でとれたうなぎのことだった。ごはんと一緒に食べるうな丼の発祥も江戸で、芝居を観ながら食べるという合理精神に拠《よ》るものである。それはともかく、今や絶滅危惧種となってしまった天然うなぎをしみじみといただき、川風に当たりながら、一杯飲む気分は上々であった。

中村は土佐の小京都といわれる。今は四万十市となっているが、かつて応仁《おうにん》の乱を避けて、京都から下向した一条教房《いちじょうのりふさ》の開府により発展した町だ。京都に似せた碁盤の目状の市街や、東山、鴨川などの地名、藤祭りなどにその名残りが見られる。

造り酒屋や醤油蔵《しょうゆぐら》が多いのも京都から職人や技術者を連れてきたからだ。

市内中村新町にある藤娘《ふじむすめ》酒造を訪ねた。昭和一八（一九四三）年に地元一一社が集まって作った中村で唯一の酒蔵だ。

代表の矢部允一《やべよしかず》さんは、「藤娘の名は町を拓いた一条教房に拠っています。教房はことのほか藤の花が好きだったようです。水源は地下水で、四万十の伏流水を今も使っています」

人気の「四万十の風」を試飲する。

やわらかい甘口の女酒で、京都伏見《ふしみ》の酒に似ている。澄んだ空気、凛《りん》とした山間の風を思わせた。天然うなぎと地酒を味わい、四国の端まで来た甲斐があった、としみじみ思った。

青春時代を思い出した

17時34分、中村発の宿毛行きに乗る。

乗客は地元の高校生たちでいっぱいだった。噂の赤い鉄橋を渡り、西へ向かって走る。海は遠ざかり、田んぼ、工業団地、民家が続く。

宿毛の名物、「だるま夕日」は水平線上に本物の夕日と海に映った夕日の二つの夕日が重なり、だるまのように見える現象で風物詩となっている。大気と海水温度の差で発生した水蒸気が海上から立ち昇り、光が屈折してだるま形をつくるようである。

列車は夕陽を浴びて走っている。この日、宿毛湾では「だるま夕日」が見えるのだろうか？

車窓に夕陽を眺めながら、遠い日のことを思い出していた。

土佐出身の女性がいた。Mさんは大学時代同じクラスだった。瞳が大きく、八頭身で、色白だった。クラスでもひと際目立つ存在だった。

海に囲まれた四国は女性も海の彼方を夢見るのだろうか？　Mさんは、本州を飛び越え、津軽《つがる》海峡を渡り、札幌の大学までやってきた。

窪川駅でジョン万次郎のイラストが描かれた列車に乗り込む

顔は優しかったが、酒豪であった。

時は七〇年安保闘争のただ中で、ぼくたちは同じロシア文学を専攻し、社会変革を志し、日夜討論を重ねた。全共闘《ぜんきょうとう》の時代である。

土佐地方では豪胆な快男子を「いごっそう」と呼ぶのに対し、活発で、男に頼らず、働きものの女性のことを「はちきん」と呼ぶ。気性は激しいが、性格は優しい。Mさんはその「はちきん」の典型だった。激論の末、居酒屋で酔い潰れた男たちをなだめたり、介抱したりすることもしばしばだったし、ぼくもMさんに付き添われ、下宿まで送り届けられたこともあったのだ。

あれから幾春を数えたことだろう。ぼくたちは思想を異にすれど、互いに作家として成功することを約束して、学園闘争の吹き荒れる津軽海峡を後にしてきた。

その後Mさんは故郷の土佐に戻り、結婚し、教師を続けている、と噂をきいた。

「だるま夕日」が落ちてゆく。

ぼくのだるまは相変わらず片目のままだが、Mさんのだるまは、はたして両目が開いただろうか？

（平成二七年三月取材）

夏

根室本線
花咲線
秋田内陸縦貫鉄道
上信電鉄
若桜鉄道
一畑電車

【根室本線】

最長距離どん行の旅

日本一運行時間の長い普通列車2429D

北海道に一本だけ、滝川〜新得《しんとく》〜釧路間、三〇八・四キロを直通する〝長距離どん行列車〟が存在する。列車番号は2429D。滝川から富良野を経て十勝平野の中心を抜け、道東最大の都市・釧路まで。乗車時間はなんと八時間二分！　現在、日本で一番運行時間の長い普通列車である。

〝長距離どん行〟といえば、思い出すのは山陰本線824列車だ。当時、日本で最も長い各駅停車で、門司《もじ》〜福知山間の走行距離は五九五・一キロ、乗車時間18時間29分。朝の5時22分に始発駅を出発し、深夜近くの23時51分に終着駅に着く。一日がかりで西日本を走破する〝大陸感覚〟のどん行列車であった。

ついに完乗！八時間余り旅を共にしたキハ40-1737

昭和四八（一九七三）年夏、この列車に乗ったことがあった。

鏡のように穏やかで、明るい日本海を一日中眺めながら、旅ガールたちや行商のおばさんたちと世間話に興じつつ、ときに居眠りを重ね、ひとり完乗した。DF50形ディーゼル機関車にけん引された古い客車（確かオハ61とかスハ43だった）に揺られ、萩や松江の人気観光地にも立ち寄らず、ひたすら乗り続け、余部《あまるべ》鉄橋を越えた。あの経験を思い出せば、昼間の八時間など〝乗り鉄〟には初級レベルに思える。しかも、北海道である。梅雨のない限りなく青い空が続く北海道へ、すでに気持ちは飛んでいた。

さて、札幌に前泊して、始発の滝川には朝九時に着いた。

2429Dの出発時刻は9時37分である。さっそく駅の立ちそば屋で腹ごしらえをする。そば屋の亭主の話では、ごくたまに国鉄色、朱色ボディの車両

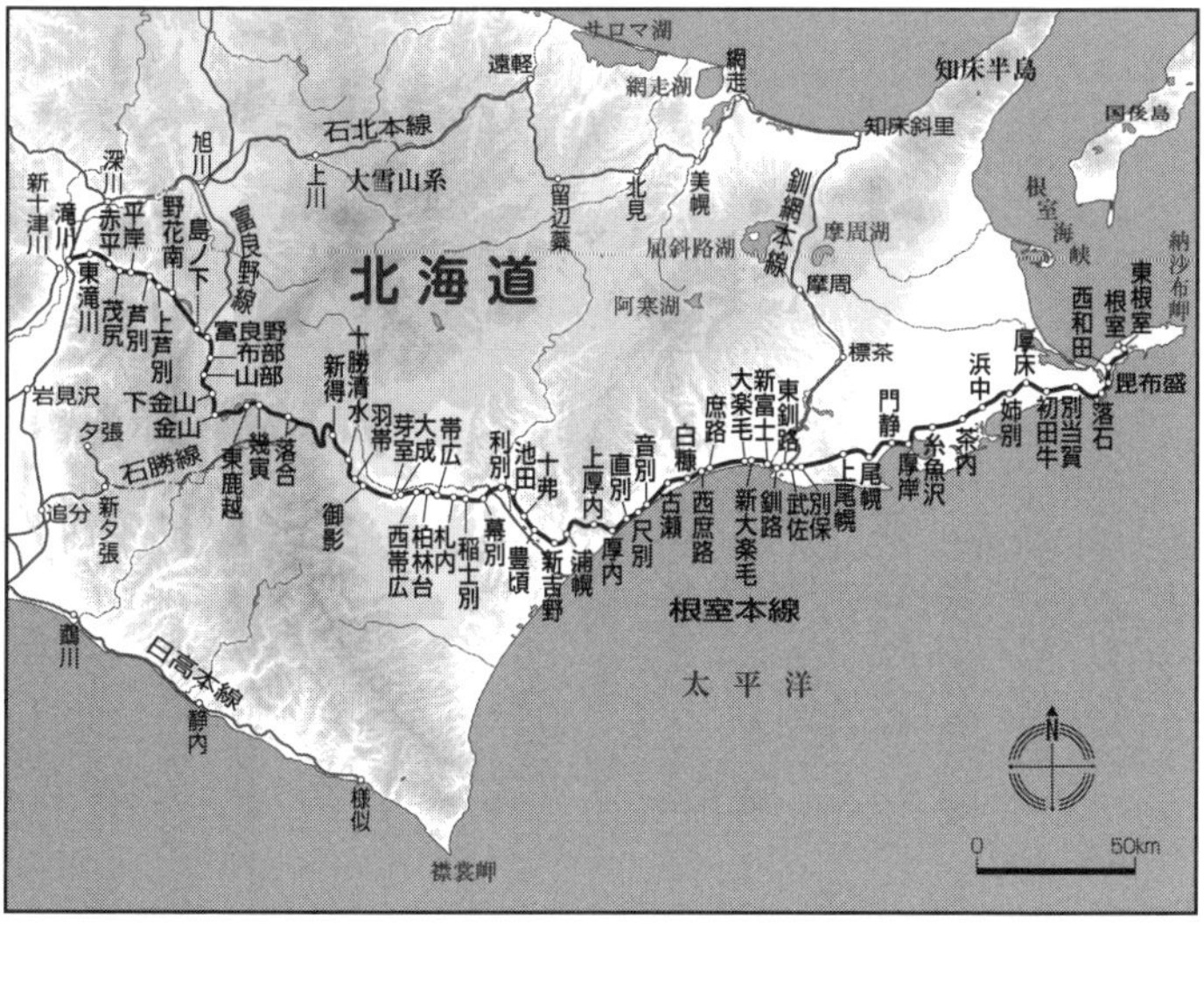

キハ40-777が充当される。777は〝スリーセブン〟と呼ばれて鉄道ファンに人気なのだ。

「スリーセブン？　今日は富良野、帯広あたりだべな」

こちらが〝鉄〟と見破ってか、亭主はさりげなく情報を教えてくれた。駅構内にも「日本一運行時間がなが〜い定期普通列車　出発駅です」というポスターが貼られている。

2429Dは、地元ではちょっとした人気列車のようである。

やがて一番線に単行の気動車がカタコトと車体を震わせながら入ってきた。まさに〝ひとりぼっちの鉄道〟という雰囲気である。白いボディに黄緑色と水色の帯を巻いたキハ40-1737だった。

気動車特有のアイドリングの微動が身体に心地よく響く。いよいよ出発だ。9時37分、定刻通りに走り出した。

車内に乗客はそれほど多くはなく、各々がボックス席をひとりじめできるくらいの人数で、ちょうどいい塩梅《あんばい》。観光客のカップル、ハイキング姿の若者もいれば、地元民とおぼしき年寄りたちもいる。ぼくのように釧路まで行こうという人はこの中にいるだろうか、などと考えながらひとりほくそ笑む。誰にも知られたくない、とっておきの〝秘密〟だからだ。

開閉できる窓を少し持ち上げ、外の冷気を呼び入れる。今となっては珍しくなってしまったが、こうして風や大地の匂いを体感できるのは古風な気動車に乗る〝特権〟である。

富良野にて予約しておいた駅弁を受け取る

滝川を出ると列車はゆっくりと右に曲がり、函館本線と分岐した。しばらく滝川市の住宅地を走ると、やがて水田が広がる。次の東滝川を過ぎると、空知《そらち》川が右手に近づき、やがて列車はそれを渡った。川の名はアイヌ語の「ソー・ラプチ・ペッ」（滝が幾重にもかかる川）に由来する。根室本線は空知川を左右に見ながら、遡るようにして進んでゆく。

赤平《あかびら》、茂尻《もじり》、平岸《ひらぎし》。この辺り、昔は炭鉱の町だった。沿線に新旧の炭住《たんじゅう》が建ち並ぶ。根室本線の前身だった北海道官設鉄道時代、滝川～下富良野（現・富良野）間に新線が引かれたのは、そもそもこの周辺の石炭を小樽へと直送するためであった（旧線は現・富良野線）。ホームの看板に「星の降る里」とある芦別《あしべつ》も有名な炭鉱都市だった。ここからもかつては三井芦別鉄道が石炭を運んでいた。

Sカーブの続く線路を走る。野花南《のかなん》の先、かつて存在した滝里は滝里ダム建設によって平成三（一九九一）年に廃止、今では湖底に沈んでいる。旧線は、渓谷沿いを走る車窓の美しい区間だったと記憶しているが、現在では滝里トンネルをくぐるシンプルなルートになっていた。

島ノ下《しまのした》を出ると、徐々に北海道らしい風景が広がった。左手には十勝連山。空知川を渡る長い橋梁にさしかかって、十勝連山は前方に移動、続いて右手には夕張山地が見えてくる。ラベンダーの季節には観光客で満員となることもあるというこの列車だが、まだその時季には少し早く、乗客は二人、三人が乗ったり、降りたりを繰り返す。右折しながら、左から近づいてくる富良野線と合流すると、10時48

分、富良野に到着した。富良野では一八分！　という長い停車時間があった。

かつてどん行列車は庶民の生活の足だったが、その頃のダイヤでは停車時間はもっと長かった。単線が多かったため、特急、急行の追い越しや信号待ち、列車交換などに時間がかかった。二〇分、三〇分という待ち時間は日常茶飯事だった。ホームに出て体操をしたり、洗面台で顔を洗ったり、売店に新聞を買いに行ったり、なかには駅前銭湯に行く強者《つわもの》さえいた。

富良野では予約をしてあった駅弁をキオスクで入手した。

札幌駅できっぷを購入した際、駅弁のことを尋ねた。そうしたら駅員が親切に富良野の駅弁屋さんに電話予約してくれたのだった。かつては小さな駅でも駅弁を売っており、立ち売りの駅弁屋がホームに売りに来たものだが、今はとんとお目にかからない。ローカル線で駅弁を買うには電話予約の時代だ。

富良野名物だという「ふらのとんとろ丼」は、ごはんの上に焼肉風味の豚肉がのっており、ほうれん草とニンジンが添えられ、両脇に温泉卵とジャガイモが置かれてある。卵は肉にまぶして食べるようだ。温かいごはんに人の手の温もりが残る。コンビニ食品ではこの温かさはない。豚肉は柔らかく、しっかりと味のあるものだった。

富良野で思い出すのは倉本聰《くらもとそう》さんだ。倉本さんはＴＶドラマ『北の国から』の脚本家で、自らも東京から富良野に移住し、演劇をめざす若者たちに富良野塾を開き、〝時の人〟となった。『北の国から』はその実体験にもとづいて描かれたが、以来富良野は北海道の人気観光地となり、毎年二〇〇万人の観光客が訪れるようになった。

あるインタビューの仕事で倉本さんにお会いした時、

「早春、こぶしの花が上を向いて咲くときは日照りの年、うつむいて咲くときは多雨、あっちこっち向いて咲くときは風の年になる」と話してくれたことが今も印象に残っている。

薄いサングラスをかけた倉本さんは愛煙家で、「もう外国にゆくのがイヤになったよ。機内で何時間も吸えないからね」

コーヒーを飲みながら気さくに話してくれた。こちらもスモーカーなので救われた気持ちになったのを今も覚えている。

この時、倉本さんからは、「エネルギーと文明について」などの格調高いお話を聞かせていただいたはずだが、本論は忘れてしまった。些末なことしか人の記憶には残らないものだ。

あれから二〇年、『北の国から』で存在感あふれ

空知川上流のかなやま湖を渡る（写真／坪内政美）

る演技を見せてくれた地井武男《ちいたけお》も笠智衆《りゅうちしゅう》もすでにこの世にいない。倉本さんが私費を投じた富良野塾も二六年間続いたが、三年前に終了した。時は無慈悲に、寡黙に過ぎ去ってゆく。

八〇歳近くになられた倉本さんはお元気だろうか？　今も煙草をうまそうに吸っておられるだろうか？

窓辺から空知川を眺めると、級友たちの顔が浮かんだ

列車に戻ろう。富良野ではラベンダー畑が広がる雄大な風景を期待したが、残念ながら見えない。左手に残雪を抱いた富良野岳、右手遠方に聳《そび》えるのは夕張岳だろうか？

ジャガイモやトウモロコシの畑の脇を列車はゆっくりと進む。線路の傍らには野紺菊《のこんぎく》や山ウドの白い花が揺れている。

11時13分。布部《ぬのべ》の簡素な開拓小屋のような木造駅舎は記憶の中の駅舎とまったく変わっていなかった。滝川を出発して以来、遠い記憶と現在とが行ったり来たりしている。大学時代札幌にいたぼくはこの根室本線に蒸気機関車の時代から何度も乗った。ワンダーフォーゲル部に所属していたためこの辺りの山河をよく歩いたものだった。

布部は空知川の川下りをした時、降りた駅だ。四人乗りの巨大なゴムボートをキスリングに収納して、道を運ぶのは苦労したが、入川すれば、あとはボートで下るので、移動は楽だった。河原でキャン

プをして酒を飲み、ウグイを釣って焼いて食べた。昭和四〇年代の頃で、『知床旅情』が流行っていた。♪飲んで、騒いで……明日の日本に疑いを持たなかった高度成長の時代だった。

窓辺から空知川を眺めると、級友たちの顔が浮かぶ。東京や栃木、滋賀からわざわざ札幌の大学をめざしてやってきた若者たちだった。その後商社に入り、出世して役員になったT君、学者肌で大学院に残り、テントウ虫の研究に憑かれていたK君、大学紛争後、パリに留学して、行方不明になったU君……。もはや皆還暦を過ぎ、会うこともなくなってしまったが、今頃は、孫たちに囲まれ、好好爺《こうこうや》となっているのだろうか？

当時と変わらず、ひとり旅を今も続けているのはぼくだけかもしれない。

思えば列車は唯一〝風景と対話できる移動手段〟である。

過ぎ去った日々を回顧しながら、ぼんやりと風景の中に「物語」を読む。鉄道、とりわけ地方のどん行列車が楽しいのは、こうした無為の時間である。そうした時、ウィスキーのポケット瓶はすばらしい旅の伴侶となる。

布部を出ると、ふたたび空知川を渡った。右手の車窓には、残雪を抱いた芦別岳がくっきりと見えた。濃緑の山肌と雪のコントラストが素晴らしい。

11時20分。山荘風の駅舎をもつ山部《やまべ》駅が現れた。

ホーム脇にはラベンダーが控えめに咲いていた。ここは芦別岳登山口の最寄り駅である。芦別岳の山頂は美しく、優しく見えるが、実はこの山はアプローチが長く、急峻な登りが続き、初心者には厳しい山である。札幌から釧路行きの普通の夜行列車に乗り、深夜に山部の駅に着き、駅で仮眠して、夜明けとともに山頂をめざした。これも青春の思い出のひとコマだ。

空知トンネルを越えると、人造湖のかなやま湖がいきなり広がった。ここは、かの〝まぼろしの魚〟イトウが生息する湖として有名なダム湖だ。左手に移ったかなやま湖を通り過ぎたころ、11時57分、幾寅駅に到着。

幾寅は平成一一（一九九九）年、映画『鉄道員《ぽっぽや》』のロケ地に選ばれて有名になった駅だ。映画では「幌舞駅《ほろまいえき》」という名前で登場したため、現在でも駅舎には「幾寅」の名前と「ようこそ幌舞駅へ」が併記してある。カメラをもった学生が二人、降りていった。

狩勝峠を越えて、特急が行き交う第二ステージへ

かつて北海道は鉄道王国で、全盛期には道内に約四〇〇〇キロもの鉄道網が張り巡らされていた。蒸気機関車も最後まで残り、鉄道ファンにとって北海道は〝聖地〟であった。

なかでも根室本線は、滝川から最果ての根室までの四四三・八キロを貫き、道央と道東を結ぶ主要幹線でありながら、今でも全線単線非電化という〝偉大なローカル線〟である。

当初は旭川と釧路を結ぶ予定で明治三〇（一八九七）年、同三三（一九〇〇）年に旭川と釧路の双方から建設工事が始められ、同四〇（一九〇七）年の狩勝トンネルの貫通をもって開業。その時の名称は

「釧路線」だった。その後、大正二（二〇一三）年に滝川〜富良野（当時・下富良野）間の新線が開通したため、起点を旭川から滝川へ移し、札幌〜釧路間の時間短縮化を図った（この時、従来の旭川〜富良野間は「富良野線」として独立した）。

根室本線となったのは釧路から先、今の通称「花咲線」の区間を根室まで延伸させた大正一〇（一九二一）年のことである。この時以来、道央と道東を結ぶ重要な輸送ルートとなった。当時の鉄路敷設は冬は風雪、夏はアブや蚊との戦いで、厳しく、長く、開拓時代の労苦をそのまま体現しているかのようだった。

昭和五六（一九八一）年の石勝《せきしょう》線の開業は画期的な出来事だった。

新狩勝トンネルの完成により、列車は千歳空港（現・南千歳）から新得へ直通できることになり、道央から道東へは石勝線経由で大幅な時間短縮が可能となった。以後、「おおぞら」などの優等列車はいずれも札幌から石勝線経由となり、根室本線の滝川〜新得間は幹線の役から退くことになる。

「まりも」の新得返しは究極の旅だった

長大路線を誇った根室本線であるが、今の運行は滝川〜新得間、石勝線と一体になる新得〜釧路間、「花咲線」の愛称で知られる釧路〜根室間の三つに大きく分断されている。

12時8分、落合駅に到着。

ここで一三分間の停車があり、滝川行きの上り普通列車を先行させた。すでに出発して二時間半あまりが経過している。ホームに出て、鈍《なま》ってきた身体をストレッチして伸ばす。ホームの端まで来ると二五パーミルの勾配標《こうばいひょう》が立っていた。その向こうにはどこまでもただまっすぐに延びる線路、地平線に接する大きな空。北海道の雄大さを体で実感した。

落合を出ると、次の新得までは約二八キロの距離を走る。

その途中、根室本線上最長の新狩勝トンネルをくぐる。「眺望天下無比」「雄大な原始的平原」などと称された狩勝峠は、昭和四一（一九六六）年、新狩勝トンネルが開通するまで「日本三大車窓」（あとの二つは篠ノ井《しののい》線の姨捨《おばすて》駅、肥薩《ひさつ》線の矢岳《やたけ》越え）の一つに数えられていたが、この新区間もそう捨てたものではない。緩やかに続く緑の丘陵に牛馬が遊び、夏雲が大空にポッカリと浮かぶ壮大な風景は、やはり北海道ならではのものだ。上落合信号場で線路は石勝線と合流した

12時46分、新得《しんとく》着。

ローカル輸送主体であった根室本線は、ここから特急「スーパーおおぞら」、「スーパーとかち」などが走行する特急路線に入る。新得といえば、鉄道ファンの間では〝新得返し〟で有名なところだ。札幌～釧路間を走る夜行急行「まりも」の上り下りが行き違うのがこの新得駅付近であったため、急行列車の自由席が乗り放題だった「北海道周遊券」の利用客が宿代を浮かすのに上下の夜行を乗り継いだのだ。ちなみに同じく夜行急行「利尻」の〝名寄返し〟や「大雪《だいせつ》」の〝上川返し〟もあった。

開けた窓の隙間から肥料の匂いが漂うと、右手には牛の放牧風景が広がった。

旅の友は文庫本とポケット瓶だ

十勝清水では、十数人の乗車客が乗ってきて、車内は本日一番の密度となった。13時8分、羽帯《はおび》に停車。この駅は、かつて2429Dにとって通過駅だったが、平成二四（二〇一二）年のダイヤ改正で停車するようになった。札内《さつない》の次の稲士別《いなしべつ》も同様であり、この改正により2429Dは晴れて滝川～釧路間の全四六駅の各駅に停車するようになった。

13時12分、御影《みかげ》着。四分停車。虫の声が聴こえる。

御影と芽室《めむろ》の間にある、上芽室信号場に六分停車。普通列車と行き違いをした。

13時47分。仮設駅舎のような佇《たたず》まいの大成《たいせい》は、高校通学のための臨時乗降場から昇格した駅。その由来の通り、女子高生たちが何人も乗り込んできて、車内の雰囲気も変わる。

13時59分、西帯広を出ると、左手には帯広貨物駅と車両基地が見える。しばらく高架が続いて、周りには住宅が多くなってくる。屋根も傾斜の緩い家屋が増えたように感じる。平成八（一九九六）年に建て替えられた高架駅の帯広は、これまで通過してきた駅と対照的に近代的な駅舎をもつ。エスカレータで一階に降りるとショッピングセンターになっている。かつて帯広は士幌《しほろ》線、広尾線の分岐駅だった。広尾線には愛国、幸福駅があり、「愛国から幸福ゆき」と綴られたきっぷが売られていたのを懐かしく思い出す。

強風で遅れてきた特急「スーパーおおぞら」の通過を待って、三分遅れで出発。14時26分。札内川を渡って札内。続いて稲士別に停車。かつては通過駅であったのは前述のとおりだ。

上厚内《かみあつない》を出て、国道38号と並んで走っていると、急に辺りが暗くなった。霧が出てきたのだ。霧の街・釧路が近いことを思わせた。青空は消え、厚い雲が覆い、気温は徐々に下がってくる。初夏というのにいつの間にか車内には暖房！　が入っていた。

根室本線は厚内から長い山路を終え、海沿いを走ることになる。

クマザサの向こうに太平洋が光る。しばらくすると海は隠れ、ふたたび山の中を走る。急勾配を上り、直別川を渡り、昔も今も変わらぬ、屈指の秘境駅・古瀬《ふるせ》に着く。まるでさきほど停まった信号場さながらの何もないホーム。乗降する者が誰もいないまま、しばし停車。窓から覗くとホームの傾いた時刻表に、上下あわせてわずか七本が記されていた。

国道と合流して、和天別《わてんべつ》川と白糠《しらぬか》川を渡ると白糠。かつて白糠線が分岐していた駅だ。国鉄時代、かの国鉄再建法の廃止路線第一号として消えた白糠線。西庶路《にししょろ》を出発すると、右手に大きなハスの葉が茂る湿地の中を走る。

ここまで来ると、もう体力の限界に近い！

鞄に入れた文庫本三冊はほぼ斜め読みして読了した。新聞、週刊誌も読了。あとはわが〝ポケ角〟を愉しむだけである。

釧路の霧の中、過ぎ去りし青春の日々に出会う

青春の日々、あれは幻だったのだろうか？

霧が一層濃くなっている。あのときも霧が流れていた。もう夏が近いというのに霧滴《むてき》が肌に冷たく、ひとり靴音が冷たく心に沁みた。

札幌の下宿を引き払い、シュラフをつめこんだキスリング（横型大型リュック）ひとつで、釧路まで夜行列車でやってきた。無銭旅行が流行っている時代で、ぼくたちは〝カニ族〟と呼ばれた。幅広のキスリングを背負っていたため、列車の通路をカニのように横ばいで歩いていたからだ。

釧路駅で二泊した。当時、釧路駅は終日列車の発着があり、駅のベンチで眠って夜を明かした。駅は文字通り、〝ステーションホテル〟だった。

働き場所を探した。少しでも旅を長く続けたかったからだ。牧場に仕事を見つけ、釧路湿原のただなかにある鶴居《つるい》村まで流れ着いたあの夏、一体青春とは何だろうか、と自問した。

牧場では夜明けから日没まで懸命に働いた。牛の乳搾りからはじまり、牛を牧草地へと運び、午後は牧草刈りが夕刻まで続いた。汗をかき、頭を空にして、肉体だけを使い果たした。

二三歳の青春は残酷だった。ベトナム戦争に絡む国家権力との闘争。大学紛争、大学封鎖。そんななかで無二の親友は「死」を選んだ。「生」を選んだがために、ぼくは死ぬほど肉体を駆使して働こうと思った。

車窓には霧が流れる。ぼんやりとした頭のなか、ほろ酔いのぼくは遠い記憶の中を旅していた。追想に水を差すかのように列車は釧路に突然到着した。今回〝奇特〟ともとられる行程で帰ってきた釧路の町は、やはり霧に包まれていた。

人っ子ひとりいない釧路の町を、駅前からぶらり歩いて幣舞《ぬさまい》橋に立つ。すると、どこか見覚えのある顔がカメラをもって記念撮影をしている。そうだ、先刻まで2429Dの同じ車両に一緒に乗っていたカップルではないか！

男性は日本人。タイから迎えた花嫁に、地元北海道を案内して歩いているのだという。

花嫁は、見た目の年齢にしては無邪気すぎる素敵な笑顔で「こんにちは！」と挨拶した。「日本へようこそ」。ぼくも笑顔で言葉を返す。日本人は、こんな笑顔をいつどこに置いてきてしまったのか——。

青春の疼《うず》きを残し、釧路は懐かしくもあり、また蠱惑《こわく》的な町でもあった。

（平成二五年六月取材）

【花咲線】さい果ての鉄道哀歌をきく

石川啄木にとって鉄道は流浪の象徴だった

――さいはての駅に下り立ち雪あかり
　さびしき町にあゆみ入りにき

石川啄木が釧路駅に降り立ったのは明治四一（一九〇八）年一月の雪の夜だった。当時終着駅だった釧路は北海道の東のさい果て、〝雪あかりさびしき町〟だった。

時は平成、季節は六月。梅雨のない北海道の野辺には花々が乱れ咲き、さわやかな北の大空が広がる。

広大な湿原を走る

啄木の流浪の旅には冬がふさわしいが、ローカル線の旅は初夏がいい。語呂合わせではないが、花咲く季節、花咲線の旅だからだ。

早朝、釧路の街の散策を楽しむ。初夏だというのに空気は冷たい。街路には雪ではなく、やはり名物の深い霧がたち込めていた。

釧路駅から近い「和商市場《わしょういちば》」へとゆく。約六〇店舗が入居する北海道でも指折りの卸売市場で、一歩入ると燻製の鮭の匂いが鼻をついた。ここで朝食をとろうという訳だ。お目当ては市場名物の「勝手丼《かってどん》」である。丼にまず白飯だけを買い、専門店の店先を物色しながら、自分の好きな具材、イクラ、ウニ、ホタテ、イカなどを次々に飯の上にのせてゆく。お値段は多少張るが、豪華な〝自分流海鮮丼〟のできあがりだ。

豪快にかき込む。イクラが口元で飛び跳ね、ウニの潮汁が歯間を伝う。朝から満願の幸せである。生

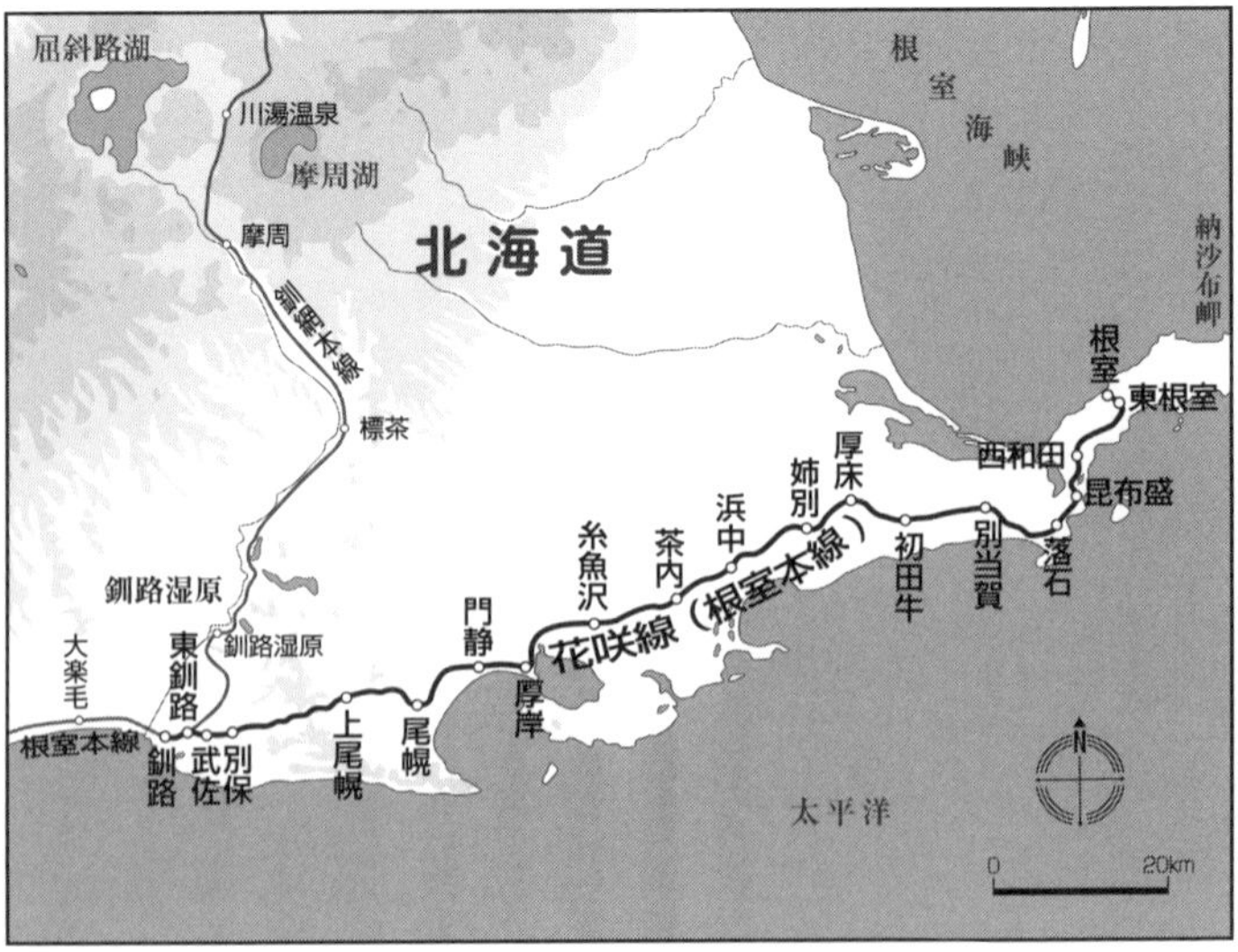

ビールを頼む。朝からビールが飲めるのは気ままな旅の特権である。北海道の海の幸をお腹いっぱい試食して、ほろ酔い気分、上々の旅日和となる。

和商市場の裏に幸町《さいわいちょう》公園がある。その付近に明治三四（一九〇一）年、鉄道開通時の釧路駅があった。啄木が降り立った駅である。かつて転車台が置かれた場所に、今はシゴハチ（C58形）106号機関車が展示されている。近頃は蒸気機関車の復活が盛んだが、このシゴハチの未来はいかがだろうか？

もう一度、北の大地を疾駆するSLの雄姿を見たいものだが……。

幣舞《ぬさまい》橋を渡り、港文館《こうぶんかん》なる旧釧路新聞社を復元した記念館を見学する。

街路には潮の香が漂う。

石川啄木は岩手県日戸《ひのと》村（玉山村を経て現・盛岡市）に生まれ、父が寺の住職をしていた関係で、渋《しぶ》民《たみ》村の尋常高等小学校の代用教師を勤めた。一九歳で級友だった堀合節子《ほりあいせっこ》と結婚。早熟で、多感だった。故郷を〝石もて追われる〟ごとく去り、単身北海道へ。函館を皮切りに札幌、小樽と漂泊し、この釧路の新聞社の記者となった。

啄木の歌には鉄道を詠んだものが多い。

――ふるさとの訛《なまり》なつかし停車場の
　人ごみの中にそを聴きにゆく

は有名だが、ぼくは、

――何事も思ふことなく日一日

汽車のひびきに心まかせぬ

という歌が好きである。

啄木にとって鉄道は流浪の象徴であり、旅は日常生活との決別であった。

釧路を出てわずか数駅で風景が一変した

釧路発13時10分、根室行きどん行列車に乗る。

列車番号は５６３５Ｄ、銀色のボディに赤帯の単行列車で、キハ54形だった。

花咲線は根室本線（滝川～根室間、全長四四三・八キロ）のうちの釧路～根室間（一三五・四キロ）の愛称である。根室にある花咲港と名産の花咲ガニからその名をとって平成三（一九九一）年に公募で決められた。

釧路～根室間は大正時代「根室線」として釧路から厚岸《あっけし》、厚床《あっとこ》と段階的に延伸が進められ、大正一〇（一九二一）年に西和田《にしわだ》～根室間が開通して全通。このとき滝川～釧路～根室間が「根室本線」と改称されている。

同じ根室本線とはいえ、釧路駅を境に運転系統は切り離されており、滝川方面からの列車はすべて釧路駅止まり。そこから先の特急の運転はなく、快速「はなさき」と快速「ノサップ」が一日に一本ずつ走るほかは普通列車のみである。根室まで直通の列車は一日にわずか七本という過疎路線だ。

釧路を出て、釧路川を渡ると東釧路。別保《べっぽ》信号場として開業したのち昇格した駅だ。ここで釧網《せんもう》本線と分岐する。釧網本線の「ゼロキロポスト」には、「根室本線313k800」とも併記されている。

13時18分、武佐《むさ》着。

釧路を出てわずか七分だが、風景は一変した。

車窓一面に湿原が広がり、緑の芦に風がそよぎ、ハンノキなどの痩せた灌木が点在する。線路わきをイタドリやフキが覆っている。

欧米では都市を抜けると、すぐさま雄大な放牧地や麦畑が広がる。都市から田舎への急変は欧米の鉄道旅行のパターンであるが、日本では都市を抜けても民家や道路が続き、田園への変化がない。難しくいうと、農耕民族と牧畜民族との違いで、水を共有する農耕民族は集落を必然的に必要とするからだ。しかし、ここは酪農王国の北海道である。「北海道が外国のようだ」という根拠はこうした鉄道風景にも拠っている。

花咲線の風景は湿原あり、森林あり、海浜ありと変化に富み、宮脇俊三さんも『『もっとも北海道らしい線は？』と問われれば、『釧路から根室まで』と答えてよいだろう」(『最長片道切符の旅』)と述べている。

次の別保《べっぽ》を出ると勾配がはじまり、山越えとなり、列車はいくつものトンネルをくぐる。

今度は湿原から樹林の道となった。白樺、エゾ松、カエデなどの混成林が周囲を覆い、線路はまっすぐに伸びている。別保〜上尾幌《かみおぼろ》間は一四・七キロ、上尾幌〜尾幌間は九・二キロ、わずか三駅で二三・九キロの長距離である。単行列車は定規で引いたような線路をガタピシと身を揺すぶりながら走ってゆく。

一直線に走る軌道、エゾマツ、白樺の樹林、線路端のイタドリ、道東……というと、さい果てのもの寂しさとも重なって鉄道建設の哀史を想い起こしてしまう。

かの囚人鉄道だ。開拓時代の黎明期、北海道の道路、鉄道建設には多くの囚人が使役された。囚人といえども新政府軍と戦った元会津藩士や政治犯も多かった。

よく知られるのが釧網本線の川湯温泉付近の硫黄山《いおうざん》だ。明治二〇年代、採掘した硫黄の運搬のために専用鉄道が建設された。明治二五（一八九二）年、釧路鉄道として開業し、跡佐登《あとさぬぷり》～標茶《しべちゃ》間を結んだ。この鉄道開設には釧路集治監（監獄）の三〇〇人の囚人が使役され、囚人たちの足には鉄鎖、鉄球がかせられ、森林伐採や鉄道敷設が行われた。厳しい冬の労働に死者や逃亡者が続出した。

映画『北の螢』（五社英雄《ごしゃひでお》監督）は石狩平野の樺戸《かばと》集治監で道路建設に駆り出された囚人たちの反乱を描いた作品だが、冷血無比の新政府の官僚に立ち向かう元津軽藩士や元新選組の副長など囚人たちの無情の思いを描いて話題となった。

あまりにも悲惨な事態が政府の知るところとなり、囚人使役は中止となり、その後民間斡旋業者が請け負った。斡旋業者は巧みに都市の若者を誘惑して、北海道の現場に連れ込み、狭い部屋に籠らせて、過酷な労働を課した。いわゆる〝タコ部屋労働者〟だ。常紋《じょうもん》トンネル、名雨《めいう》線（雨竜《うりゅう》第一ダム建設線、深名線に改称後廃止）などの鉄道施設にその痕跡は残っているが、今列車が越えようとしている尾幌《おぼろ》トンネルもタコ部屋労働者によって建設された。

戦後、ＧＨＱの指令でタコ部屋は解体されたが、北海道開拓の裏面史ともいうべき囚人労働やタコ部屋労働は改めて史実を掘り起こし、事実を語り継がねばならないだろう。

水温が低い厚岸では牡蠣にシーズンはない

トンネルを抜けると13時38分、上尾幌着。

駅はいわゆる「ダルマ駅」で、車掌車を改造し、壁面には動物のイラストなどが描かれている。続く門静《もんしず》を出ると右手に厚岸湾が見えてきた。列車はそれまで湿原、森林地帯を走ってきたが、風景は一変し、今度は厚岸湾に広がる大きな太平洋を眺めることになる。

14時00分、厚岸駅。途中下車した。

ここで多くの乗客は降りて行った。地元の人がほとんどで、旅行者はいなかった。

厚岸は〝牡蠣《かき》の多い場所〟という意味のアイヌ語「アッケシイ」が地名の由来で、名物は言わずと知れた牡蠣である。厚岸湾のくびれから厚岸湖が内陸部へ大きな袋のように広がり、海と湖はつながっている。湖では湿原から流れ込む別寒辺牛《べかんべうし》川の栄養豊富な淡水とプランクトンの多い海水が混じりあい、特有の汽水湖となる。緯度が高く水温がきわめて低いため牡蠣の成長には長い時間がかかり、その間に滋養をたっぷりと蓄積するようだ。

駅前食堂「浜のれん」には「かきラーメン」「かき丼」の暖簾《のれん》が風にはためいていた。さっそく入ると、メニューには焼き牡蠣、牡蠣フライはもちろん牡蠣カレーライスなど牡蠣づくしだ。

生牡蠣、牡蠣フライ、酒は地元根室の「北の勝《かつ》」をいただく。

大粒の生牡蠣にレモンをちょっぴりかけて食べると、味はプリプリして、こくがあり、甘みがふわっと舌の上を転がる。牡蠣フライは重厚で、身ははちきれんばかり！

常温の地酒がぐいぐいと胃のなかに吸い込まれてゆく。昼間の酒はことのほかうまい！

一般に牡蠣の旬は冬といわれるが、それは養殖牡蠣のことで、水温が低く、天然の厚岸牡蠣にはシーズンがない。

最後にオリジナルという牡蠣丼をいただく。大きな牡蠣フライにたまねぎ、青ネギを添え、卵でとじて丼にのせた、いわばカツ丼の牡蠣バージョン。ちょっと安直だなと疑いつつも頬張ると、これが結構おいしい。濃厚な牡蠣のコクと甘辛いソースの染み込んだ衣が意外に合い、思わず「おいしい、いけるよ！」とグルメ番組のレポーターもどきで叫んだら、カウンターの中にいた女将さんがにっこりと笑った。女将と娘さんがてきぱきと働く、駅前食堂のお手本のようないい店であった。

ほろ酔い気分となって海岸に脚を向ける。

厚岸港まで歩く。厚岸湾と厚岸湖にかかるモダンな厚岸大橋が街のシンボルのように現れた。初夏だというのに空気は冷たく、ほてった体に潮風が気持ちがいい。

厚岸の歴史は古く、江戸時代は東北海道の中心だった。松前藩によるアッケシ場所の開設は寛永年間

（一六二四～一六四四）に遡り、その後使役したアイヌ人との衝突や諸外国船の接近もあり、地域の安全を図るため、幕府は文化元（一八〇四）年に蝦夷三官寺《えぞさんかんじ》として国泰寺《こくたいじ》をここに置いている。

駅に戻り、ふたたびどん行列車の人となる。

厚岸を出るとやがて右手に厚岸湖がせまってくる。厚岸湾の内海で、冬には車窓から白鳥などが見られるようだ。左手には糸魚沢《いといざわ》まで続く雄大な別寒辺牛湿原が広がる。

17時52分、茶内《ちゃない》。

茶内は映画『男はつらいよ　夜霧にむせぶ寅次郎』に登場した駅として有名だ。

茶内には北海道最後の殖民軌道だった茶内殖民軌道があった。殖民軌道とは北海道の初期開拓時代から昭和初期まで、道内各地にあったナローゲージ（狭軌鉄道）で、地方鉄道法や軌道法に準拠せず作ることができた。いわば簡易軌道で、当初は多くが馬車鉄道だった。ここでは周辺の牧場でとれた牛乳を運搬したため「ミルク列車」の愛称で親しまれた。茶内植民軌道は浜中《はまなか》町営軌道茶内線として昭和四七（一九七二）年まで運行されたが、駅近くの公園にはサトウキビ鉄道のような小さなディーゼル機関車が今も保存されている。

北海道のどん行列車が輝いていた時代

17時58分、浜中で下車。

駅舎内の壁を見ると、「モンキー・パンチの故郷浜中町へようこそ」とある。駅を出るとそこには等身大の次元大介と石川五ェ門のパネルが立っている。なんと浜中町は『ルパン三世』の作者、モンキー・パンチの故郷なのだ。そういえば乗ってきた列車にも銭形警部のラッピングがしてあった。

今宵は「霧多布里《きりたっぷり》」というユニークな宿に泊まる予定だ。バイクライダーやバックパッカーの間で有名な民宿で、敷地内には小さな有機農園と犬、鶏、羊、豚が〝住人〟として暮らしている。

部屋に通されると、窓からは霧多布の湿原が一面に広がった。夕べの霧が流れ出したが、湿原に咲くニッコウキスゲやクロユリにしばし心が癒される。

主《あるじ》の武士聡《たけしあきら》さんは東京人だが、三〇年ほど前に移住、この宿を開いた。料理自慢の宿で、近海の海産物を中心に、味噌、納豆、豆腐からベーコン、牡蠣の燻製まで手作りで、小さな民宿とは思えないほどの道産子料理が楽しめる。

開業資金を作るためにアルバイトをしていた寿司屋での経験をいかし、夕食には握り寿司も出される。

〝たっぷり寿し〟とのれんが掲げられたカウンターには、宿泊中の客全員が並んで腰かけ、一斉に「いただきます!」。昔のユースホステルのノリだった。

主《あるじ》は実は〝鉄ちゃん〟で、SLを追いかけて北海道に来て霧多布の素晴らしい自然に出合ったのだという。

昭和四〇年代、北海道には横長の大きなリュックを背負った「カニ族」らとともに、多くのSLファンが押し寄せた。シロクニ（C62）、デゴニ（D52）など北海道は最後に残る巨大SLたちの聖地だった。リュック、銀色のカメラバッグ、三脚がSLファンの三種の神器で、国鉄の「北海道均一周遊券」とユースホステルを利用しながら若者たちは貧乏撮影旅行をした。

主とぼくはほぼ同年代なので、話が弾んだ。ぼくも学生時代、北海道にいて蒸気機関車の旅を重ねた。

「今宵の宿はステーションホテル」などといって、駅のベンチに寝たこともあった。

国鉄時代は何事もおおらかで、今では考えられないが、機関士が運転室に乗せてくれたり、待合室では駅員が茹でたトウモロコシを分けてくれたことなどがあったのだ。

あの頃、どん行列車は輝いていた。ストーブ列車であぶったコマイ（氷下魚）がどこからともなく地酒とともに回ってきたり、隣に座った古老に熊の話を聞かされたり、夏でも蒸気の暖房に身を温めて、ひとり旅した。

カウンターにアオヤギ、ホッキ、北海シマエビ、ミル貝などの珍味が並んだ。またまた地酒が嬉しくなる。懐かしいカニ族の話をききながら、酔うほどに、語るほどに、霧多布の夜は更けていった。

玉音放送後も戦争が続いていた北の孤島

7時18分、快速「はなさき」に乗る。

早朝だったため残念ながら朝食を辞退して宿を発ったのだが、主は大きなおにぎりと海苔、昆布（天然浜中昆布）、漬物をもたせてくれ、駅まで送ってくれた。〝昭和の人〟の気遣いである。地の果てだからこそ残る人情なのか、霧多布は寒かったが、北海道の人々の心は温かかった。

7時32分、厚床着。

厚床からはかつて標津《しべつ》線が分岐しており、客車と貨物が同じ編成で走った「混合列車」があった。沿線にはパイロットファームのある別海《べっかい》町や、ハマナスの群生地として有名な野付《のつけ》半島などがあり、大きな北海道を実感できるローカル線だった。平成元（一九八九）年に廃止となり、駅の構内に転車台の跡が残っている。

厚床を出ると、ふたたび防雪林、防霧保安林の中を突き進む。

このあたりは野生のエゾ鹿が頻繁に線路上に現れる。通称「鹿笛《しかぶえ》」と呼ばれる汽笛を鳴らしながら徐行運転をはじめると、旅人たちは歓声を上げるが、運転手や地元の人にとっては日常茶飯事のようで、表情一つ変わらない。

花咲線で最も標高の高い初田牛《はつだうし》を過ぎると、別当賀《べっとが》。

ここからが花咲線のクライマックスだ。雄大な太平洋を眺めながら三里浜海岸沿いの海岸段丘を走る。天然記念物のサカイツツジで知られる落石岬《おちいしみさき》まで続くこの段丘は、「根室十景」にも数えられている。

7時56分、落石《おちいし》。

落石は岬に無線局があったところだ。落合無線局は明治四一（一九〇八）年に北米とアジアを結ぶ国際航空路の要衝として設置された。かのリンドバーグがシリウス号で北太平洋横断をする際にも誘導を行ない、濃霧の中で根室港までの飛行を助けたという。

落石を出ると、列車は昆布盛《こんぶもり》、西和田《にしわだ》、花咲を通過して、終着根室をめざす。花咲では右手に太平洋を見ながら、大きくカーブすると行く手に根室海峡が現れ、根室半島の付け根に入ったことがわかる。

8時13分、根室着。

根室駅は大正一〇（一九二一）年に開業、かつて日本最東端の駅であったが、昭和三六（一九六一）年にそれを東根室（東経一四五度三六分〇五秒）にゆずり、現在では「日本最東端の有人駅」ということになっている。

バスに乗り換え、納沙布《のさっぷ》岬へ。「望郷の岬公園」には、北方領土返還記念のシンボル「四島《しま》のかけ橋像」があり、その下の〝祈りの火〟は北方四島が返還されるまで灯し続けられる。

浅田次郎『終わらざる夏』は終戦してからもなお戦争が続いた北方の孤島を舞台にしたノンフィクション小説だ。

根室半島から北へ続く千島列島、最北端の占守島《しゅむしゅとう》では終戦後の昭和二〇（一九四五）年八月一八日、日本軍とソ連軍の戦闘があり、九〇〇人の死傷者が出た。ソ連軍が急襲上陸侵攻をしたため、日本軍は自衛戦として戦った。玉音放送があり、すでに終わったはずの戦争だったが、北の孤島では戦いは終わっていなかった。数多くの日本の兵士が捕虜となりシベリアへ送られた。そこでの強制労働は厳寒と激務のため、一〇人のうち一人は帰国できなかったという。

浅田次郎は、終戦間際に召集された日本軍兵士も、ドイツ戦線から急遽移送されてきたソ連兵士も平等に人間として扱い、戦争の理不尽を訴え、

「人間が生きていくうえで、これだけは譲ってはいけない大切なこととは何かを考えてほしい」

と読者に問うている。

囚人鉄道、孤島の終戦、北の辺境にはまだまだ語り継がねばならぬ物語が残っている。

（平成二六年六月取材）

【秋田内陸縦貫鉄道】古代の〝歴史ミステリー〟に遊ぶ

縄文の風が吹いてきた

東北に来ると、空の青さが違う、といったのは作家の池内紀さんだっただろうか？

秋田に来ると、いきなり心がやすらぐ。

空が広く、大きいせいかもしれない。

純白の雲が浮かび、森の緑が鮮やかだ。天然杉、楓《かえで》、栃《とち》、ブナの緑がそれぞれ濃淡をつくり、折り重なって樹海をなしている。

ここでは〝縄文の風〟が吹くようだ。

小ケ田駅に停車中のAN8800形

折口信夫《おりくちしのぶ》は柳田國男と並ぶ、日本民俗学の巨星であるが、かつて縄文人は〝類化性能〟に優れ、弥生以降の人々は〝別化性能〟に優れる、といったことがある。

類化とは物を見るとき、同じような特徴や性格を見出すことで、たとえば女性を月に例えるのは、互いに〝満ち引き〟があるからという。縄文人は互いの共通点を見出すことにより、仲間をつくり、狩猟生活に励み、そこには階級制度はなかった。別化は同じような物でもその違いを見出す能力で、稲作を始める弥生人がその能力に長け、それにより貧富の差や階級制度が生じてくる。

おそらくぼくは縄文人の血を色濃く引いている人間だと思う。秋田に来て、空を眺めるだけで、気分は晴れ、列車に乗っているだけで楽しい。それが新幹線であろうと、気動車特急であろうと、さほど旅の重要マターとはならない。類化型のぼくにとって

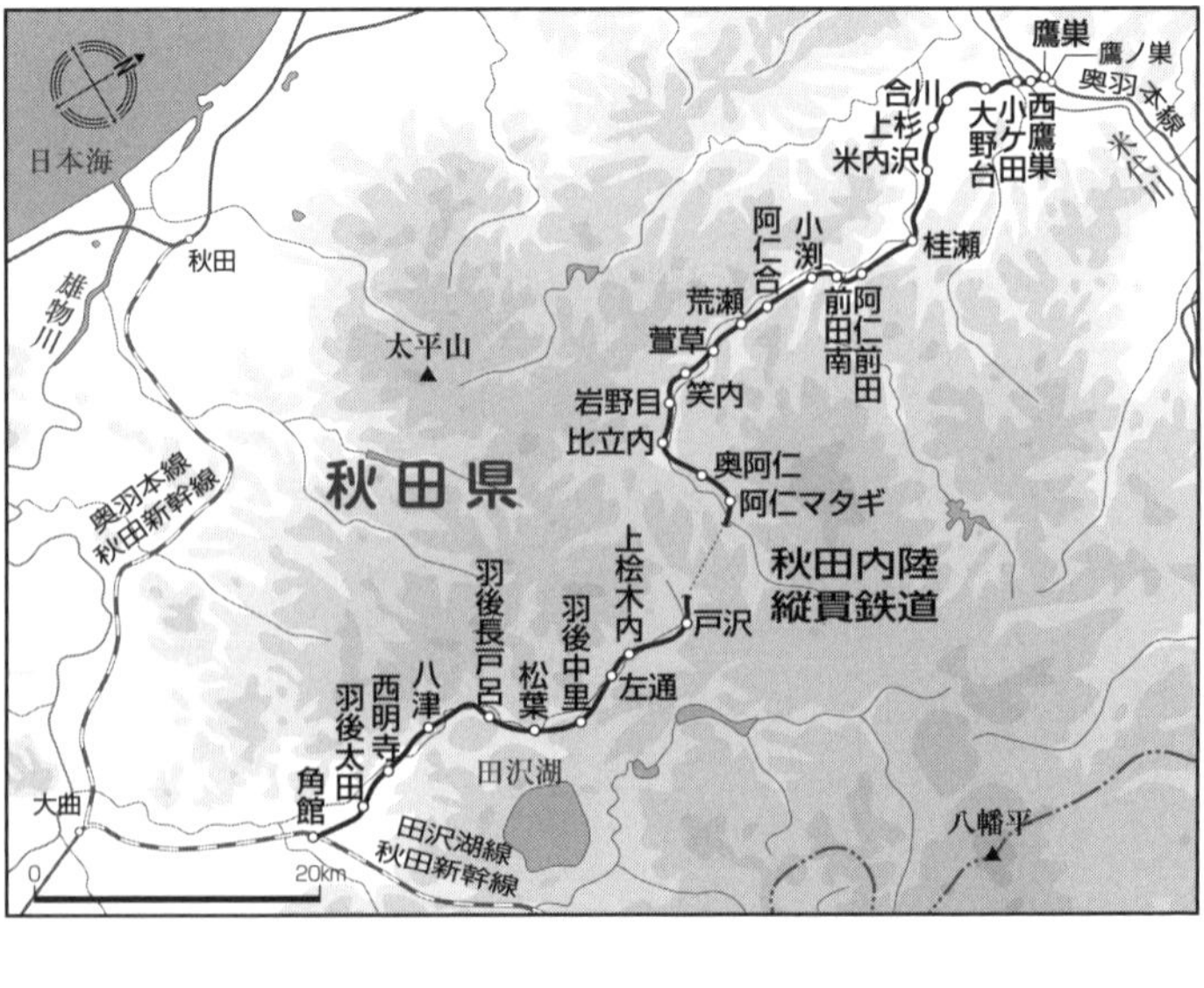

は、列車はどれも同じように楽しく、電車とか気動車とかあえて別化する感覚はないのである。

東京を午前7時32分発の「こまち」に乗ったが、角館には10時46分に着いてしまった。所要、わずか三時間余りである。

縄文時代と現代の差は一万年以上あるが、縄文から弥生へ、さらに現代へと一万年の時の長さをわずか三時間余りで、自分の体内を流れる血を遡ってきたようだ。

東京の空はいつも濁っているが、秋田の空は透明感があふれている。青、白、緑……原色の世界、縄文時代の光だ。

11時00発の秋田内陸縦貫鉄道の列車に乗る。

一両だけの気動車だった。夏の日曜日だが客は少ない。地元の年寄りばかりが数人である。おばあさん同士が外国語のような、柔らかな秋田弁で慎ましく話していた。

秋田内陸縦貫鉄道（以下、内陸線）はＪＲ田沢湖線の角館とＪＲ奥羽本線の鷹ノ巣を結んでいる。総延長は約一〇〇キロで、終点まで全部乗れば二時間三〇分ほど。直行する列車はさほど多くなく、ほとんどが途中の阿仁合《あにあい》までの区間運転である。

この２１２Ｄも阿仁合行きだった。

走り出すと、田園風景が続いた。このあたり、米どころ、〝秋田こまち〟の名産地だ。屋敷森が島のように浮かび、秋田スギが農家を囲っている。

小さな駅、西明寺《さいみょうじ》、八津《やつ》、羽後長戸呂《うごながとろ》に停まる。いずれも無人駅だ。次の松葉は周囲に比べると、大きな集落で、かつての角館線の終着駅である。国鉄時代は鷹ノ巣から阿仁合線が比立内《ひたちない》まで通じており、双方とも盲腸線で、比立内と松葉はつながっていなかった。

かつてこの辺りまで来るには、上野駅から夜行列車に乗り、夜が明けて盛岡に着き、ローカル線を乗りついで、到着するのは午後だった。まる一日がかりで今の三時間という短さが信じられない。

秋田美人ラインを走る

内陸線は「秋田美人ライン」の愛称があり、秋田、角館、湯沢、横手と南北に走る秋田美人の名産地を結んでいる。

といっても、ご同乗のお二人の元秋田美人は、もはや冬眠中のお母さん熊のように安らかにスヤスヤと眠っておられる。

ふたたび縄文時代のことになるが、今から一万二〇〇〇年前、氷河期の末期は、大陸と日本は陸地でつながっていた。かのマンモスやオオカミも人間たちも大陸と日本を自由に行き来していたのだ。秋田美人の特徴は色白で、八頭身、毛深いといわれるが、大陸系の血が混じっているとの推察がある。

このあたりは、大陸と近く、北方のコーカソイド（白人系）民族との行き来があったため、混血美人が多く生まれ、その血統が受け継がれた、という説である。

縄文人は漫画『ギャートルズ』のようで、獣皮パンツをはき、マンモスを追い、貧相な竪穴住居に住む狩猟民族だったという印象が強かったが、三内丸山遺跡の発掘により、他国との交易があり、クリなどを栽培し、高床式の食糧貯蔵庫をもつなど、より高度な都市生活者であったことが次第に明らかにされている。フグを食べ、酒を飲み、美食生活を楽しんでいた可能性も十分にあるのだ。

松葉を出ると、列車は専用線というべきか、盛土の上を走るため走行が安定している。車窓からの風景も一段と目線が高くなるため、気分がいい。と、思う間もなく列車は長いトンネルに突入した。戸沢～阿仁マタギ間にある一二段トンネルだ。延長五六九七メートル、秋田県内で一番長いトンネルだ。

轟音でやっと目覚めた元秋田美人が、指を示して、「あっち見なせい、ほらこっちもだ」と、教えてくれる。

というのは、線路は一直線で、前方のトンネルの出口と後方のトンネルの入口が交互に見渡せるのだ。

後方の大きな光がだんだんと小さくなって消えると間もなく前方の小さな光がだんだんと大きくなる。出口に近づくというわけだ。この間、トンネルを抜けるのに五分以上かかる。

トンネル越えの楽しさを、子どもに伝えるように、笑いながら教えてくれた秋田の人。ここはやはり、大らかで、のんびりとした、心豊かな縄文の国なのだ。

残雪の森吉山（一四五四メートル）が左手車窓に現れた。田んぼでは蛙が鳴き、青鷺が優雅に羽を広

阿仁合駅にて。雲と青空のコントラストが鮮やかな東北の空だ

げて飛び、山裾ではエゾハルゼミが鳴いている。天と地に生命がみなぎる。抜けるような青空があり、米がうまく、美人が多い。ひょっとしたらこの地は世の桃源郷ではないか？

現役の〝秋田のマタギ〟に会う

11時54分、阿仁マタギで下車。

このあたりまで来ると、田園風景は遠ざかり、里山の雰囲気となる。駅は高台にあり、打当《うっとう》川が際を流れる。

今晩の宿泊地、「打当温泉・マタギの湯」へ。駅前には宿の送迎車が待機してくれていた。「打当温泉・マタギの湯」は平成一二（二〇〇〇）年にボーリングしてできた新しい温泉だ。打当川の堤にある日帰りの公共温泉である。

ここでマタギの鈴木英雄さん（六五歳）にお会いできたのは幸運だった。

マタギとは、熊やカモシカ狩りなどを生業とした昔の狩猟民で、その名の由来はマダ（シナノキ）の樹皮を剥ぐマダハギが訛ったとする説、アイヌ語のマタウンパ（雪山で狩りをする人）からきたなどという説があるが、江戸時代には帯刀が許される特別な扱いを受けており、秋田を旅した江戸時代の文人・菅江真澄《すがえますみ》も山刀《やまがたな》を差した翁のことを「万太幾《マタギ》」と書き残している。

内陸線の沿線には、打当、根子《ねっこ》、比立内《ひたちない》と三つのマタギの集落が存在していた。

鈴木さんは打当集落で九代続いたマタギの家系で育った。

「昭和三五年頃、中学生の時、祖父に連れられて行ったウサギ狩りが最初ですた。子どもだから熊狩りは無理で、イタチやヤマドリ、テンなど遊びながら捕ったものです」

祖父は名を鈴木辰五郎といい、〝空気投げの辰〟の名で知られたシカリ（マタギの長）だった。手負いの熊に襲われて、命からがらだったが、寸前のところで熊を雪の稜線から投げ落としたことからその名で呼ばれた。

村人たちが毎夜シカリの家に集まり、どぶろくを飲みながら、猟の作戦を練っていた。子どもだった英雄さんは、逞しい男たちを眺めながら育った。男たちの話を聞きながら、祖父は囲炉裏の脇で、鉛を溶かして村田銃の弾丸をつくっていた。

中学を出ると、そのままマタギになった。学生服を着て、学生帽をかぶって、セッコ（追い手）になった。熊狩りはひとりではできない。集落の男たちが集団で山に出かける。ブッパ（射撃手）は二人、セッコ七、八人くらいのグループが多い。シカリの指令のもとに一団となって雪原を駆け、熊を追いつめ〝勝負〟した。

獲物は山の神の授かりものである。獲物が捕れると、〝けぼかい〟（感謝の儀式）をして、獲物は平等に分けた。〝マタギ勘定〟といって、肉や内臓、脂肪を等しく分け、中学生の英雄さんにも差別なく一人前が配られた。

「熊の胆《い》が一番高価ですたね。胃腸や二日酔いにてきめんに効いて、たった一グラムで三五〇〇円から四〇〇〇円くらいすますた。大きいのは五〇グラムくらいありますから、ひと財産ですたね」

しかし、今では薬はどこでも手に入るようになり、熊の胆も需要がなくなった。現金経済が集落まで浸透し、狩猟だけでは生業として成り立たない。父親の代から出稼ぎになる男が多くなり、集落のマタギも半減。後継者は少なくなっている。

最近、全国で熊被害のニュースが多い。

「はたして熊は増えているのだろうか？」

気になることをきいてみた。

英雄さんによれば、熊は昔は奥山にしかいなかったが、今は生涯を里山で暮らす熊が増えているようだ。栗や畑のおいしいものを味わった熊が里山に定住している。田んぼの傍らや自動車の走行音が聞こえる場所で平気で冬眠しているという。大館や鷹巣の町付近に出没する熊はそういう〝里熊〟らしい。

平家落人《おちうど》と秋田マタギの関係

〝旅マタギ〟に興味をもった。

マタギは日本には稀《まれ》な山岳民族で、旅を専門とするマタギ集団もいた。遠く関西、静岡、神奈川、富山、新潟、栃木などへ遠征した。旅マタギは狩猟だけではなく、きこりや売薬、川魚漁などさまざまな生業を組み合わせながら全国を歩いたようだ。

伊豆天城《あまぎ》地方で〝てんてん釣り〟という釣法がある。〝てんから釣り〟と同じで、毛バリと馬素《ばす》を使っての川魚漁だが、元は秋田マタギが伝えた、と以前現地できいたことがあった。

草津温泉では夏にイワナを売りに来るマタギの集団があったことは鈴木牧之の『北越雪譜』にも書かれている。彼らは夏になると、新潟方面から秋山川を遡り、河原に小屋掛けしてイワナを釣り、草津温泉の湯治宿に売りにいったという。

歴史の謎のひとつに〝平家落人集落〟がある。いずれも辺鄙な山奥の隠れ里で、その昔、檀ノ浦の戦いに敗れた平家の落人が逃れて隠れ住んだ、というものだ。全国で一五〇カ所ほどあるが、九州、四国、紀州など西日本は別として、東日本の落人集落は、実はマタギ村ではなかったか、という想像が心を揺さぶった。

マタギは人馬の往来する街道を歩かない。冬の積雪を利用して、尾根伝いに渡り、沢伝いに里山に降りるのである。秋田旅マタギの道は、推察すると、鳥海山～出羽三山～朝日山地～飯豊《いいで》山地～越後山脈～帝釈《たいしゃく》山地～秩父山地～伊豆半島という一筋の壮大なルートが浮かんでくる。平家落人集落といわれる檜枝岐《ひのえまた》、塩原、秋山郷、藤原郷、湯西川《ゆにしがわ》、川俣などがそのルートの麓に点在するのは偶然の一致ではないだろう。

平家落人集落といわれる村の共通点は、落人自身の記録が残っていないこと、槍や刃物が使えること、言葉に京訛りがあることなどだ。秋田マタギは武器を使え、武闘に優れた才能があることや、北前船で交易があった秋田地方には京言葉が残っていたことなど共通要素は多い。

英雄さんは、「そうすたことはあったかもすれねえすなあ」と、同感のもよう。

ぼくはここでも、思わぬ〝類化性能〟を発揮したことになった。

峡谷の絶景を走る

翌朝、ふたたび内陸線の人となる。

阿仁マタギと阿仁合の間が内陸線の絶景区間である。まずは奥阿仁と比立内間。進行方向から流れる打当川と右側から流れ込む比立内川が橋の下で合流し、阿仁川となって流れる様子が眼下に展開する。打当川は野生的なイワナの川、それに対して、比立内川はやや穏やかな清流で、ヤマメの川だ。ヤマメは渓流の女王とされ、イワナは渓流の王様とされる美しい魚である。

次は笑内（「おかしない」と読む）と萱草《かやくさ》の間。真紅に塗られた大又川橋梁の上を走る。眼下には大又川の渓流、木々の緑が鮮やかだ。この走行写真を少し離れた道から撮ると、上空に遮るものがなく、列車は空中散歩しているように映る。内陸線での名場面集で必ず登場するスポットだ。

第三の絶景は荒瀬と阿仁合の間。緑の鉄橋の上を走り、阿仁川が深い谷から里山へと緩やかに流れ落ちる景色に沿って、列車も下る。

窓側に張りついて写真を撮っていると、運転士がその気配に気づいて、スピードを落としてくれる。

ローカル線ならではのサービスだ。

途中の笑内には根子集落があり、ここもマタギの里として知られる。人里離れた集落は「にほんの里100選」に選ばれたところで、なだらかな丘陵に民家が点在する。

10時41分、阿仁合に着いた。

阿仁合は内陸線の拠点で、車両基地があり、さまざまな車両が並んでいた。ホームにはラッセル車が夏の日差しをあびて、日干しのようになっていた。

平成二一（二〇〇九）年、「阿仁鉱山七百年祭」がここで行われた。金山がここで発見されたのは延慶二（一三〇九）年のことだった。続いて銀山、銅山が発見され、江戸時代には佐竹藩の直営となり、日本一の銅山となった。昭和九（一九三四）年に阿仁合線が敷かれたのも阿仁鉱山の鉱物輸送が目的だったのだ。

ぼくが最初に訪れたのは昭和四六（一九七一）年のことで、鷹ノ巣から比立内まで開通しており、小型の蒸気機関車C11形が貨物列車をけん引していた。

一方、その時、角館線は角館から松葉まで開通したばかりだった。両線は互いに結ばれる運命でありながら、長らくの間二つの盲腸線として歴史を刻んできた。

思えば内陸線は幸福な鉄道である。

比立内と松葉を結ぶため、工事は進められたが、戦時中はレールや鉄材が資材として戦場へ運ばれ、工事は中止され、鉄道は跡形もなかった。国鉄が終焉を迎えた時には、全国の赤字ローカル線が再検討され、赤字路線は廃線に追い込まれていった。しかし、内陸線は運よく、昭和五九（一九八四）年、第三セクターとして生き残る道を模索し、その五年後にみごと全通させたのだ。まさに九回裏、逆転ホームランのような偉業だった。

そこには計画から八〇年間、一時も絶えることなく鉄道開通に馳せた地元の人々の熱意があったからだ。

トンネル数二〇、橋梁数三二二、二九駅のうち二三駅が無人駅。その数字がこの鉄道建設の困難さを物語っている。

さらにふくらむ「歴史のミステリー」

阿仁合駅の名物は構内レストラン「こぐま亭」の馬肉料理だと知って、ふたたび、古代の風に吹かれた。

もともと東北地方は、黄金と馬産の国だった。エネルギッシュな鉱山労働者が求めたのが馬肉だった。「こぐま亭」のメニューには馬肉丼、馬肉ラーメン、馬肉シチューがあり、当時の男たちの〝元気食〟を復元しているようだった。

そうだったのか？

古代、東北地方一帯には蝦夷《えみし》と呼ばれる民族が暮らしていたことは教科書で習った通りだ。ところが

鈴木英雄さん。中学生からマタギ暮らしで家は九代続く

エミシとは古代東北人なのか、アイヌ人なのか、混血なのか、いまだ解明されていない。たびたびの叛乱に大和朝廷は業を煮やし、坂上田村麻呂を征夷大将軍として派遣して制圧する。その時の北の堡塁《ほうるい》が多賀城だった。

話は脇道にそれるが、松尾芭蕉が『おくのほそ道』で多賀城の壺《つぼ》の碑《いしぶみ》を見て感動した。坂上田村麻呂が矢尻で文字を彫ったという説もある伝説のものだ。ぼくも以前芭蕉を追いかけて、見たことがあるが、そこには多賀城の由来が書かれており、同時に都への距離数が明示してあった。京まで一五〇〇里、常陸国まで四一二里、下野国二七四里と書かれる中に、靺鞨《まっかつ》まで三〇〇〇里と記されていた。

靺鞨という懐かしい文字に驚いた。

靺鞨とは後に渤海《ぼっかい》国をつくる旧満州地方の民族で、渤海国と日本は古代、交流が深かった。以前シルクロードを取材したことがあり、その時、靺鞨という国の名をはじめて知った。古代は現代と同じように大陸との交流が盛んで、絹貿易が両国を結んでいた、と理解していた。

ところが今、この馬肉料理である。

あくまでこれは学問的根拠に乏しい推測にしか過ぎないが、エミシとはひょっとして靺鞨人だったのではなかったか？　という思いが脳裡をめぐった。

大陸からやってきた異民族が古代東北人との交流のなかで混血し、独特の文化を築いていった。それは縄文人の息吹が宿る、おおらかな秋田だからこそ可能だったのだ。靺鞨人はのちの女真のルーツ。女真族は満州族（ツングース系）の一派で、馬族であり、狩猟もなし、黄金の装飾品で知られている。

内陸線を旅しながら、ぼくは秋田美人もマタギの伝統も、黄金文化も、馬肉料理も、かぼそい一本の歴史の運命の糸でつながっていることを確信した。縄文の血を受け継ぐぼくはこの一本の糸に引かれてここまでやってきたのだ。

馬肉丼を食べながらの想像としては、上出来ではないか。

「さあ、酒だ！　酒！」

興奮さめやらぬまま、〝ポケ角〟取り出し、その黄金の液体を胃袋に流し込む。これもまた旅の至福の時だ。「黄金花さく」と歌われた東北地方――。その黄金こそ、今は秋田内陸縦貫鉄道かもしれない。

（平成二四年六月取材）

【上信電鉄】

上州、鉄道シルクロードへ

鉄道が絹の輸送の主役を担った

「機《はた》の音、製糸の煙、桑の海、」――徳富蘆花《とくとみろか》は、著書『自然と人生』の中で上州（群馬県）の風物をこのように書き起こした。

上州は、古くから絹の文化が発達していた。

奈良時代にはすでに税として絹織物の献上が課されていた記録がある。江戸末期、横浜が開港されると、それまで各地の産地から京都の織物屋に向けて張り巡らされていた〝日本のシルクロード〟は、海外輸出のため横浜に向けた新たなルートが必要となった。シルクは当時外貨を稼ぐ国産品のなかでお茶と双璧をなす貿易品目だった。そのために新政府は生糸貿易に力を注いだのである。初期には水運に

大崩山をバックに櫛形ホームが堂々と構える下仁田駅

よっていたが、それに代わりやがて輸送の主役を担ったのが、鉄道であった。

かつて上州、信州は生糸の一大産地だった。八王子へ向けて一気に南下する八高《はちこう》線が開通するまで重要な役目を担った高崎線の沿線には新町屑糸《しんまちくずいと》紡績所《ぼうせきじょ》があった。信越本線は群馬県だけではなく、長野県東信地方、諏訪地方の生糸を運んだ。東武鉄道伊勢崎線も繊維工業地と東京を結ぶ目的でつくられた路線のひとつだ。さらに八王子から横浜へ直行する横浜線、信州から都心へ直行する中央本線など養蚕産地と横浜港を結ぶ鉄道ネットワークが形成された。それは〝シルク鉄道網〟といっても過言ではない。

今回の旅は上信《じょうしん》電鉄上信線である。沿線には、世界遺産に認定された富岡製糸場がある。〝養蚕と鉄道シルクロード〟というテーマでフィールドワークしたいと思った。

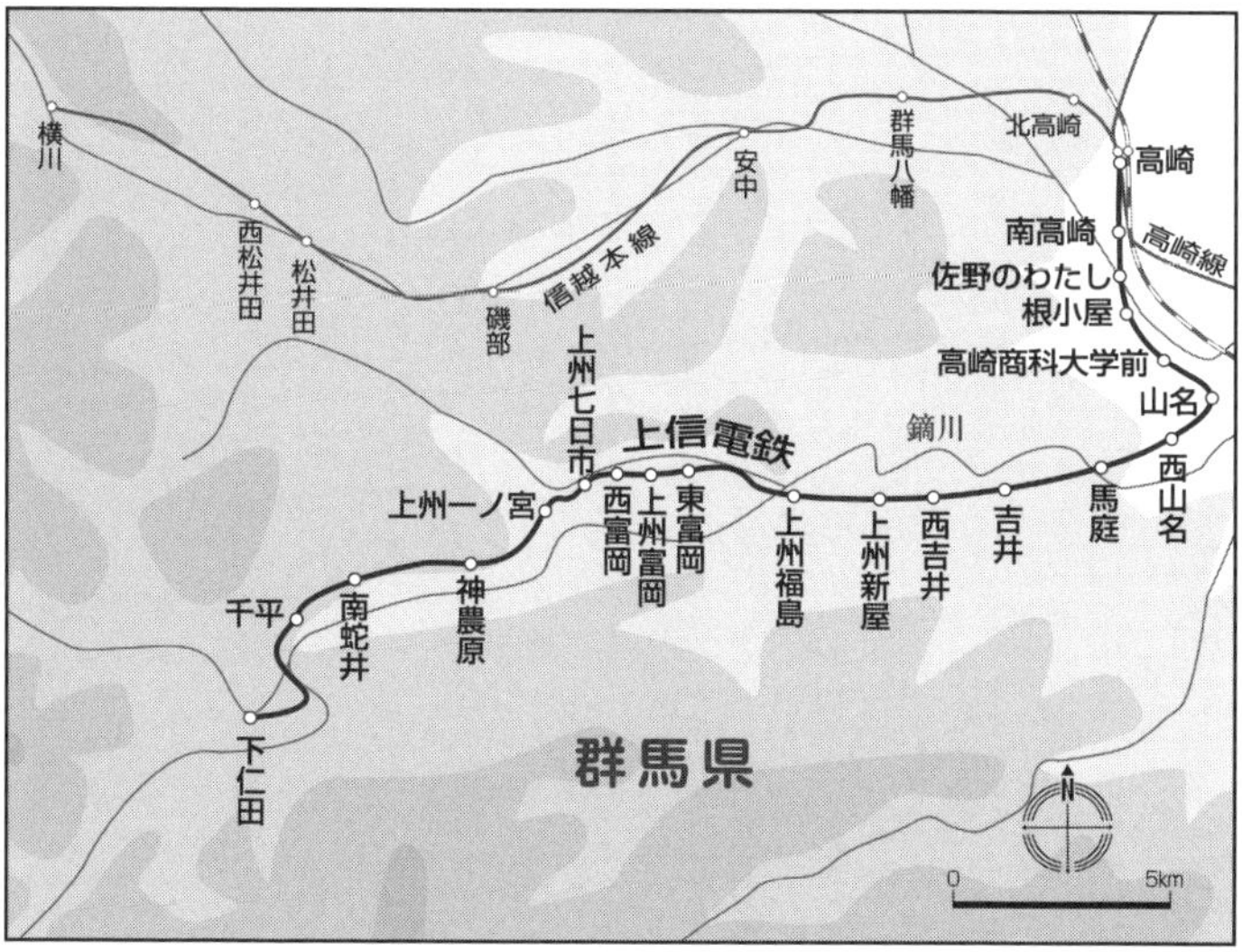

真夏の炎天下、上州の商都・高崎を出発

七月三〇日午前9時50分、ＪＲ高崎駅に降り立つ。夏たけなわである。まるでサウナ風呂の扉を開けたときのような熱気と湿気に襲われた。この日の高崎の最高気温は三八・二度。歩くだけでシャツが汗でみるみる湿ってきた。

上信電鉄乗り場へは、ＪＲの橋上改札を出て西口側の階段を降り、またＪＲのホームの方へ回りこむ。ＪＲと入口が別になったのは平成一七（二〇〇五）年と比較的最近のことだ。かつてはＪＲのホームから直接乗り降りが可能で、連絡運輸も行っていた。現在もＪＲの駅とホーム番号は通しとなっており、その名残が「上信線のりば０」という珍しい0番線表示に見ることができる。

たどり着いたのは簡素な出札口で、傍《かたわ》らに自動券売機が設けられていた。終点の下仁田《しもにた》までは一〇八〇円と距離のわりに高い気もする。かつてレイルウェイ・ライターの種村直樹《たねむらなおき》さんが「観光で売るなら上信電鉄は一日フリーきっぷを設けるべきだ」というようなことを書いていた。ふと窓口を見ると「一日全線フリー乗車券」が売られているではないか！　氏の提案が受け入れられた結果かどうかは定かではないが、いそいそと購入する。

上信電鉄上信線は、烏川《からすがわ》の支流鏑川《かぶらがわ》に沿って、群馬県の南西部を高崎から下仁田まで結ぶ三三・七キロの小さなローカル線だ。

「上信」の名は、群馬県の「上州」と長野県の「信州」を結ぶという壮大な構想に基づいて名づけられ

たようだが、残念ながら計画倒れに終わってしまった。

沿線の絹製品や下仁田の木材や砥石、薪炭《しんたん》を日本鉄道（現・東北本線、高崎線）経由で横浜へ運ぶ目的で、上野《こうずけ》鉄道として開業したのは明治三〇（一八九七）年。同年の九月には早くも下仁田まで延長され全通した。当初は軌間七六二ミリのナローゲージ（軽便鉄道）だったが、大正一〇（一九二一）年に上信電気鉄道と社名を変えた後、同一三（一九二四）年には全線を電化、同時に一〇六七ミリへの改軌を行った。ちなみに上野鉄道創業時、その株主の中に養蚕農家が三二七人も含まれていたというから養蚕との縁はもとより深い。

有人改札を経て、ホームへ入る。

頭端《とうたん》式の一面一線だ。出発を待っていた二両編成の列車は、一番手前の扉以外は閉じられていて「車内冷房のためこのドアからご乗車下さい」の立て看板。

車内は旧式の冷房が唸《うな》りをあげながら冷気を吐き出し、天井には昔ながらの扇風機がフル回転していた。すでに二〇人くらいの人々が発車時刻を待っていた。

高崎を出発すると、すぐ右手に車庫線と上信電鉄本社が見えてくる。

並んだ複数のラッピング車に目が止まる。上信電鉄の看板、シーメンスシュケルト社の凸形電気機関車デキ1、デキ3もここに留置されている。並走していたJR高崎線が徐々に左に分かれていった。

次の南高崎を出ると、新幹線高架の下、佐野信号所で一時停止。上下列車の交換があった。

烏川の橋梁にさしかかると、烈火のごとき太陽が川面にギラギラと光っている。

川を越すと水田が織りなすさわやかな緑が一面にひろがり、気が休まった。畦道《あぜみち》を自転車に乗った少年が走り過ぎていく。なんともいえず趣きのある、〝日本の夏休み〟という光景だ。左手のグラウンドでは球児たちが泥まみれで練習に励んでいた。

根小屋《ねこや》ではホームの片隅でひまわりの花が迎えてくれた。

次の高崎商科大学前では女子大生たちが一〇人ほど降りていく。それにしても上信線の列車はガタゴトとずいぶん揺れる。車内をぼんやり眺めていると、吊革が申し合わせたかのように右へ、左へ、大きく揺れる。その様子がリズミカルで面白い。こんにゃくゼリー「蒟蒻畑《こんにゃくばたけ》」のヒットで有名なマンナンライフの工場が左手に見えると、こぢんまりとした木造駅舎の上州福島駅が現れた。

世界遺産をめざして躍進する富岡製糸場

富岡製糸場の最寄り駅、上州富岡で下車。

高崎に次いで乗降客数の多い主要駅だ。記憶にあったモルタルの二階建て駅舎は、改築され、取り壊されて見る影もない。確か駅のすぐそばにデキを模した立派な公衆便所があった記憶があるが、それもない。慰めといっては何だが記念きっぷ「ありがとう上州富岡駅」を購入する。

富岡製糸場への途中、「急行食堂」という〝鉄ごころ〟をそそる名前の店をみつけた。腹ごしらえを、と中へ入る。先代が昭和八（一九三三）年に宇都宮で開業したが、故郷富岡に疎開したのを機にこの地

下仁田駅。昔と変わらぬ名駅舎が迎えてくれた

でふたたび開業した。なんと、当時は富岡製糸場にも出前を行い、工女も通う有名店だったという。〝女工哀史〟の世界に浸りながら、まったくイメージとははずれてソースかつ丼をいただいた。工女たちはソースかつ丼を食べて体力をつけていたのだろうか？　サービスで出されたアイスコーヒーが冷たくておいしい。

駅から徒歩一五分。富岡製糸場はかつての繁華街を偲ばせる入り組んだ路地のなかにあった。明治五（一八七二）年に官営模範工場として設立され、日本で最初の製糸工場となったことはご存じの通り。ここ富岡の地が選ばれたのは、広い用地、高崎で採れる石炭、利根川の豊富な水源など様々な理由が挙げられるが、そもそもこの土地に養蚕が根づいていたということが一番の要因だった。

堂々とした赤レンガの建物群は明治人の心意気が伝わってくる。繰糸場には建物の入口からはるか彼方まで自動繰糸機が保存されている。さすがに世界遺産となっただけのことはあり、ガイドの口上の滑らかさは他の観光地の比ではない。その意気込みが伝わってきた。

製糸場の設立時、働き手の工女を募集するが応募が少なかった。その理由は、技術指導者として招かれたフランス人ポール・ブリューナが赤ワインを飲む姿を見て、「生き血をすすられる」という噂が流れたためだったとか。もっともこの時代、上州では西洋人が珍しく、外国人は尻にシッポがついているなどと悪魔扱いされたほどだった。明治一一（一八七八）年、イギリスの女流作家、イザベラ・バードは会津地方から北海道を旅したが、この時も宿で持参したワインを飲むと、〝生き血〟をすするとおそれられた。

初代工場長は一四歳の自分の娘を「工女第一号」として採用し、周囲を安心させて求人難を乗り越えたという。

工女といえば〝女工哀史〟のイメージが強く、貧農出身の不幸な少女を思い浮かべるが、実はそうではなかった。これは飛騨高山（岐阜県高山市）できいた話だが、野麦峠《のむぎ》を越えて諏訪の製糸工場に働きに出た女性たちは良家の子女が多かった。貧乏な小作人の娘たちはもっと悲惨で、遊郭に売られたりしたのだ。

説明をききながら、生ビールが飲みたい、などと邪《よこしま》なことを考えていた。何せ日本の夏はとびきり暑く、湿気が多いのだ。あの喉《のど》ごしの冷たささえあれば、長い夏の一日でも十分仕事がこなせるのだが……。

上州一ノ宮には、貫前《ぬきさき》神社があり、養蚕機織の神が祀られている。

蚕の神様は昔から女性神だった。ぜひお目にかかっておきたい、と下車。坂を登り、鳥居をくぐると、驚いたことに社殿はそこから階段を下った低い位置にあった。〝下り宮〟という全国でも珍しい配置だ。

シルクロードはご存知のように中国の西安とローマを結んだ古代の絹貿易の街道のことだが、日本へは朝鮮半島を経て伝わり、やがて日本は中国、朝鮮半島と並ぶ〝シルク王国〟となった。シルクロードは西安から奈良まで延長され、それが仏教伝来の道ともなった。

〝羽衣（織女）伝説〟は各地に残っているが、天女が大陸から海を渡って日本へと舞い降り、技術をもたらしたのは間違いがない。日本人は古来、信仰の文化も殖産の文明も大陸からの恩恵を受けて育ってきた。終戦の日が近いが、お世話になった隣国、中国、韓国とは今後も仲良くやりたいものである。

上州一ノ宮では昭和の懐かしモノを発見した。駅の壁に、閉塞用のタブレットを見つけたのだ。「もしかして今でも使っているのだろうか?」。気になって改札の駅係員女性に尋ねてみると、「私がここに勤務してから一度だけ使ったことがありますね。あの東日本大震災の時です」

震災当日、上州七日市まで来て止まってしまった列車があり、その時活躍したという。まさしく現役の生きたタブレットであった! 沿線駅のいくつかにも設置されているようだ。

さて、次の電車まではまだ時間があり、年代ものの駅舎待合室で無為に過ごした。ツクツクホウシが遠くで鳴く。陽もだいぶ傾いてきた。窓からは時折涼しい風が吹き込んでくる。

終点のひとつ手前、秘境駅のような雰囲気を醸す千平《せんだいら》で降りた。

周辺は農家数件が並ぶだけで人っ子ひとりいない。たたずんでいると、中学生くらいの体操着の女の子が、「こんにちはー」といいながら駅の階段を上ってきた。少子化、過疎化の田舎駅で子どもたちに出会うのは珍しい。

「こんにちは。暑いねえ」。返事をすると、向こうもニッコリ。そういえば上州福島でも〝やんちゃ〟そうな少年たちに意外にも丁寧な挨拶をされた。東京ではまず体験できない〝挨拶〟に心がなごむ。

駅から少しのところに不通渓谷《とおらず》がある。そこにかかる不通橋から鏑川の絶景を眺めると、下仁田方面の山間に小さく上信電鉄の列車が走るのが見えた。絶好の撮影ポイントだろう。

千平を出た次の電車は、山間の線路をゆっくりと、ガタガタと進む。

ひと駅区間にしてはかなり長い。白山トンネルを抜けると、やっと終着下仁田に到着した。大崩山《おおぐい》を背景にして、列車を待ち受ける櫛形のホームが情緒たっぷり。下仁田駅に隣接する下仁田倉庫は、前述の世界遺産暫定リストに含まれる。

下仁田にはとっておきの温泉宿がある。この宿に泊まるのも、今回の旅の眼目のひとつだった。その名を「清流荘」という。下仁田駅からそう遠くない距離だが、周りを森に囲まれ、隠れ湯といった雰囲気だ。温泉はアルカリ性で、低い温度の源泉を、敢えてそのまま入らせる湯船を設けている。昔の鉱泉スタイルである。

とりわけ料理がユニークで、素材はほとんどを敷地内の自家農園や家畜飼育場で調達している。濃く甘いトマトや野の香りを残すキュウリなどの有機野菜、朝食の卵を生んでくれる烏骨鶏《うこっけい》、アライにした鯉。ぼたん鍋のイノシシまで飼っているというから驚きである。

離れの客室にいると、人里離れた庵《いおり》に隠遁しているような気分になった。樹林、草木が呼吸する濃い夏の匂いが充満している。ふと見ると建物の柱に、大きなカブトムシがのっそりと歩いていた。

温泉に入り、汗を落とし、浴衣に着がえ、さあ、お待ちかねのビールだ！

甘楽町で群馬の養蚕業の現在を知る

翌日は上州福島で下車し、甘楽《かんら》町の中心、小幡《おばた》地区へ向かった。養蚕業の現状について知りたかったからだ。

養蚕業は明治初年から戦後の高度成長期（昭和四〇年代）まで実に一世紀間続いた日本の基幹貿易産業だった。高度成長期には日本の輸出品目は自動車や精密機械の工業製品が中心になるが、製糸産業も縁の下の力持ちとして連綿と日本の成長を支えてきた。

国際人であった内村鑑三や新島襄が上州出身だったということは意外に知られていない。しかし、明治期の上州は養蚕、製糸で栄え、上州商人らは横浜、あるいは海外へも進出していた。上州は世界に開かれていたのである。

群馬県には有名な富岡製糸場のほかにも、甘楽社、下仁田社、碓氷《うすい》社といった、組合や個人経営の製糸工場があった。小幡はこのうち甘楽社の中心地で、雄川堰《おがわぜき》の両岸の街並みには、かつての養蚕農家だった古民家が残っている。棟に天窓《てんそう》と呼ばれる風抜きを設けているのが特徴で、二階建てや三階建ての立派な家も多い。また二階の床下に炉を設けて薪を燃やし、「いぶし飼い」の装置を設けている家もあった。しかし、現在も続けて養蚕を行っているところはあるのだろうか？

「昔はそこらじゅう桑畑だったんだけど、いつの間にかなくなっちゃったなあ」。「今も養蚕やってるって人はきかないねえ」――道すがら、立ち寄った店のおばさんやタクシーの運転手に話を向けたが、誰もが同じような回答だった。

甘楽歴史民俗資料館に立ち寄った。

甘楽社小幡組の繭や生糸を保管した倉庫だったレンガ造りの建物を残している。中に入ると昔の町の公民館を思い出す簡素な内装で、一階の展示は養蚕関係の資料で埋め尽くされていた。学芸員の尽力で、現在も養蚕に携わっている黒沢篤（五五歳）さんを紹介してもらう。

甘楽町白倉《しらくら》の黒沢さんは、現役の養蚕農家で、「甘楽富岡蚕桑研究会」の副会長を務めている。会では養蚕業を後世に残す活動を行っており、シルク製品を売ったり、桑の実のジャムを作ったり、富岡製糸場の夏祭りに出店するなどの活動をしている。

現在でも養蚕業を続けている農家は甘楽地区に四軒、富岡地区に一八軒を残すのみだ。

養蚕農家がもっとも多かったのは昭和三〇～四〇年代。その頃は群馬県の全農家の六〇パーセント以上が養蚕を営んでいた。黒沢さんは最盛期には年に六回行っていたが、今は「春蚕《はるご》」と呼ばれる春の養蚕だけになっている。

鉄骨でできた倉庫のような建物が飼育施設だった。多段循環式飼育装置と呼ばれる巨大な機械が置かれていた。機械式の蚕座《さんざ》で、レーンに吊られたゴンドラ蚕座が回り、敷地内を歩きまわらなくとも大量の桑葉を効率よく蚕に与えることができる仕組みだ。養蚕もやはり近代化されていた。

昭和四〇年代、上州や信州をよく旅したが、その時分は古民家の薄暗い二階で蚕を飼っており、蚕が桑の葉を食べるさわさわという音に驚いたものである。当時は〝お蚕様《かいこさま》〟と呼ばれ、農家では宝物扱いだった。

信州伊那谷のことであるが、青春時代の悩ましい思い出が忘れられない。

かつて学生村というシステムがあり、信州の過疎の村々は夏の間、学生たちの長期滞在を受け入れていた。高校時代、名古屋に住んでいたぼくは伊那谷南端の清内路《せいないじ》（現・阿智）村でひと夏を過ごしたことがあった。村は〝出作り〟といって、村から離れた山腹に出作り小屋をもっており、夏の間は果物栽培など涼しい山間部で働きながら過ごすのだ。ぼくら学生は人のいない母屋で部屋を借りることになる。食事や風呂は近隣の出作りにゆかない農家が面倒を見てくれた。ある日のこと、食事処となっていた農家の二階に不思議な気配がしたので上がってみたことがあった。

その二階は蚕部屋となっており、一面の床に平箱が置かれ、無数の蚕がそのなかで蠢《うごめ》いていた。さわさわという微かな音は蚕が葉を食べる音だったのだ。気配とはその奇妙な音だったのだ。

二階は雨戸が閉じられて暗く、節穴から強烈な夏の光が斜めに注いでいた。その暗闇のなかにひとりの高校生くらいの少女が暑さに身をはだけて眠っていた。白い乳房は蚕の皮膚のように透明で、大腿部は惜しげもなく斜光のなかに晒されていた。蚕の異様な匂いとさわさわという奇妙な音、そこにはなぜか甘美な濃い空気が漂っていた。官能的な刺激に耐えながら、しばし佇んでいると、

「お蚕様だに、これは」

人の気配にめざめて、少女は身づくろいせずにいった。

お蚕様――、村では蚕は貴重なお宝なのだった。少女はお蚕番で、ネズミなどの侵害からお宝を守っ

ていた。

二階のある古民家を見ると、今もあの時の情景が思い出され、お蚕番のあどけない少女の顔が浮かぶのである。

黒沢さんに桑畑のことを尋ねてみると、

「クワバラか。ウチのは遠いから車で連れてってやるよ」

桑畑のことをこのあたりでは「クワバラ」とよぶ。雷除けのおまじないとしてよく知られる「くわばらくわばら」は、「桑畑には雷が落ちない」という伝承からだ、との説もある。

この地が遠い時代から養蚕とともにあったことを想像させた。養蚕がさかんな土地を「オカイコバ」と呼んだり、桑の貯蔵庫を指す「クワバ」など、同じ群馬県でも場所によって異なるが、養蚕業が廃れ、そこに携わる人が減っていくということは、こうした豊かな言語表現もまた失われてしまうことを意味している。

高台の上に、青々と茂る一面の「クワバラ」が広がっていた。

黒沢さんは軽トラックを運転しながら、「こっちも昔は桑が植わってた、あっちもみんなクワバラだった」

桑は成長が早く、放っておくとすぐに数メートルの高さになる。放棄されたかつての桑畑が、あちこちで今は桑の藪と化している。そういえば群馬県沼田市には「薄根《うすね》の大桑」とよばれる樹高一四メートル近くの巨木があったことを思い出した。

日本の繭が国際的に競争力を失った原因は、中国の安価な繭が市場に出回ったことによる。「ちょうど天安門事件のころだったかな、一時的に日本の繭が持ち直したことがあった。思えばあれが最後のピークだったたな」

黒沢さんは、栄華の時代を懐かしむようだった。

山手線もシルクロードだった！

朽ちて失われていくものは限りない。

お蚕様が群馬の特産品、といわれたのはもはや昔の話だ。しかし、関東圏を中心にある時代、一大輸送ネットワークを築いた「鉄道シルクロード」は確かに存在した。

日本の鉄道は日清・日露戦争の軍事産業を中心として発達したというのが定説だが、一方で生糸を運んだ〝鉄のシルクロード〟としても重要な役目を果たしていた。

ぐるりと都心を回る山手線も〝養蚕鉄道〟の必要から誕生した。

当時、既に政府が新橋〜横浜間に日本最初の鉄道を開通していた。日本最初の鉄道会社である日本鉄道会社はその第一区線として、高崎から最大の貿易拠点・横浜港へ生糸を運ぶため上野から新橋を結ぶことを計画した。その際に、市街地であった上野〜新橋間に線路を敷設することは技術と資金の面から避けられ、山手側へ迂回した線路を通したのが山手線の始まりだ。その後、同じく茨城と横浜を結ぶために、いまの常磐線につながる池袋〜田端間が開業する。後に環状運転となる山手線が誕生するのは、この結果である。山手線もまた、シルクロードの一部だったというわけである。

お隣の長野県では近年古民家が人気である。古民家を改造してパン工房をはじめたり、そば屋やワインバーを営業する人たちが現れ、売りに出された古民家の再利用が話題になっている。また桑畑の後をワインのブドウ畑にする試みがなされるように、ここ上州にもより抜本的な改革とアイデアが必要だろう。

もはや「機の音」は聞こえず、「製糸の煙」も「桑の海」もなくなった。

しかし、上州の山々は昔と変わらず青々と聳《そび》え、鉄道は今日も元気に走っている。「文明」は滅びるかもしれないが、「文化」は永遠だ。

産業は時代の流れで衰退すれど、森（桑の木）を育て、虫（蚕）を崇めた土地の人たちの自然への敬虔な心は失われていない。

（平成二五年七月取材）

【若桜鉄道】

「鉄道昭和遺産」を旅する

「さくら号」の走る田園の道

地方を旅して感動するのは、たとえば東京などの都会と価値観が違うことである。

たとえば、今回の若桜《わかさ》鉄道、郡家《こおげ》駅前の軽食・喫茶「グリーン」のメニューだ。

「素ラーメン三〇〇円！」である。

素ラーメンとは一体何なのか？

麺とスープだけのラーメンなのだろうか？

注文して待つこと一〇分、現物が現れた。関西風の薄味のスープのなかに麺が沈み、かまぼこ、青ネギが添えられ、もやしが山盛り！

隼駅に停車するWT3000形気動車「さくら1号」

東京でいえば、これはもう〝もやしラーメン〟そのもので、五、六〇〇円はするところだ。ちなみにこの店の幕の内弁当は四〇〇円！

こちらは同行した写真家の岩魚さんが試食したが、焼魚あり卵焼きあり、かまぼこありでまずまずの内容だった。

素ラーメンの素とは要はスタンダードということらしい。焼豚とか卵とかワカメとか特別のトッピングがないことのようだ。おそらく沿線の高校生らがお腹を空かせて夕食まで間に合わず、こうした店を利用するのだろう。店主は高校生たちの懐具合を心得て損をしない程度で安く提供している。

地方にはこうした優しさがある。いい旅ができそうだ、と直感した。

一方、東京ではスターバックスやドトールなどのチェーンカフェ店が隆盛を誇り、個性的で、昔ながらの喫茶店が絶滅しつつある。一方、ここ鳥取県の

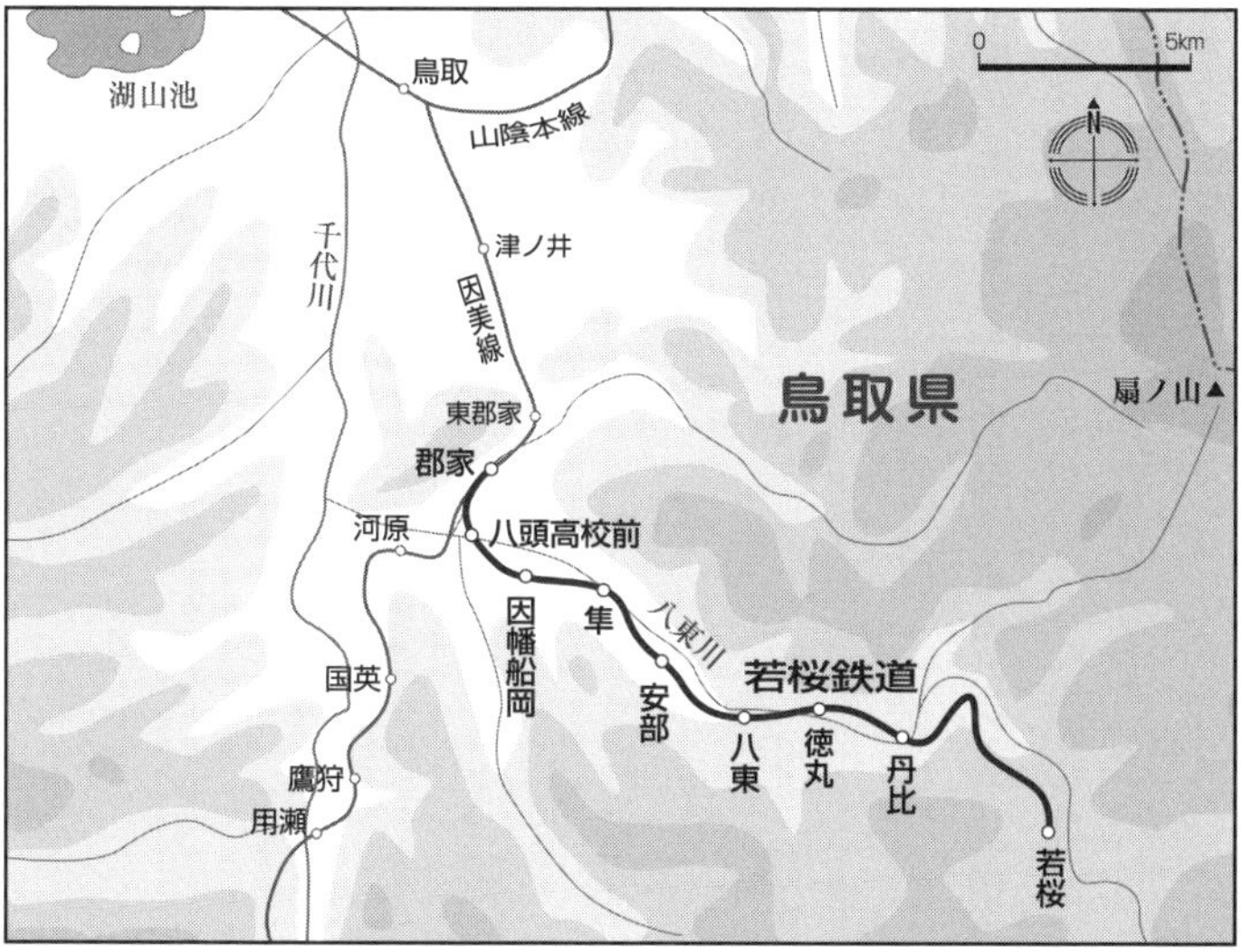

田舎町では、駅前にしたたかに古風な喫茶店が残っていた。

若桜鉄道の旅のはじまりは幸運であった。

八月二五日、快晴だが、気温は三五度。鳥取県内には〝熱中症警報〟が発令されていた。こまめに水分を取るようにと、町内放送が聞こえてくる。

12時37分発、１３３５Ｄ「さくら1号」に乗る。

若桜鉄道は郡家～若桜間、一九・二キロを結ぶ第三セクターのローカル鉄道だが、実質は鳥取が起点駅だ。この列車も鳥取を12時21分に出発している。因美《いんび》線を伝って、郡家から本来の若桜鉄道に入る。

12時40分、八頭《やず》高校前着。

通学の便宜をはかるために作られた新しい駅だ（といっても平成八〈一九九六〉年開業）。目の前に広がる校庭では、サッカー、野球の部活に励む生徒たちの姿があった。そういえばこの夏の甲子園、全国高校野球選手権大会では鳥取城北高校が鳥取県勢として九年ぶりに初戦に勝ち、話題を呼んだ（残念ながら二回戦では奈良の天理高校に敗れたが）。

八東川《はっとうがわ》を渡る。のどかな田園風景が広がった。

若桜鉄道の歴史は古く、昭和五（一九三〇）年一月、国鉄若桜線として郡家～隼《はやぶさ》間が開業。同年一二月には隼～若桜間が延伸され全通した。戦後を経て日本が豊かになっていくなか、道路整備が進み、マイカー利用による乗客の減少で、若桜線は昭和五六（一九八一）年の第一次廃止対象路線に指定された。しかし昭和六二（一九八七）年、沿線の市町が中心となり、第三セクターとして再出発。気動車には「さくら号」の愛称がつき、地元の人々の列車に対する愛情が込められている。沿線は昭和初期の古い情緒を色濃く残し、駅舎、橋梁など多くの鉄道施設が国の登録有形文化財に指定されている。

今、渡っている橋梁、第一八東川橋梁も昭和四（一九二九）年に作られたもので、八〇年以上の歴史があり、文化財になっている。長さ一三九メートル、鋼製の八連桁橋。全体が緩やかにカーブを描いているので、列車は徐行しながらゆっくりと走った。

12時43分、因幡船岡《いなばふなおか》着。

この駅とプラットホームも文化財だ。古びた駅舎の支柱、木造のベンチが昭和の郷愁を誘う。無人駅だが、マーガレットやマリーゴールドの植えられた〝簡易ガーデン〟に地元の人々の、駅への思いやり、心の優しさを感じた。

車内は空いていた。クロスシートに一人ずつといった感じで、地元の高校生や農家の女性が乗っている。

12時46分、隼着。

途中下車する。

「まあ遠いのに、よう隼まで、来んさったなあ！　ゆっくりしていってつかあさい」

作務衣《さむえ》姿の大きな人形が出迎えてくれる。この人形は、沿線のマスコットとでもいうのだろうか、各駅に駅員や農夫、牧場の娘などのユーモラスな人形が置かれ、乗客の心をなごませてくれる。「ゆっくりしていって」はいいが、次の列車は14時48分。それまで二時間余り！

駅前に出ると、商店街や郵便局などはなく、民家の並びに酒屋が一軒あるだけで、あとは何もない！

ぼんやりしていると、白い野球帽に日焼けした、一見少年野球の監督さんという雰囲気のおじさんが、「どうぞ、なかの店舗を見て行ってください」

かつての駅務室は「把委駆（バイク）」という名の売店となっており、Tシャツや列車のサボ、キーホルダーなどが売られている。〝監督さん〟は、実は「隼駅を守る会」の会長、西村昭二さんだった。

西村さんは、放射線技師を務めた病院を退職後、今は町のボランティア活動をしている。

「この駅はバイクライダーの〝聖地〟なんです。全国からライダーがやってくるんです」

「隼」はスズキの輸出用バイクのブランド名で、伝説の人気モデルらしい。ライダーたちはそれを逆輸入して愛車にしている。

「きっかけは四年前、東京都千代田区の隼町からこの隼駅をめざして、『隼』に乗った『ミスター・バイク』誌の記者が誌面にルポを発表したんです。それ以来、聖地になって……」

一日、約三〇人。多い日は五〇人くらいのライダーがやってくる。何もない駅だから、せめて売店を設け、「ゆっくりしていってつかあさい」とねぎらっている。

ねぎらいが昂じて、西村さんらは〝ライダーハウス〟を駅の隣に設置してしまった。12系客車とED301号という電気機関車だ。

「ブルートレインの『はやぶさ』が廃止になった時、譲り受けようと小倉まで行ったんですよ。そした

若桜駅にて。夏の日射しを浴びてSLが輝きを放つ

ら費用は二〇〇〇万円といわれてね。車両は長さ二〇メートル、重さが四〇トン近くもあるからね、陸送するにも橋や交差点が障害となり、無理だといわれました」

諦めかけていたところ、今度はJR四国がイベントなどで臨時使用していた12系客車が廃車になるというニュースを若桜鉄道が入手した。若桜鉄道はSLを所有しているので、将来、客車を引いてSLを走らせることを計画していた。平成二三（二〇一一）年七月、若桜鉄道に譲渡された客車四両のうちの一両が隼駅に留置された。12系客車は機関車に引かれ、四国から岡山、米子、鳥取経由で隼までやってきた。

一方、ED301号機は若桜鉄道が北陸鉄道からラッセル車を購入した時に、おまけとして無償譲渡された。

「ただし、運搬費に四〇万円もかかりましたがね」

12系客車は駅に隣接して置かれ、ライダーのための休憩・簡易宿泊施設として使われている。休憩はひとり二〇〇円。一七時からは宿泊もできる。

二時間待ちのダイヤ、やっぱり「男はつらいよ」

14時48分、隼発、14時52分、安部《あべ》着。

二時間待ち、たった四分間だけ乗って、次の安部で降りた。安部からの次の列車はやはり約二時間後の17時02分である。

若桜鉄道は一日上下二〇本。朝夕の通学時を除けば、約二時間おきだ。

安部駅で降りたのにはワケがあった。この駅で、平成三（一九九一）年『男はつらいよ　寅次郎の告白』のロケが行われた。鉄道好きの山田洋次監督の映画『男はつらいよ』シリーズは四八作も続き、渥美清演じるフーテンの寅さん、倍賞千恵子が演じる妹役のさくらが人気となり、日本全国がロケ地となった。そこには今はなき地方鉄道や駅が舞台となり、昭和の元気が息づいていた。『寅次郎の告白』は、寅さんが、鳥取に家出した甥・満男（吉岡秀隆）のガールフレンド・泉（後藤久美子）と偶然、倉吉の町で出会い、旅館を経営するかつての恋人（吉田日出子）に世話になり、一夜を過ごす。心配して鳥取砂丘へと追いかけてきた満男と泉の二人を無事に帰らせて、寅さんはふたたび旅に出る、というストーリーだ。

印象深いのは寅さんが二人を見送る鳥取駅のホームで、ＪＲ西日本のキハ58系急行「但馬《たじま》」（鳥取～大阪間）が登場するシーン。発車間際に、寅さんが窓越しに二人に弁当を差し出す。〝窓の開く列車〟が、いかに人生の別れの場を演出してくれたか、そんな何でもない情景が時代の心の豊かさを物語っていた。

安部駅構内には、ロケ当時の写真やロケ・ノートがパネルとなって展示されていた。

――鳥取を旅した寅が今回は柴又には戻らず、電話でさくらに再び旅に出ることを告げるシーン。電話を終えて寅がブラブラとホームへやってくる。なんとも絵になる風景である。この鉄道の沿線はどの駅も古い駅舎やホームが残っていて素晴らしい。「鳥取ロケ・ノート」～監督助手・阿部勉

外から見ると、駅舎は赤いトタン屋根の素朴な木造駅舎で、マッチ箱のように可愛らしい。思わず抱きしめたくなる。

駅務室は改装されて今は「ふぉーゆー」という美容院となっていた。旅先で散髪もいいではないか、ふと思い立ち、シャンプーとカットを願おう、と美容院をのぞいてみた。しかし、「今日は予約があって、すぐにはできません」。

立ち働いていた若い美容師さんが、振り返り、気の毒そうに答えた。土曜日だから学生や近在の客が多いのだろう。

駅から橋が見えた。八東川にかかる安部橋である。近くの見どころといえば、この川くらいしかない。河原が大きく開け、水量は少なく、川も夏痩せしていた。小さなウグイの群れが遊んでいた。赤トンボが羽をキラキラさせながら、色づいた早稲《わせ》の田んぼの上に群飛していた。

安部駅は昭和七（一九三二）年に竣工した。安部の名はてっきり最寄りの集落の名前だと思っていたが、当時安井宿《やすいじゅく》と日下部《くさかべ》の二つの集落の中間にあったため、双方から一字ずつとり、合成したという。

集落同士が駅名で折り合わず、調整に時間を要したためか、他の駅より開業が一年二カ月遅れた。この頃、満州事変が起こり、世の中はきな臭い方向へ向かっていたはずだが、駅名を決めるのに一年以上

要したという、のどかな時間の流れに驚いてしまう。昭和初期の地方では案外当たり前のことだったのかもしれない。

さて、時間はまだまだあった。

駅内は熱気がこもり、サウナのようである。じっとしていると汗が額から流れ落ちる。因幡《いなば》の夏は暑いのである。

ホームに立つ。ここでは少し風が通った。風が止まると、あぶら蝉が鳴き、陽が雲に隠れるとツクツクホウシが鳴いた。蝉の鳴き方にも太陽と雲の動きが微妙に関係していることを知った。

線路脇は農家の庭だ。ひまわり畑があり、百日紅《さるすべり》が赤い花を咲かせている。百日紅の名の由来は、夏の間、一〇〇日間ピンクの花を咲き続けるからである。

百日紅はシルクロードで多く見かけた懐かしい樹花だ。中国原産で、長安では宮廷に植えられたため「紫薇《しび》」という風雅な名でも呼ばれた。中央アジアのイスラムの寺院の庭でも多く見かけた。イスラム世界では神聖な樹木となっていた。乾燥した砂漠地帯で、赤く燃えるように咲き続ける、その生命力を尊んだからだろう。

日本では「猿滑」と書く。樹皮が滑らかで、猿が登ろうとしても滑り落ちるからである。何ともユーモラスな表現だが、片や神聖木、片や漫才風。彼我の自然観察の差は大きい。

——炎天の　地上花あり　百日紅（高浜虚子）

そう思えば、百日紅は山陰地方に多い。ぼくの本籍は京都府北部の丹後峰山《たんごみねやま》で、実家の玄関脇にも大きな百日紅が植えられていた。百日紅の樹を見ると、養祖母を思い出す。老齢だったが、猛暑や極寒の続く、厳しい風土のなかでひとり家を守りぬいた。ごはんや風呂を薪で炊き、クーラーも石油ストーブも使わず、江戸時代のような暮らしだった。それでもたまに帰郷すると、酒屋と魚屋を呼び、ぼくのために酒と刺身だけは欠かさなかった。武士の娘として生まれ、軍人の夫に尽くし、移りゆく時代を孤独に暮らしたが、孫に面倒をみてもらいたいという意思は最後まで示さなかった。山陰地方にはそうした孤高に生きる老人たちが多く暮らしている。百日紅はそんな風土にふさわしい樹花だ、と思った。

とりとめのない〝自分時間〟がゆっくりと流れてゆく。

これが〝秘境駅〟の魅力なのかもしれない。

ホームの待合室には寅さんと学ラン姿の人形が置いてあり、人形が無人の駅に、ほんのりと人の気配を感じさせている。

不思議な時間と空間であった。

若桜駅は生きた昭和の鉄道博物館

安部からふたたび列車の人となる。

八東、徳丸《とくまる》、丹比《たんぴ》を経て、17時20分、若桜《わかさ》着。

若桜はこの若桜鉄道の終着駅であり、鉄道歴史遺産の聖地である。

ここには昭和初期の鉄道風景がそのまま色濃く残っている。蒸気機関車、転車台、給水塔、灯室、車庫、箱番所など〝生きた鉄道博物館〟そのものだった。

給水塔の脇に置かれたC12形167号機は、昭和一九～二一（一九四四～四六）年まで鳥取機関区に在籍し、実際に国鉄若桜線を走っていたゆかりの機関車だ。往時の鉄道駅の姿を復元しようと志した若桜駅SL保存会の有志が、兵庫県加美町（現・多可町）中央公民館の敷地内で展示されていたのを発見。多可町・JR西日本（所有者）と交渉して、平成一九（二〇〇七）年、若桜町が無償で譲り受けた。SLは放っておけばただの鉄屑だ。動態保存してこそ、生きた交通文化財となり、蘇生する。

出迎えてくれた若桜鉄道沿線活性化協議会会長の藤原源市さんは、「おかげさまで、若桜駅には観光客が来てくれるようになりました。蒸気機関車が客を呼んでくれたのです。二年後にDL（ディーゼル機関車）、五年後にはSLの旅客運行を計画しています」

今は週末に敷地内約一四〇メートルの線路に貨車を利用したトロッコ車両を引いて走っており、鉄道ファンや子ども連れの観光客に人気だ。

若桜は中世（鎌倉初期）、鶴尾山《つるのおやま》に若桜鬼ヶ城《おにがじょう》を抱く城下町だったが、元和元（一六一五）年の一国一城令により廃城となり、以後は若桜街道の宿場町として栄えた。今に残る土蔵やカリヤ（庇《ひさし》の伸びた街道沿いの民家）、水路などはその当時の宿場町の面影を残している。

一方、四方を山に囲まれた町は江戸時代に因幡木地師《きじし》が定住し、林業が栄えた。

大正時代、木島虎蔵《きじまとらぞう》が杉の運搬として鉄道敷設を国に提案した。木島は明治三四（一九〇一）年、鳥取県の湖山村（現・鳥取市）に生まれ、若桜町の旧家、木島家の養子に入り、東京帝国大学を卒業後、鉄道省に奉職。国鉄の初代運輸局長などを経て、参議院議員となった。いわば郷土の星である。昭和五（一九三〇）年に若桜線が敷かれたのは、木島の力が大きかったという。

蒸気機関車の前に立つと、昭和の空気が蘇る。

ぼくが生まれたのは戦後間もない昭和二一（一九四六）年だが、蒸気機関車は戦後復興のシンボルだった。名古屋で育ったぼくは、東海道本線、中央本線、関西本線を走る蒸気機関車をよく見に行った。汽笛を鳴らし、煙を吐きながら、のんびりと走る蒸気機関車、貨車を幾台も連ねて走る貨物列車、手を振って応えてくれた機関士。春には土手のツクシを探しながら、夏にはバッタを追いかけながら、炭水車から落ちてくる石炭を拾い〝お宝〟にしたものだ。

あの時も夏の空は青く、白雲が湧いていた。

因幡の「平家物語」を歩く

平家落人集落を訪ねた。

落人の里、落折《おちおり》地区には壇ノ浦の戦いに敗れた平家の残党が隠れ住んだという伝説が残り、集落の人たちは皆「平家」姓を名乗っている。今まで数々の落人村を歩いてきたが、平《たいら》や伴《ばん》、小松の姓名はあったが、「平家」そのものを名乗る村民はいなかった。

どんづまりの若桜鉄道にふさわしい物語ではないか？

若桜駅から国道29号をたどった。通称・若桜街道である。

若桜街道は鳥取と姫路を結ぶ陰陽縦貫道の一つで、出雲《いずも》街道（智頭《ちず》経由）のいわばバイパスである。

落人らは瀬戸内海から山陽道へ落ち延び、この道を辿ってきたという。

道は浅井付近で二つに分かれ、左へ行くと国道482号で、氷ノ山《ひょうのせん》の麓を伝い、兵庫県香美町へ。まっすぐ進むと国道29号で、戸倉峠を越えて、姫路方面へ出る。いずれも重畳《ちょうじょう》たる山脈が続き、人家は稀なところだ。

落折集落は峠に至る手前、八東川の源流近く、人知れない山峡にあった。

落人の子孫のひとり、平家浩二さんに話を聞いた。

「平清盛の異母弟、平経盛《つねもり》が二〇人の部下を連れて、中国山地を越える途中、ここに隠れ住んだ、と伝わっています。経盛は武芸よりも文芸の人のようで、政治的にはあまり目立たなかった人のようです」

平家さんは精悍な風貌で、人を迎えて、どっしりと構える姿勢が、いかにも落人の子孫を思わせる。

「集落は、今一三軒。皆、平家の姓名ですよ。昔は茅葺《かやぶき》で、風情があった。町からも遠くて、隠れた場所だったからね、明治時代には集落から一歩も出ない婆さんが多かった、と聞いていています」

集落には珍しい儀式がある。旧暦の三月三日、普通ならば雛祭りだが、ここでは「的射ち」といって男子の初節句を祝う行事が残っている。

平経盛の墓、位牌、隠れていた岩屋（洞窟）を案内していただいた。墓の脇には二本のイチイの朽ちた巨木が残っていた。

「ＮＨＫの大河ドラマ以来、興味をもって訪れる人が多くなってね。いずれは若桜町の観光の目玉になるかもね」

平家さんは笑った。

蒸気機関車は時代の流れのなかで一度滅びたものが蘇生した。若桜町の『平家物語』も現代によみがえるかもしれない。

（平成二四年八月取材）

【一畑電車】「ばたでん」の故郷、出雲国へ

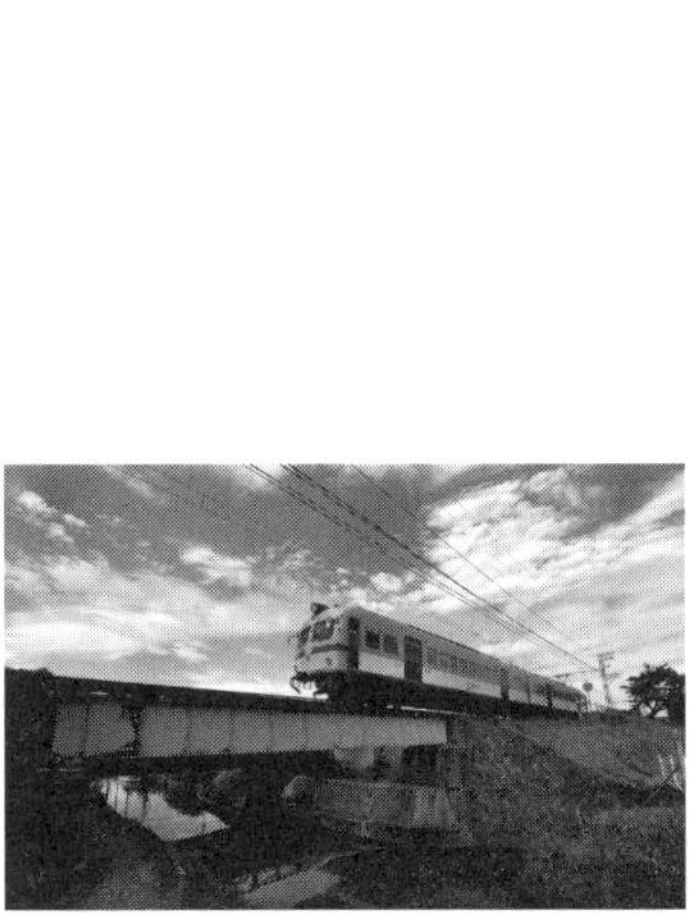
朝焼けの中を走る3000系

宍道湖畔を走る

朝は涼しく、空気は爽やかだったが、陽の上昇とともに気温はあがった。八月上旬のことである。宍道《しんじ》湖の湖面は陽光が銀色に反射していた。

10時31分、松江しんじ湖温泉駅を出る。

松江しんじ湖温泉駅は透明なアクリルガラスに覆われた現代的な駅だった。かつては北松江駅と呼ばれ、中央に塔のある重厚な建物だった。一三年前に新装となったが、古き「ばたでん（一畑《いちばた》電車）」には似合わない都会的な駅舎だ。

時刻表を眺めると電車は一時間に一本しか走っていない。過疎ダイヤである。この日は月曜日だったが、改札口やホームに人影はなかった。電車は二両編成の黄色いボディーの２１００系、かつて東京の京王帝都電鉄（現・京王電鉄）５０００系として住宅地を駆け抜けた通勤形車両だ。

発車のベルもなく、温泉駅を出ると、すぐさま左手に宍道湖が広がった。電車の足回りは、決して軽快ではないが、カタン、カタンと古典的なリズムで、落ち着いた乗り心地だ。いかにも神話の国に向かう快いリズムである。向かいには読書する熟年の男性、その隣は出雲大社に行くハネムーンのカップル。新妻は〝鉄子さん〟のようで、さかんにデジタルカメラで車内や車窓の風景を撮っている。

国道４３１号が並走している。電車をスイスイと追い抜いてゆくクルマの速度に比べると、スピードでは一時代の較差を感じる。

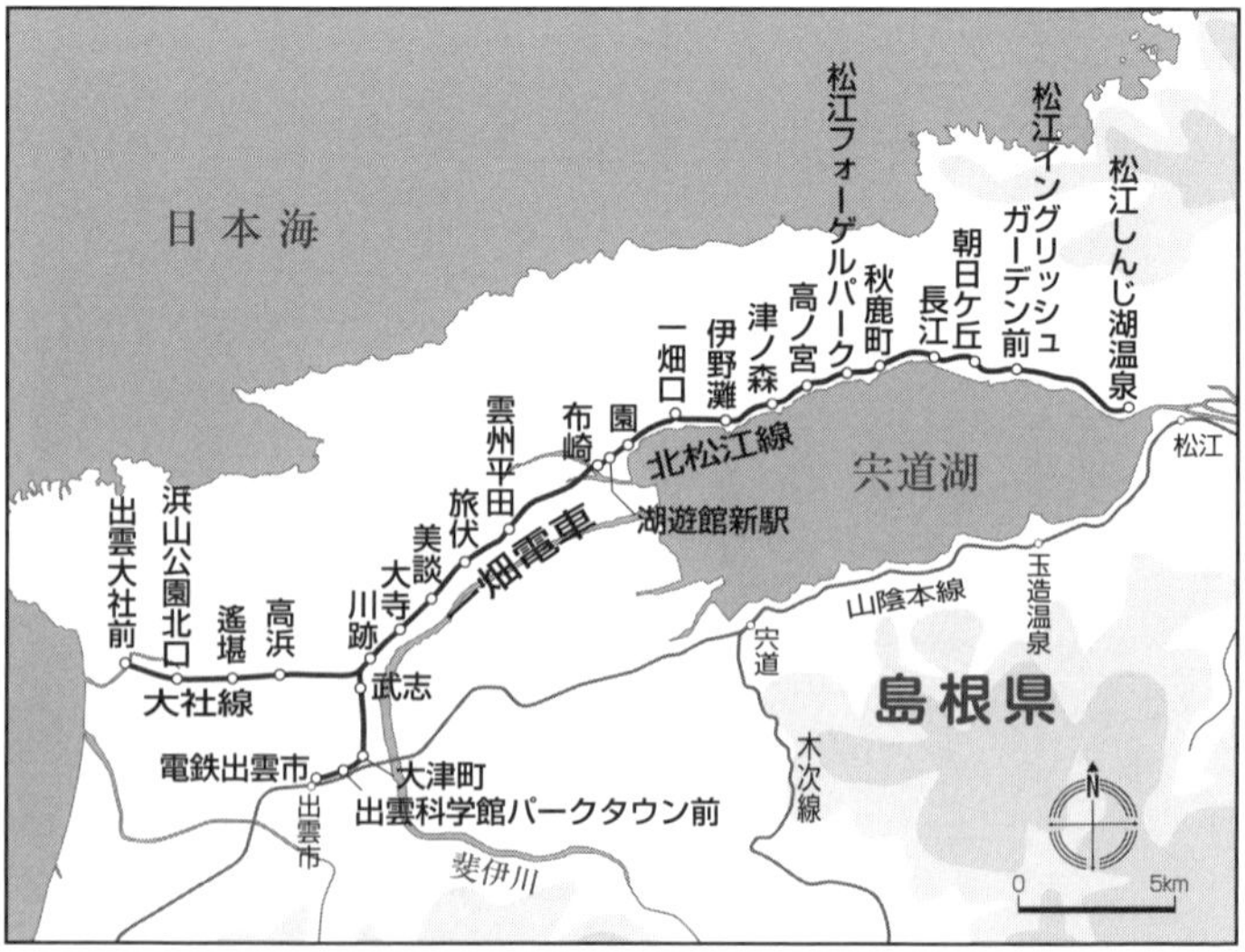

10時36分、松江イングリッシュガーデン前着。

長大駅名で知られるところだが、無人駅でガランとしている。以前は古江駅だった。温泉駅で入手したパンフレットによれば、「日本初の本格英国式庭園で、四季折々五〇〇種の草木が咲き乱れる」とある。宍道湖畔になぜ、英国式の庭園があるのか、その経緯は分からないが、今まで一度も降りたことはない。古代出雲の国には、なんとなくふさわしくない、と思っている。

10時39分、朝日ヶ丘着。

三分間の短い停車があった。目の前に菜園が広がり、その向こうに湖面が光る。菜園では土と親しむ農婦の姿が見える。かぼちゃや茄子が実っている。英国式庭園よりも、こうした素朴な田園風景に心がなごむ。〝風土の光景〟という感じだ。農家の畑なのか、あるいは松江市民の家庭菜園なのか、昨晩、松江の居酒屋で味わったおいしい完熟冷やしトマトは、ひょっとしたらここで獲れたものかもしれない。地表は濃い茶色で、いかにも湖水が肥やした土壌に思える。

10時49分、高ノ宮《たかのみや》着。

駅の壁には、付近の中学生が描いた『古事記』の物語が描かれている。神話の国へ向かうようで楽しい。この駅ではヤマタノオロチを退治するスサノオが描かれていた。スサノオは川の上流の村で、大蛇の生贄《いけにえ》にされかけた美しい姫を救い、それが縁で結ばれる。退治した大蛇の腹からの草薙《くさなぎ》の太刀が出てきて、アマテラスに捧げるというお話だ。

冷えた角ハイボールで喉をうるおす。

のんびりした鉄道旅である。極暑の旅はこれがいい。車窓に輝く宍道湖を見ながら、一杯やる。これが鉄道旅行の醍醐味だ。ドライブ旅行では決してできない〝特権〟である。空いた車内では誰にも迷惑がかからない。

角ハイボールはシャキッ、としたリフレッシュ感があり、同時にほろりとした軽い陶酔感がある。心気爽快となり、旅の気分もいよいよ佳境に入る。

川は中国山地に源流があり、蛇行して山を下り、宍道湖に注いでいる。

ヤマタノオロチは実は蛇行する斐伊《ひい》川のこと、草薙の太刀は鉄の喩えだ、という説がある。中国山地はタタラ（製鉄）の地で、海を越えて、半島から多くの渡来人が砂鉄を求めてやってきた。製鉄の技術は海を隔てた大陸から伝わったものだ。神話に出てくる〝根の国〟は実は新羅《しらぎ》国で、スサノオは新羅王だったのではないか——。

ほろ酔いは想像をたくましくさせる。隣に腰かけた和服の美女が奇稲田姫《くしなだひめ》に重なる。根の国とゆかりのあるスサノオは高天原《たかまがはら》に暮らすアマテラスに製鉄の技術を教える。出雲の国譲り神話は大和朝廷が刀剣で武装して渡来人を征服してゆく歴史を語ったものだ、という説を思い出した。

そういえば、来年は『古事記』編纂一三〇〇年の節年である。『古事記』は藤原政権（藤原不比等がリーダー）により、天皇家を国の正当な支配者として位置づけるために編纂されたもので、記述中には作為が多い。歴史はどの国でも〝勝ち組〟によって作られ、〝負け組〟の真実は闇に葬られる。『古事記』に書かれた物語のウラ読みこそ一三〇〇年の節年の大事業だ、などとたいそうな思いに駆られる。

これも角ハイボールのなせるわざだろうか？

10時51分、津ノ森着。

対向ホームに白と濃紺のツートーンカラーの5000系車両が待っていた。この車両もやはり京王電鉄のお古だが、かつては多摩丘陵を特急として走っていた優等車両で、懐かしく思い出す旅行者もいるだろう。単線なので、こうした列車交換がしばしばあった。

『RAILWAYS』の大ヒット

10時54分、伊野灘《いのなだ》着。

田んぼのなかの無人駅で、向こうに宍道湖の湖面が光っている。

どこかで見た風景だ、と思えば、ここは映画『RAILWAYS　49歳で電車の運転士になった男』の主人公、筒井肇（中井貴一）の実家のある駅だった。

『RAILWAYS』はすでにご覧の方も多いだろう。少しばかり、物語を振り返ると、四九歳の筒井は大手家電メーカーに勤めるエリート社員。取締役への昇進が内定するが、時を同じくして、出世よりも現場に固執する同僚が自動車事故で亡くなる。その出来事を契機に、それまでの自分の生き方に疑問をもつ。母親の看護のために故郷に戻り、少年時代に憧れた電車の運転士になり、第二の人生を歩もう――。筒井は決意を固める。それまで家庭を顧みることがなかったが、娘と一緒に老いた母親を看病する

角ハイを友に車窓を楽しむ

なかで、はじめて暖かい家族の絆《きずな》を取り戻す。

その電車とは一畑電車、通称「ばたでん」である。映画のタイトルは当初『BATADEN』だったが、『ALWAYS三丁目の夕日』の大ヒットにあやかってか、直前に『RAILWAYS』に改題された。ちょっと安易な気がしないでもないが、『BATADEN』では〝鉄ちゃん〟以外、誰も理解できないだろう。

監督の錦織良成《にしこおりよしなり》氏はそれまで映画界でさほど経験を積んだ人ではなかったと、きく。昭和三七（一九六二）年、平田市（現・出雲市）に生まれ育ち、二年間陸上自衛隊に入隊する。『RAILWAYS』を作ったのは自分の人生、故郷・出雲にこだわりたかったためだと思う。

平成一四（二〇〇二）年公開の『白い船』は、直江津から博多へ向かうフェリーと小学校の学童との交流を描き、地元で話題を呼んだ映画だ。『RAILWAYS』がはじめて全国的なヒット作となった。劇中には錦織監督の一畑電車に対する思いが散りばめられている。

出雲国は酒の発祥地

「次の一畑口ではスイッチバックがあります。電車の進行方向が変わります」

ワンマンカーなので、女性の案内テープが流れる。

スイッチバックは普通急勾配を克服するために設けられるが、ここは平地で、引き込み線の端に駅がある。電車はヨーロッパのターミナルのように一度ホームに入線し、運転手が鞄をもって反対側の運転室へ移動する。

どうしてこうなったかというと、開業当初、一畑電車の目的は出雲今市《いまいち》（現・出雲市）方面から一畑薬師の参詣客輸送にあり、ここからさらに薬師麓の一畑坂下（旧駅、のち移設し一畑と改称）まで線路は伸びていた。松江から一畑口（旧・小境灘《こさかいなだ》、一九五二年に改称）への路線はその後敷設されたのだ。それが戦時中、小境灘～一畑間が〝不要不急路線〟に指定され、レールを撤去され、名古屋鉄道に供出された。以来、この区間は復旧されることなく、昭和三五（一九六〇）年に廃止となってしまった。スイッチバックはその歴史の名残である。

出雲大社と並び、一畑薬師は全国に名が知られ、とくに、眼病に効能がある寺として訪れる人は多い。頂上からは宍道湖が見え、眺望もいい。しかし、今は八月の猛暑のさなかである。駅からバスが出ているが、一三〇〇段の参道を思い出して気後れした。

一昔前のことだが、一畑口のホームにおでん屋があった。出雲大社に初詣した後、この電車に乗り、待合所の中にふつふつ湯気の立つ燗酒《かんざけ》を発見して、出雲の国の大らかさを感じたものだ。前述のスサノオは酒神である。『古事記』には酒の起源が書かれており、それによれば、スサノオはアシナヅチ、テナヅチに命じ、簸《ひ》の川（斐伊川）で「八塩折《やしおり》の酒」を造らせた。酒はスサノオの勇気を奮い立たせ、大蛇退治に成功した。

そういえば、前夜は松江の大橋川の畔の居酒屋で飲んだ。

しじみ、あわび、焼き穴子など宍道湖と日本海の恵みを満喫した。

「相撲足腰（スモウアシコシ）」という言葉をご存じだろうか？　スは鱸《すずき》、モはもろげ海老（車海老の一種）、ウは鰻、アはあまさぎ（わかさぎ）、シはしじみ、コは鯉、最後のシは白魚で、〝宍道湖七珍〟のことをいう。椀に溢れるほどに盛られた大ぶりのしじみの酒蒸しには感動した。地酒の「李白」がスイスイと入った。酒を飲めば、気分は安らぎ、大らかになる。明日のことは明日考えればいい、という気になる。しじみを食べれば二日酔いにはならないという俗諺を信じているのだ。

ところが、内田百閒《うちだひゃっけん》の『御馳走帖』にしじみの話があり、昔は大釜でゆで、身と殻を分け、殻はセメント工場に売って本業となし、余った剥き身《むみ》は豚の餌にくれてやった、という。昭和初期の話だ。今では捨てられるはずのだし汁が一番高価な健康食品として売られている。時代によりものの価値は変わるのだ。今は駄目でもそのうち評価されるかもしれない。しじみにしみじみと明日のわが身を慮《おもんぱか》った。

「ばたでん」本社を訪ねる

11時8分、雲州平田《うんしゅうひらた》着。

雲州平田は近世から続く市場町で、明治期までは雲州木綿の集散地として賑わったところだ。一畑電車の本社もここにある。

「ばたでん」の歴史は古い。創業は明治時代にさかのぼる。

明治四三（一九一〇）年、国鉄の山陰本線が米子から出雲今市に延長されたのを期に、出雲今市から

宍道湖の風物詩である早朝のしじみ漁

一畑薬師を結ぶ鉄道として、軌間七六二ミリの軽便鉄道敷設がはじまった。大正三（一九一四）年、一畑口のくだりで述べたように、出雲今市〜雲州平田間が開業し、翌年、平田〜一畑坂下までが開通した（この時、松江へは小境灘港〈一畑口駅付近〉から蒸気船が連絡していた）。今の体系が整ったのは、昭和三（一九二八）年のことである。

「ばたでん」本社を表敬訪問する。社長の昌子修《しょうじおさむ》さん、広報の原成美さんが出迎えてくれて、しばし歓談。社長の昌子さんは穏やかな風貌で、年齢、雰囲気、恰好がどこか映画で社長役を務めた俳優の橋爪功に似ていらっしゃる。

「デハニはもう八〇歳になります。来年は創業一〇〇周年になります」

『RAILWAYS』の影響をきくと、

「運転士希望者の問い合わせが続きましたね。おかげさまで定期以外の乗客が増えています」

渡された会社概要を眺めると、社員の平均年齢、四三歳一一カ月とある。

「ひとりひとりの社員が一畑電車の伝統を受け継いでゆきたいと頑張っています」

原さんが熱を込めた言葉で語った。

映画では運転士交代の隙《すき》に子どもが運転してしまい、その責任をとって主人公の筒井は退職届を出す。メディアの追及に遭うが、社長は筒井をかばい、「みんなの鉄道だから」と留任させる。

映画と同じく、きっといい会社なのだろう。

「いやあ、映画は、映画ですよ」

昌子社長は細い目をしばたたかせて笑った。

三車両、居並ぶ川跡駅

12時16分、電鉄出雲市行きに乗る。

伸びやかな雲州平野が続く。斐伊川がもたらした肥沃な大地だ。稲の緑が海のように波だっている。右手には出雲大社の背後に続く山並みが近づく。日本のふるさとの原風景だ。

12時19分、旅伏《たぶし》着。

赤や黒の石州瓦をしっとりと抱いた白壁の民家群が現れる。線路端には月見草が咲いている。女学生がひとり、ふたりと降りて行った。無人駅近くの信号機が「チンコンカンコン」と鳴る。「さあさあ、ばたでんのお通りだ」と雀たちに警告しているようである。

12時21分、美談《みだみ》着。

左手に斐伊川の堤防が迫ってくる。沃地が広がる。雲州平野のど真ん中である。

「次は川跡《かわと》。出雲大社方面の方はお乗り換えです」

川跡で大社線が分岐する。ここで電鉄出雲市行き、松江しんじ湖温泉行き、出雲大社前行きの三列車がホームを埋める。まるで横綱、大関の揃い踏みの土俵入りだ。数人の〝鉄ちゃん〟がカメラを構えた。

12時28分、川跡発。

「左手が出雲ドームです。出雲市五〇周年を記念して建てられました。右手の山麓の工場は島根ワイナリーです。ぜひお立ち寄りください」

案内テープが車内に流れる。

今夜は日本酒か、ウィスキーか

今から一二〇年前、この道を人力車に乗って走っていた男がいた。

小泉八雲ことラフカディオ・ハーンである。明治二三（一八九〇）年、アメリカから来日し、松江に英語教師として赴任したハーンは、すぐさま杵築《きづき》（現・出雲市）へ通訳のアキラを連れて向かう。日本文化、日本の歴史に心を奪われていたハーンにとって、出雲は憧れの地だった。
ハーンが感動したのは、日本には八百万《やおよろず》の神様がいることだった。アマテラスのような至上の神もいれば、便所の神様みたいな下等な神もいる。貧乏神もいれば、キツネの神様もいる。一方、人が死ぬと、どんな悪党でもホトケとなる。神仏が習合している日本とはなんて不思議な国だろう、とハーンは思った。
キリスト教国では神は唯一、ほかは邪悪な悪魔しかいない。人は生まれてきたことを懺悔して祈らなければ天国にゆけない。しかし、この国の国民は多神教のもとで、悠々と人生を楽しんでいる。

――日本人の魂は、自然と人生を楽しく愛するという点で、誰の目にも明らかなほど古代ギリシャ人の精神に似かよっている。この不思議な東洋の魂の一端を、私はいつしか理解できる日が、きっと来ると信じている。そしてその時こそ、古くは神の道と呼ばれたこの古代信仰の、今なお生きる巨大な力について、もう一度、語りたいと思う。

（『神々の国の首都』（平川祐弘編・講談社学術文庫より）

この夜、実は会食を小泉凡さんと約束していた。小泉凡さんはハーンの曾孫《ひまご》で、現在島根県立大学短期大学で教授として民俗学を講じている。以前からの知り合いで、出雲を訪ねる楽しみの一つは凡さんとの、ハーンをめぐる語らいにあった。

ハーンも酒好きで、昼食時に日本酒をたしなみ、ウィスキーは毎晩欠かさなかった。曾孫の凡さんもハーンの正統な血を受け継いでいる。

さて、今夜は何を飲もうか？

そう思うだけで、またぞろ元気が湧いてくる。

「次は終着の出雲大社前です。ただ今、平成の大遷宮のため新社殿を建築中です」

太古の国の大いなる旅は、いよいよ終着に近づいた。

（平成二三年八月取材）

秋

石勝線夕張支線
米坂線
京都丹後鉄道
三角線

【石勝線夕張支線】

黄金時代を求めて、夕張へ

たそがれ、東京、ハイボール

夕暮れが近づくと、心が乾いてくる。誰かに会って、酒を飲みたくなる。もう三〇年以上も続く習慣である。断っておくが、アル中ではない。アル中気味の友人は数多いが、アル中は伝染しない。この心の渇きをぼくは〝たそがれ症候群〟と名づけている。街のあちこちで赤提燈《あかちょうちん》がともる頃、症候は次第に顕著となり、ついに友人にケイタイすることとなる。

「今日は空いていない？　ちょいとやろうよ」

「いいね、いいね、じゃあ、あの店で」

清水沢〜鹿ノ谷間を走るキハ40系

類は友を呼ぶのである。友人とて待ち構えているのだ。たそがれ時になると、淋しくなってやはり酒を飲む相手を探している。

しかし、この病《やまい》は暗くはない。むしろ明るく精力的である。一日の仕事の快い疲れと達成感が原因なのだ。より深い一日の充実を求めているのである。酒はむしろストレス解消の妙薬かもしれない。

酒は友であって、会話が目的である。会話は仕事抜きが原則。したがって、話題は旅や温泉、鉄道など互いの趣味分野に分け入る。

かくして一軒目はカウンターバーが多い。気軽に、まずはアペリティフといったところだ。最近は〝♪ト、ト、トリスのハイボール〟が気に入っている。ハイボールといえば、巷ではアンクルトリスが復活しており、若者にも人気だ。赤ら顔のおじさんがトレードマークで、「トリスを飲んでハワイへ行こう！」という能天気なキャッチコピーが当たっ

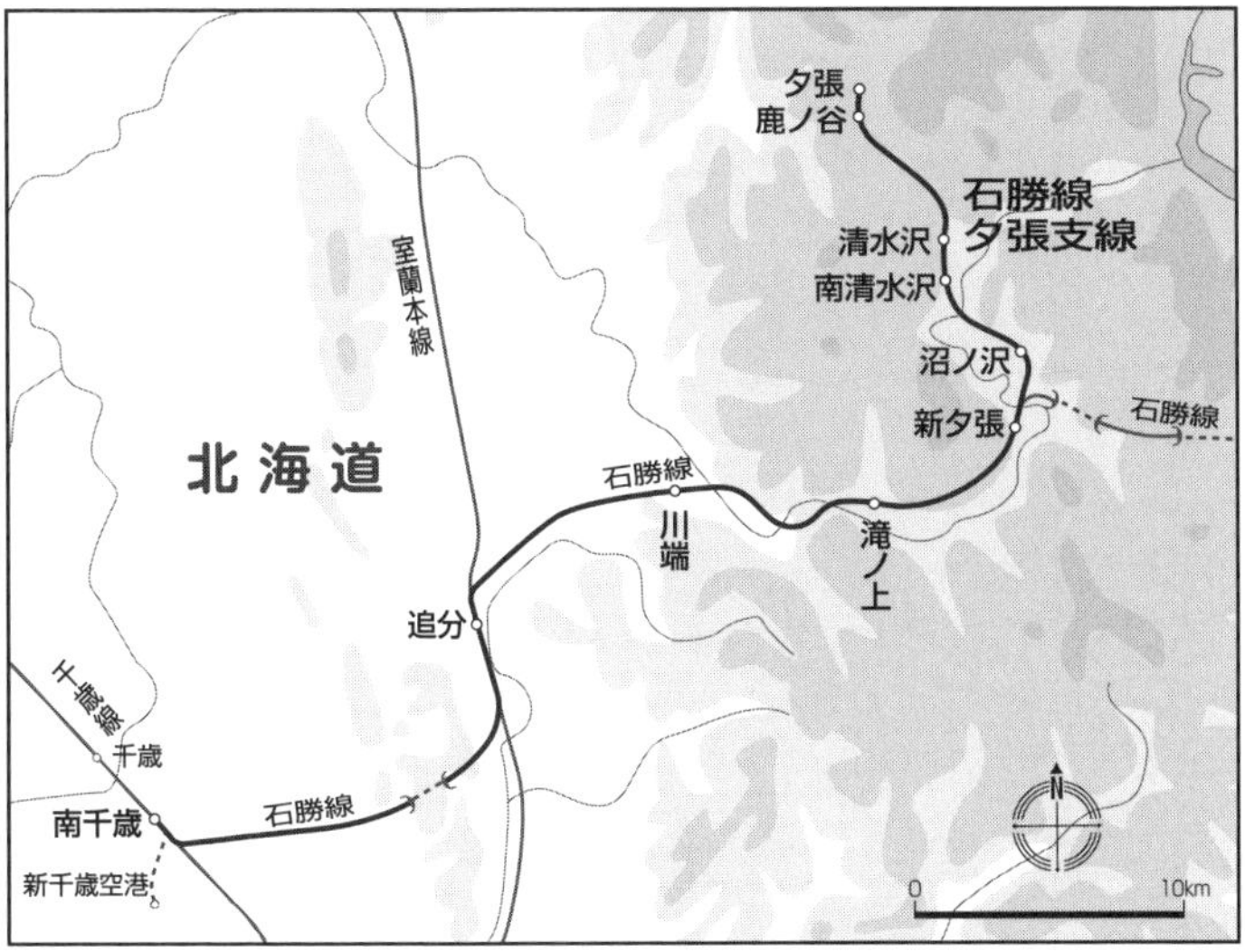

た。たしか画は柳原良平、コピーは山口瞳だったような気がする。当時ハワイは憧れの楽園だった。サラリーマンには夢のまた夢。トリスを飲んで浅草ならば、道理だが、ハワイという、高級ブランドリゾートを出したところに奇抜さがあった。

われら団塊世代は洋酒で育った。学生の頃、札幌の場末のトリスバーではトリス・エキストラ、サントリー・レッドが主流だった。

「白札《しろふだ》（サントリーホワイト）」は東京に出てきてはじめて新宿ゴールデン街で遭遇した。七〇年代のゴールデン街はどの店も圧倒的に「白札」だった。少し高級感があり、ボトルもシンプルでしゃれていた。ラベルにイラストや自分の名を大書するのが常であり、「白札」のボトルをキープすると、一人前の〝東京人〟になったような気分だった。

「角（サントリー角瓶）」はそういう意味では安サラリーマンには高嶺の花で、エリートの酒、旧帝国大学をトップクラスで卒業し、一流企業に就職した時、胸を張って飲む酒だった。その後の「ダルマ（サントリーオールド）」は社長や幹部クラスが銀座のクラブでたしなむウィスキーで、とてもぼくたちには手が届かなかった。

当世のスタンドバーでは今、若者たちは「角」も「トリス」も同じ手軽な値段で飲んでいる。元来「トリス」と「角」では新入社員と課長くらいの差があったのだ。その時代に生きたぼくたちには信じられない事件！　なのだ。

さて、たそがれ時に友と語る。

「四万《しま》温泉へゆこうよ、吾妻《あがつま》線に乗ろう」

やはり旅の話になる。

思えば、旅と文学と酒は三位一体、ともいうべきファクターで、どれも切り離すことができない。

古きを辿れば、若山牧水、中原中也、大町桂月、斎藤茂吉。加えて太宰治に坂口安吾、近くにては吉行淳之介、遠藤周作、田中小実昌、池波正太郎、開高健などいずれも旅好きの文豪、酒豪である。多少アル中気味の作家もいるが、この方々を除いて、日本の近代・現代文学を語れようか？

——酒飲めばいとど寝られぬ夜の雪（芭蕉）

——十五から酒を呑み出てけふの月（其角）

江戸時代の俳聖たちも大いに飲んでいた。

旅の目的は酒ではないが、酒なくして旅は語れない。宮脇俊三、種村直樹、竹島紀元……。昭和の〝乗り鉄御三家〟もみな酒が好きだった。

宮脇さんはお酒があればいつもニコニコ顔だったし、種村さんは車窓を見ながら缶ビールを手放さなかった。竹島さんは午後六時を過ぎると、校正の赤ペンを持ちながら、必ず左手にウィスキーグラスをもっていた。

などと友と語り合っていると、「次の〝ひとり旅〟はどこゆくの？」

なじみのマスターが、カウンター越しに声をかけてくる。彼は根っからの〝鉄道マニア〟なので、ぼくたちは〝鉄道屋〟と呼んでいる。

「まだ決めていない。どこかいいところあるかな?」

「石勝《せきしょう》線は? 開通三〇周年だ」

そうか、もう三〇年にもなるのか!

北海道は懐かしいところだ。学生時代を札幌で過ごし、蒸気機関車の煙を追って、道内を歩いた。昭和四〇年代、北海道はSL王国だったのだ。

「石勝線夕張《ゆうばり》支線にしよう!」

かくして〝ポケ角〟を片手に、北海道行きとあいなった。

懐かしい紅葉山駅

気温五度。一〇月中旬なのに、である。さすがに北海道だ。

石勝線、新夕張の駅前にいる。

羽田空港を七時に飛び立ち、新千歳空港着。南千歳から特急「スーパーおおぞら3号」に乗り換え、ここまであっという間に来た。しかし、駅の時刻表を見て、愕然としてしまった。夕張への支線は一二時近くまで運行がない。なんと二時間! の待ち合わせである。

石勝線の夕張支線、清水沢駅にて

石勝線は昭和五六（一九八一）年、千歳空港（現・南千歳）と新得《しんとく》を結んで開業した。当時、札幌から帯広、釧路方面にゆくには滝川から根室本線を使っていたため、長い時間がかかった。それが千歳線と根室本線を直結させたため大幅に短縮した。今では「スーパーおおぞら」「スーパーとかち」などの特急はみなこのルートを使っている。

新夕張駅は石勝線ができたため駅は高架になっていた。そのため乗客は階段を降りて、かつての駅前広場へ出る。昔は紅葉山《もみじやま》という名の駅だった。その名を証明するかのように付近の小高い山々は今、紅葉の真っ盛りであった。街路樹のナナカマドが燃えるような深紅である。

ナナカマドの赤い実を見ると、北国にいることの実感が湧く。七回竈《かまど》に入れて燃やしても灰にならない、というほど固い木だ。材質が寒さで凍てつき、芯まで凝固してしまったからだろうか？

紅葉山から昔は登川《のぼりかわ》支線があった。楓《かえで》と登川の二駅、七・六キロの短い支線だったが、キハ22形のかわいい単行がコトコトと走っていたのを思い出す。楓は明治時代の木造駅舎で気品があった。「紅葉」に「楓」と何となく風雅な味わいを感じさせる支線だったが、今、楓は信号場となり、石勝線の一部となっている。

時間をもてあまし、駅周辺をぶらつくが、隣に道の駅「夕張メロード」があるだけで、ほかは何もない。「メロード」はメロン・ロードを略したものだが、地元産品を売るなかに生鮮食料を扱うスーパーマーケットが同居していた。町の人々のショッピングセンターのようなものだ。駅が暮らしの中に息づいていていて、ふと心が和らいだ。もとより駅は街の中心であり、情報基地だったのだ。石炭のように真黒な「たんどら（どら焼き）」をひとつ買って、寒さの中で頬張った。

11時56分発、夕張行き。2635D。

キハ40形の単行である。ホームへゆくと、気動車はすでにアイドリングしており、車内は暖房がきいていた。思わず上着を脱ぐ。乗客は九人。音もなく出発すると、風景は追分《おいわけ》からの石勝線の延長だった。平野部が続き、荒地には雑草が茂り、整地された畑にはメロン栽培のビニールハウスが点在した。

12時00分、沼ノ沢着。

三角屋根に煙突のある白い木造駅舎で、かつてはハイカラな駅だった。ここも北炭真谷地《まやち》炭鉱専用線が接続していた。真谷地炭鉱と夕張線を結ぶために作られ、かつては長大編成の石炭貨物列車が走っていたが、昭和六二（一九八七）年、閉山とともに廃止された。

12時05分、南清水沢着。

この駅には思い出がある。昭和五〇（一九七五）年、室蘭～岩見沢間の〝蒸気機関車のひく最後の旅客列車〟の取材をしたが、この時、途中駅の追分からさらに夕張線に分け入った。『旅と鉄道』の取材であった。この号には格別の思い入れがあった。ぼくはこの取材を最後に鉄道ジャーナル社を去ったのだ。弱冠三〇歳の頃で、フリーランスライターの道を選んだ。特集「帰らざる旅路」は、室蘭本線のC57144号機のけん引する229列車を追いかけたルポであった。追分から夕張へ分け入り、これも最後の砦として話題を集めていた北炭夕張新炭鉱を取材した。

当時、南清水沢駅は民間委託されており、三人のうら若き乙女たちが元気に立ち働いていた。駅長さんは当時二八歳の及川尤子さんで、当駅で六年間も務めるという頑張り屋さんだった。朝の五時四五分から夜の二一時三〇分まで三人交代で業務をこなす。乗客はほとんどが近くの中高生たちで、駅は賑やかだった。

改札を無視して乗車する中学生に、

「あんたそれでも学校行ってるの！」

「うああ、言われちゃったこのおばさん！」

「おばさんじゃないわよ！」

悪たれ坊主たちを相手に、冗談を飛ばしながら、明るく、仕事を楽しんでいるようだった。列車が走り出すと、ホームで正しく礼をして見送った。

あの及川さんは今頃ホンモノのおばさんになっているだろうが、どうされたのだろう？　夕張の高校を出て、関西方面で働いたが、都会生活にはなじめず、Uターンして故郷に帰ってきた。

今、人影のない無人駅はぽっかりと穴が空いたように思えた。

駅前はゴーストタウンのようだった

〝ポケ角〟を飲みながら、車窓を眺めている。心地よい、ほろ酔い気分だ。

三五年前の旅を思い出そうとしている。

12時08分、清水沢着。

途中下車した。駅前は商店街があるが、ほとんどがシャッターを下ろしている。まるでゴーストタウンだ。

あの時もこの駅で降りて、炭住街を歩いて、夕張新炭鉱へ行った。

同行のカメラマンはS君だった。身長は一八〇センチを超す長身で、すらりと足が長く、かっこよかったが、前歯が二本欠けていた。本人は「覚えてない」というが、多分酔っぱらった挙句、どこかでケンカし、前歯を折られたのだろう。恐ろしくケンカが強かった。酔っぱらうと「飛ぶ！　飛ぶ！」といきなり叫び出すので、ぼくらは彼を〝バード〟と呼んでいた。

バードとの旅もあの時が最後だった。

バードは民俗学の泰斗《たいと》、宮本常一が主催する「あるく、みる、きく」のレギュラースタッフで、全国を歩き、とりわけ風土の中の〝人間模様〟を捉える写真が際立っていた。しかし民俗学系の媒体はどこもが潤沢な取材費がなく、旅は自費が多かったため、バードは生活に窮していた。しかし、志だけは高く、日本のユージン・スミスをめざしていた。私たちは〝辺境文化論〟を戦わせながら、毎晩のようにゴールデン街で酒を酌み交わした。それが〝たそがれ症候群〟のはじまりだったかもしれない。その後、バードは二度離婚し、ついに写真家をやめた。肉体労働者になったという噂をどこかで耳にしたが、以後会うことはなかった。

『旅と鉄道』で、バードとぼくは夕張新炭鉱の取材をした。当時、石炭産業は凋落のさなかだったが、新炭鉱は最後の希みを託された堡塁《ほうるい》だった。

ヘルメットをかぶり、真黒なタオルを首に巻いて、たばこの煙を吐き出す炭鉱夫の遠くを見つめた写真が今も忘れられない。バードの最高傑作の一つだろう。石炭ストーブの煙突から煙がもうもうと立ち昇る炭住の隅で、鉱夫から話をきいた。

「危険だといえばなぁ、漁師だっておんなじことよ。俺らはいつも大海に出る舟に乗った気持ちで仕事してんだっ」

顔はもちろん耳の中、鼻孔、爪のなかまで真黒である。歯だけが白く浮かぶ異様な表情だ。

「いい仕事だ、とは思ってねえが、仕事ってのは何でも辛いんでねえかい？ 兄さん」

炭鉱夫の平均年齢は四五歳。月給は二〇万円（住居、光熱費は会社支給）ほどで、当時の銀行員の初任給（大卒）が約九万円だったから、想像するよりも高給とりだった。

「あったりめえよ、こちどら命かかってんだから」

「帰らざる旅路」から引用してみよう。

――ズリの山（ボタ山）に登ると、清水沢の街が一望できた。ゆるやかに夕張川が蛇行し、山々が町を取り囲んでいた。ガラ、ガラ、ガラ……と選炭のズリを落とす工場の音が鈍く聞こえ、その向こうに新しい炭住が美しく連なっていた。

〝ポアッー〟。汽笛が一瞬山峡にこだますると、運炭の長い貨物列車がゆっくりと山を下っていっ

旅と文学と酒は三位一体なのだ

た。

（『旅と鉄道／18号』より）

美しい紅葉の渓谷を走る

15時57分発、2639D。

キハ40形の単行に乗客は、ぼくひとり。本当の〝鉄道ひとり旅〟になっていた。ワンマンカーの運転士とたった二人きりである。

清水沢～鹿ノ谷間が夕張支線の〝名場面〟だ。駅間距離は六・六キロとこの支線でも一番長い。

列車は夕張川の支流、志幌加別川《しほろかべつがわ》にそって勾配を上る。かつて運炭の長大な貨物列車はこの区間が勾配となるため後ろに補助機関車をつけて上った。清水沢と夕張の標高差は一一九メートルある。

右手に志幌加別川の渓流が流れる。イワナがひそんでいそうな美しい流れだ。紅葉がまばゆい、と思った瞬間トンネルに入った。すぐにトンネルを抜け、道道38号と並走するが、そこにポツリと地蔵堂が建っている。言い伝えによると、雪の夜にトンネルで人身事故があり、慰霊のために地蔵を建てたが、首がなかなか定まらず、何度直しても、気がつくと首が落ちていた、という。供物を狙う野鳥のしわざか、天命か、土地の人も不思議がって近寄らなかった。

高原台地を走る。かつてのズリの山は草木が茂り、判別できない。いわれれば、団子状の人工山で、自然の山ではないことがわかるのだが……。両側から迫る山の頂上まで炭住がひしめいていた、という繁栄の面影は今はない。

清水沢～鹿ノ谷間の若菜《わかな》地区には、かつて夕張鉄道の若菜駅があった。今は廃線跡は整備されて、一部がサイクリングロードになっている。夕張鉄道は夕張本町《ほんちょう》から室蘭本線の栗山を経由して、函館本線の野幌《のっぽろ》まで伸びていた私鉄で、これも運炭が目的だった。北炭平和炭鉱の閉山にともない、昭和五〇（一九七五）年、廃線となっている。

16時08分、鹿ノ谷発。

終着の夕張まで駅間わずか一・三キロ。マンションや住宅など街らしい風物が車窓に流れる、と三角屋根の夕張駅へと到着した。

夕張へ男が帰ってくる

映画『幸福の黄色いハンカチ』（山田洋次監督）は、網走刑務所を出所した炭鉱夫の夕張への熱い思いを描いた名作だった。島勇作（高倉健）は九州の飯塚《いいづか》出身、閉山した筑豊《ちくほう》炭田から夕張へやってきた。そこで光枝（倍賞千恵子）に出会い、幸福な結婚生活を営むが、光枝の流産が原因で、やけ酒を飲み、挙句の果てにケンカして人を殺める。刑期を終えて、出所した男は旅のつれづれの男女（武田鉄矢、桃井かおり）とともに夕張をめざす。

——もしも、まだ一人暮らしで
　お前が俺を待っていてくれるなら、
　うちの竿に、
　黄色いハンカチをぶらさげておいておくれ。

出所した男はそんな葉書を妻に送ったことを二人に告白する。

——勇さん、行こうや、夕張に行こう！

あきらめて札幌に出ようとする男を若者たちが説得する。

黄色いハンカチがはためく家は今も夕張に残っていた。ロケに使われた炭住である。勇作がチンピラとケンカする繁華街の石階段も当時そのままに残っていた。

昭和三〇年代、炭鉱の全盛期、夕張の人口は一一万六〇〇〇人。炭鉱は二四カ所、鉄道は二二駅あり、高校は七校あり、映画館は一六館を数えた。炭住ではひねもす煙が昇り、繁華街はさんざめいていた。今は人口一万一〇〇〇人。通りに秋風が吹いている。

鉄道は石炭産業を糧にしてこの地で誕生し、成長し、石炭とともに栄えたが、石炭産業の衰退とともに次々と廃止された。石炭と鉄道は運命をともにしたのだ。

石勝線の開通と同じ昭和五六（一九八一）年、ぼくたちが取材した夕張新炭鉱のガス爆発事故があり、九三人の犠牲者が出た。以後、炭鉱は全面的に閉鎖された。

「炭鉱」から「観光」へ。

夕張映画祭が開催され、繁華街は〝キネマ街道〟と呼ばれ、映画と石炭の歴史をテーマに街は復興に賭けた。しかし、蒸気機関車が去ったように、二度とこの街に景気は戻らなかった。

繁華街の酒場で

たそがれ時となり、ひとり酒場へと足を向けた。

「俺家《おれんち》」という小料理店に入り、カウンターで角のハイボールを作ってもらう。

同輩と思われる男がひとり、すでに酒を飲んでいる。

こうした店ではどちらからともなく、会話がはじまる。

男は二年前に愛妻をなくし、男やもめとなり、店を閉じたという。

「そりゃなぁ昔はよかった。六〇人収容のキャバレーを経営してたんだ」

採炭は三交代制のため、夕張には朝も夜もなかった。クラブ、キャバレーは二四時間、喧騒と脂粉の絶えぬ時はなかった。

「桜田淳子がうちの店へ来て、歌ってくれただよ。まんずあのころは夕張の黄金時代だっぺ」

「まだあんた若いんだから、フィリピンでも行って嫁さん探してきなよ」

カウンターの向こうからママが男に声をかける。

「そんだなぁ、そうするか！」

いきなり男は元気になって、酒を回してきた。

「そうだよ。男はいつでもやり直しがきくさ」と、ぼくは相槌を打った。

ハイボールのおかわりを作っていたママは、「女だってそうさ」と、ひとり呟いた。

三人で乾杯した。とてもはじめて入った店とは思えなかった。北海道は暖かいのだ。

この街には日本人がどこかで捨てていった「剛毅《ごうき》」とか「男気《おとこぎ》」といった人情の残り香がまだ息づいている。だからこそ高倉健が似合うのだろう。

夜が更けて、表へ出ると、繁華街の片隅に「タイム」という男のかつての店の看板が寒風に晒されて立っていた。

「タイム」とは男の〝黄金時代〟の夢なのだろうか、それとも過ぎ去った時の思い出なのだろうか。

夜更けの裏通りには、冷たい秋風が吹いていていた。


（平成二三年一〇月取材）

【旧岩泉線】

廃線跡をバスでゆく

東北の復興が進む中、取り残された路線

平成二六（二〇一四）年四月一日、ＪＲ岩泉《いわいずみ》線はついに廃止になった。

新聞の片隅に小さな記事が載った。「やっぱり駄目だったか」とため息をついた。思い出深い路線だった。廃線跡をバスで訪ねてみようという気になった。

岩泉線はＪＲ山田線の茂市《もいち》から分岐、龍泉洞《りゅうせんどう》で有名な岩泉に至る三八・四キロの盲腸線（全九駅）で、平成二二（二〇一〇）年、押角《おしかど》～岩手大川間の土砂崩れによる列車脱線事故以来、ずっと全面運休していた。

その翌年に東日本大震災があったため、記憶の片隅に忘れおかれた存在だった。ＪＲ東日本は震災の

線路と絡み合うように進む道は、時に鉄橋の下を行く

一年後、鉄道による復旧を断念し、代行バスに切り換えると発表。その頃から廃線の噂が巷《ちまた》に流れはじめた。

思い出の岩泉線をたどろうと東北に向かった。

心の片隅にずっとこの路線が気になっていた。東日本大震災に関しては、『震災鉄道〜復興への道』（講談社刊）という一冊の本にまとめた。「津波襲来のその時、乗務員と乗客はどう対応したか？」というテーマで、震災時の出来事とその後の鉄道復興の過程を三年余りかけて取材した。

震災のあの時、東北の太平洋沿岸を走る列車は三一本あった。乗客は推定で一八〇〇人ほど。津波は沿岸部を襲い、駅の流失二四、線路の破壊七〇カ所六六キロ、橋梁の崩落一一九カ所という大惨事だった。にもかかわらず、乗客、乗務員に一人の死傷者も出なかった――という「奇跡」のような事実が胸を突いた。その時、彼らは揺れる車中にいて、

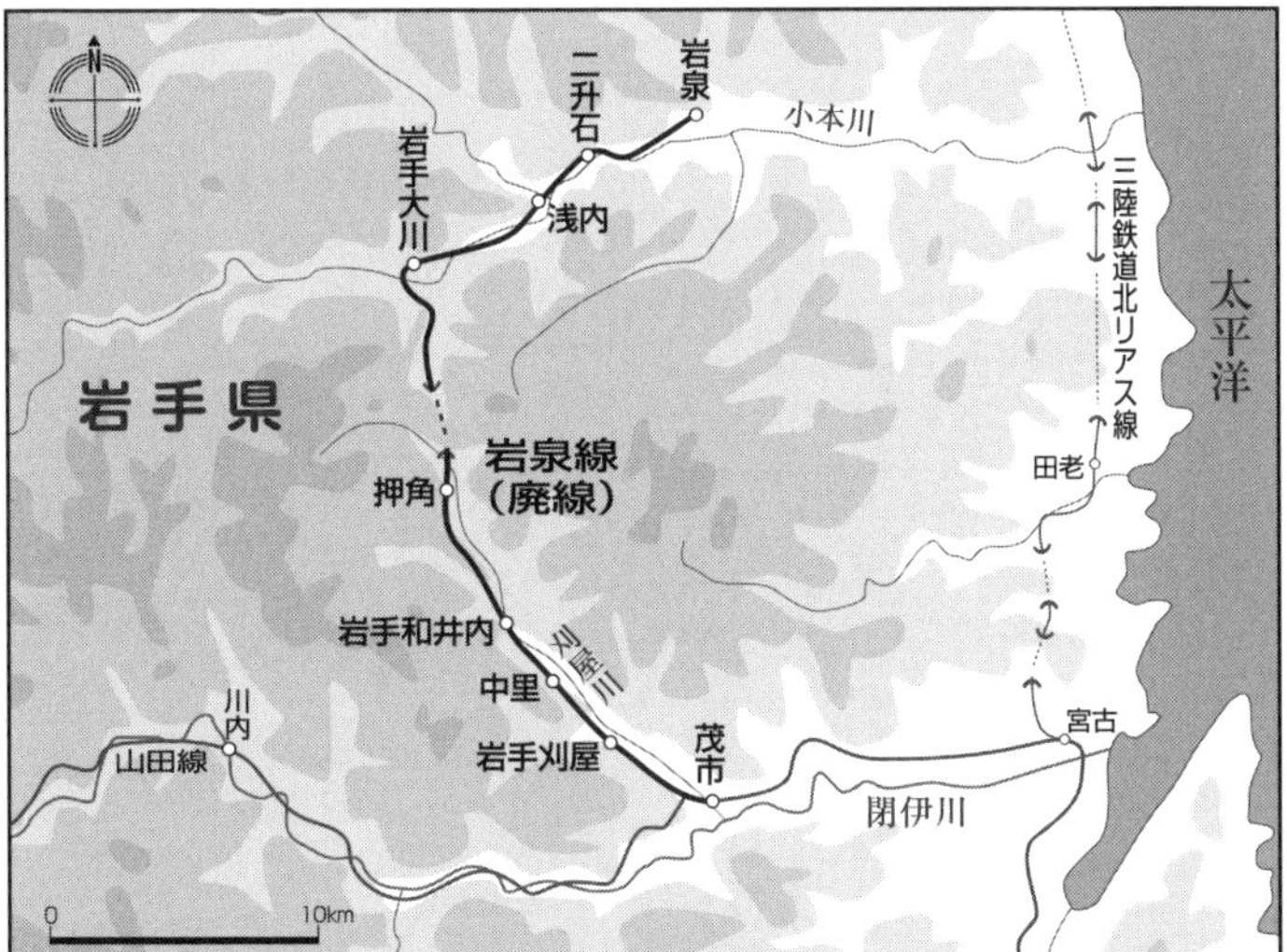

一体どんな思いをし、いかなる行動をとったのだろうか――というのがこの本を書く動機だった。

東北地方には特別の思いもあった。札幌の大学へ進んだため、帰省のたびに途中下車してローカル線の旅を楽しんだ。昭和四〇年代のことで学生たちは皆貧しく、ほとんどが〝無銭〟旅行者だったが、それでも人々は温かく迎えてくれた。

旅する若者たちは〝民泊〟と称し、民宿や旅館ではなく、一般の農家に頼んで泊めてもらった。主人は出稼ぎや遠洋漁業で不在が多く、そこには年寄りや主婦、子供しかいなかったが、それでも〝まれびと〟のようにもてなしてくれた親切さは忘れられない。わずかながらのお礼を置いたが、逆に干し魚や梅干などをみやげにいただいたりした。以来、私には東北が故郷のように思えた。フリーとなって初めて書いたガイドブックも『東北』（日本交通公社発行）だった。

震災後、東北には一三回通った。瓦礫《がれき》の山が消え、駅が整頓され、新しいレールが敷かれてゆくさまをつぶさに見た。鉄路での復活はまだまだ遠く、多くの問題が残っているが、三年を経て状況は大きく進展した。ＢＲＴ（バス高速輸送システム）による運行がはじまり、三陸鉄道（三鉄）が完全復興した。

そのなかで岩泉線はいつまでもとり残されていた。そしてついに廃線となった。震災後の東北で廃線が決まったのは初めてのことである。

童話のモデルになった鉄道そして車掌

平成二六（二〇一四）年九月二二日、午前6時30分。早朝の茂市駅には人影はなかった。

茂市は山田線との分岐駅だ。二つの路線をまたぐ大きな跨線橋があり、いかにもローカル駅の雰囲気がある。狭い構内には「岩泉線の足跡」というコーナーが作られ、蒸気機関車時代の記録写真やタブレットが展示されていた。宮古出身の童話作家・茂市久美子のミニ文庫（ライブラリー）もあった。彼女は『おちばおちばとんでいけ』で岩泉線の車掌と女の子の心温まる話を書き、第三回ひろすけ童話賞（浜田廣介の業績を讃えた賞）を受賞した。出身が新里村《にいさと》（現・宮古市）なので、茂市はペンネームなのかもしれない。

『被災鉄道』の取材の折、ＪＲ山田線津軽石《つがるいし》駅で被災した駅長と駅員の話を思い出した。

津軽石駅では停車中のディーゼルカーが津波で流された。駅員だった水本邦男さん（当時五九歳）は、とっさに「避難すべき」と判断し、乗客、乗務員を連れて山の上の神社へ誘導した。当日、非番だった有田耕治駅長は通院先の病院からすぐさま駅へ駆けつけ、水本さんとともに避難所で寒い夜を過ごす乗客らの面倒をみた。

後日、お二人と宮古で食事をともにしたことがあった。水本さんは茂市生まれで、茂市久美子と同級生。『おちばおちば……』の車掌は、実は水本さんがモデルだったのだ。

「岩泉線は茂市久美子の作品のようなところでね。実に素朴で、人情味豊かなところですよ」

水本さんは長らく岩泉線の車掌を務め、格別な愛着をもっていた。

「紅葉の頃走る時、新聞紙を丸めて砂を入れて、走りながら砂を線路に撒いた経験がありますよ。今じゃとても許されないでしょうけどね」

舞い散ったばかりの落葉はまだ水分や脂肪を蓄えていて、その脂肪分で車輪が滑り、勾配やカーブを登りきれない時がある。時速五〇キロ走行が二〇キロくらいに落ちることがあり、そういう時にこの〝必殺技〟を使ったようだ。そんな苦労話を同級生の茂市久美子さんにしたら、素晴らしい童話ができあがった、というわけだった。

国鉄が分社して間もない頃、当時ＪＲ東日本の会長だった住田正二《すみだしょうじ》さんが「岩泉線を存続すべきかどうか」で、現地視察に来たことがあった。分社化したＪＲ東日本は企業として生き残らねばならず、地方の赤字線の存続は大きな課題だった。

住田さんは茂市〜岩泉間を往復して、「この路線に乗るのは老人ばかりだね」と、悲観的な感想を述べたが、水本さんは、「皆さん不便な処に住まわれて、宮古の病院に通っているんです。鉄道がなくなると大変です」。

住田さんはその言葉をきいて、「岩泉線は廃止しない」と言ってくれたそうである。

以来、岩泉線は長らく存続した。

「盲腸炎でしばらく入院していた時には顔なじみの乗客の皆さんが心配してくれたり、バレンタインデイには女子高生がチョコレートをくれたり、鹿が列車にぶつかって立ち往生した時なども、黙って我慢

浅内駅のホーム跡にて。風や雨の状態を告げる警報ランプが往時を偲ばせる

強く待っていてくれた」

水本さんはそんな岩泉線を心から愛していた。廃止となった今、水本さんはどんな気持ちなのだろうか。

一つめの停留所で早くもひとりきり

午前6時45分、駅前にバスが着いた。一〇人くらいの女高生が降りた。岩手和井内《いわてわいない》から乗り、茂市で乗り換え宮古の高校へ向かうようだ。まるでスクールバスのようである。

7時01分、折り返しの岩泉病院行きのバスに乗る。かつての時刻表通りだ。使い古しの旧型バスを想像していたが、クリーム色の車体の東日本交通バス（本社・岩泉町）は新車で、快適。ふわふわのクッションが高級サロンを思わせ、飲み物を置く台もあり、なかなか洒落ている。

しかし、乗客はわずか二人！ だった。

岩泉線はもともと過疎路線だった。土砂崩れの事故以前でも、全線を往復する列車は一日三本、そして茂市〜岩手和井内の区間往復一本、合わせて四本しかなかった。茂市発岩泉病院行きバス（茂市線）は一日四本、5時56分発、7時01分発、15時40分発、18時36分発と列車時代の時刻表にほぼ合わせている。「朝一番のバスに乗客はいるのか？」と運転士にきいてみると、「ほとんどいませんね」。

苦笑しながら若い運転士は答えた。折り返しのための運行か、と思う。とすれば、実質は一日三本しかない。

料金は最短が一四〇円、次区間は二一〇円。茂市線全線（茂市〜岩泉病院間）は七六〇円で、ＪＲ時代の鉄道料金とほぼ同じだ。ただし、所要時間はバスのほうが三〇分ほど余計にかかる。

すぐさま国道３４０号に出た。左には刈屋川《かりやがわ》の渓流が流れる。丘陵地の向こうに山々が立ちはだかり、路肩には早い秋を告げるかのようにコスモスが咲いていた。

7時10分、岩手刈屋着。

国道をそれ、狭い急坂を登り、旧駅前で止まる。駅名板はすでにはずされており、人の気配はない。リュックを肩にした乗客が降りて、もはやひとりだけになった。貸切状態である。

中里《なかさと》、岩手和井内と旧線にほぼ沿って野辺をゆく。車窓には穂を垂れる稲田、茶色に枯れるトウモロコシ畑が流れる。二車線の広い舗装道で、岩泉四〇キロ、葛巻《くずまき》七四キロの道路標識が見えた。

岩手和井内を過ぎ、日ノ沢橋を渡ると、いよいよ山間部へと入った。渓流沿いの旧道で、急カーブが続いた。すでに広葉樹林の深い森の中だ。

「もうすぐ押角だ」

と思うと、左側にレールが垣間見え、踏切があり、押角駅前に出た。以前は「押角駅」の道路標識があったはずだが今はない。駅前といえども周囲はうっそうとしたブナの森である。広場には雑草にまみれて、紫色の野菊が咲いている。よく見ると「立入禁止」の立札が掲げられ、渓流にかかる橋の向こうがホームに続く道である。

押角駅は長らく伝説の〝秘境駅〟だった。

単式の一面一線のホームだけで、駅舎や待合室、ベンチなど一切ない。周囲に集落はなく、一カ月に数人だけが利用するという過疎駅だった。かつてはスイッチバックがあり、C58形蒸気機関車が勇壮な峠越えに挑戦した。

山々は黄金の錦を織ったかのようだった

押角から浅内《あさない》が岩泉線のハイライトだ。大川の渓谷に沿って、カーブ、勾配、トンネル、鉄橋の連続するスリルと展望は、今ならば屈指の〝秘境路線〟として人気を誇ったことだろう。

これまで三度ほど岩泉線に乗った記憶はあるが、昭和五三（一九七八）年の岩泉線の秋の風景をぼくはいまだに忘れられないでいる。岩泉線が開通して間もなくの頃、宮古から乗り、龍泉洞を取材に行った時のことだ。この年はとりわけ見事な紅葉で、渓谷全体が燃え上がり、車窓一面がくれない色に染まる景観に息をのんだ。

もみじの橙、くぬぎの褐色、ななかまどの真紅、うるしの黄色……。新緑の山を讃える言葉に「万緑」という言葉があるが、紅葉の鮮やかさは「錦繍《きんしゅう》」というのが正しいのだろうか、山々は黄金の錦を織るように煌《きらび》やかだった。

その時「いつかどこかで見た風景だ」と思った。

突然、不思議な懐かしい郷愁に包みこまれたのだ。それがどこの風景か、いつのことだったのか、長らく思い出せないでいた。ところが思わぬところでこの風景と再会した。

近年、レンタルDVDで『夜の道』を観た時、「ああ、これだったのか!」と確信した。

『夜の道』は昭和三二(一九五七)年の〝鉄道西部劇〟ともいうべき映画で、ジェームズ・スチュアートとオーディ・マーフィが共演。鉄道員の父親に育てられた兄弟の物語で、蒸気列車の走るコロラドの雄大な渓谷を舞台に、山中の建設現場の労働者に給料を運ぶ兄と列車強盗を企む弟の対立を描いた西部劇である。

少年時代、ぼくは西部劇にはまっていた。一九六〇年代前半のことで、当時は映画が娯楽の中心だった。なかでもアメリカは憧れの国で、とりわけ西部の男たち、言葉少なく弱者の味方、目にも止まらぬ早撃ちのハリウッドスターはわれらがヒーローだったのだ。

大きなシネスコの画面いっぱいにコロラドの山並みが広がる。古風な蒸気機関車は燃えるような紅葉のなかを縫うように走り、眼下には白泡《しらあわ》を浮かべる渓流が流れる。高原の雄大な秋である。映画は兄のスチュアートがアコーディオンで「鉄道がなきゃ、遠くへゆけない」という鉄道唱歌を歌って聞かせ、父親と家族愛を思い出した弟のマーフィが改心し、兄弟二人で力を合わせ、強盗団と戦い、勝利するという単純なお話なのだが、当時西部劇ヒーローだったオーディ・マーフィが最後に強盗団の首領に撃たれるというハプニングがあり、何とも悲しい幕切れであった。それはともかく、この映画監督は西部の男たちのせめぎ合いよりも、コロラドの紅葉の美しさと果敢に走る蒸気機関車を観客に見せたかったのではなかったのか、と思わせるような映画だったのだ（レンタルＤＶＤでぜひご覧いただきたい）。

押角を過ぎると、列車は長さ三〇〇〇メートル近い押角トンネルをまっすぐに抜けたが、バスはジグザグの峠道を登った。国道といえども道は狭く、カーブの連続。渓谷の崖っぷちをすれすれに走ると、やっと天井が抜けて峠を越えた。いきなり青空が広がり、眼下に山の稜線が見える。九月下旬のことで紅葉には少し早く、まだ眼下は緑の海だが、秋ならば全山が燃え上がることだろう。

当初は耐火粘土の輸送目的で建設された

歴史をたどると、岩泉線はもともと旅客輸送が目的ではなかった。

戦時下に耐火煉瓦《れんが》の原料となる粘土の需要が高まり、押角、宇津野《うつの》付近の粘土鉱山が注目された。急遽採掘が行われ、その輸送のために昭和一七（一九四二）年、茂市～岩手和井内間が「小本線《おもと》」として開業した。もとは貨物が主流だったのだ。続いて二年後に岩手和井内～押角間が貨物専用線として開業。粘土鉱山から索道で押角駅まで粘土を輸送したという。その後も延伸は続き、昭和三二（一九五七）年に浅内まで。そしてやっと昭和四七（一九七二）年に浅内～岩泉間が開通し、「岩泉線」と改称された。

もともと過疎地であったため乗客は学生らと病院通いのお年寄りが中心で、開業当時から一日三本程

押角駅への道は鎖で遮られていた

度しか運行していなかった。

岩泉線の存続については事故以降も取り沙汰された。

ＪＲ東日本は平成二四（二〇一二）年三月三〇日、鉄道による復興は断念し、バスによる輸送を発表した。それによれば、大規模な岩盤崩壊の恐れのある箇所が二三カ所あり、列車運行に影響のある大きな落石の恐れのある箇所が八八カ所あること、少なくとも約一三〇億円の費用と長期にわたる工事が必要であることなどを論拠としていた。

これに対し、地元の伊達勝身岩泉町長は「復旧応援サイト」で、「住民決起大会による決議書、一万人以上の請願書名を携え、沿線住民の声を届け、鉄道の早期復旧を要望してきたが残念だ。一年八カ月の長さにわたり復興を待ち望んできた」と反発した。

また「一二二億円で復旧できる」と、山本正徳（宮古市長）、伊達勝身（岩泉町長）、上野善明（岩手県副知事）の三氏がＪＲ東日本本社を訪問した経緯もあった。その後も話し合いは続いたが、最終的に押角トンネルをバスで利用することを条件に、地元側はＪＲ東日本の提案を了承した。平成二五（二〇一四）年一一月八日、ＪＲ東日本は「廃止申請」を国土交通省に提出し、受諾された。

子どもたちの「岩泉線復興」メッセージが残っていた浅内駅

7時43分、宇津野通過。ここから浅内まで「フリー乗降エリア」になっており、どこからでも乗車でき、どこでも降りられる。お年寄りにとっては何よりの方策だろう。アラスカでは鉄道駅のフラッグストップがあり、旗を振れば停車してくれるという珍しい制度があったが、このバスはそれ以上のサービスだ。

ときどき大型トラックや乗用車と対面するが、バスはバックして呼応している。周囲は渓谷と山ばかりで、集落はなく、ときおり農家や廃屋が山中に点在している。

平井を通過し、大渡《おおわたり》を左折、大川集落へ入る。鉄道はトンネルで距離を稼ぐが、バスは駅への道をいったりきたりせねばならない。

大川駅前を素通りしてサンパワーおおかわで停車。サンパワー（総合交流センター）は集落の中心地だ。かつて岩手大川は沿線で最大の利用客がある駅だった。

ここでひとりのお年寄りが乗ってきた。耳が悪いのか、お婆さんは運転手にパンフレットを見せて、「ここへゆきたいんだが」「ああ、町民会館ですね」「いくらだい」「二四〇円です」平凡な会話だったが、なにしろ貸切状態だったので、お客さんが乗ったのが嬉しかった。

伏見、寄部口《よっぺぐち》を通過、ふたたび大渡に戻り、国道340号を進む。左右には岩泉線の鉄橋、水道橋のようなコンクリート橋が見え、眼下には大川が流れる。

8時13分、浅内着。浅内駅舎はそのまま残っていた。待合室の壁には子どもたちの絵が張られ、「岩泉線復興」のメッセージが残されている。さすがにJRも子どもたちの素朴な気持ちは消せないのだろう。

浅内から小本川の本流に沿って岩泉へ。岩泉線の鉄橋と何度もクロスしながら、二升石《にしょういし》駅前を通り、終着の岩泉病院へ。残念ながらバスは国道を直行し、岩泉駅へは立ち寄らなかった。

鉄道には「必ず来る」という信頼感があった

この日、岩手大川へ戻り、「大川屋旅館」に泊まった。なじみの宿で、毎夏イワナ釣りに通っていたことがあった。

白髪ながらお元気そうな畠山幹夫さん（七五歳）と世津子さん（七二歳）が歓迎してくれた。

大川屋旅館は創業八〇年、世津子さんの母親の代からはじまったという老舗《しにせ》、女系の宿である。そこへ郵便局に勤めていた幹夫さんが結婚して加わった。

「見合いだか、恋愛だか、わからぬままに結婚したようなもんで、そのまま宿業を手伝っています」

慎ましく、実直そうなご主人がほほ笑む。

「だんだん淋しくなりました。私の頃は学級が二つあり、五〇人ずつ生徒がいたのに、今は全校で一四人。中学校は去年廃校になりました。もう〝絶滅集落〟ですよ」

老いてもまだまだ勝気そうな世津子さんが皮肉を込めて自嘲する。

大川地区は標高三〇〇メートルだが、起伏が多く平坦地が少ない。田んぼが作れないため、林業（炭焼き）と牧畜（短角牛）が昔は盛んだったが、やがて燃料は石炭、石油がとって代わり、肉は安い輸入牛に押され、出稼ぎ村となった。若い人は都会に出るしか働く場所がない。

「ここでは〝蛍の光〟は卒業式の歌じゃないんですよ。友人たちが集団就職で汽車に乗る、その時の見送りの歌でした」

岩泉線の廃線はやはり影響があるのだろうか？　気になってきいてみた。

「廃線になってから心が寒くなりました。鉄道がいかに心の拠りどころだったかを身にしみて感じています。鉄道には必ず来るという信頼感がありました。今は〝捨てられたんだ、どうしよう〟という心境ですね。本数とか便利とかの問題じゃないんです。バスではそういう感情にはなりません」（世津子さん）「鉄道ファンもお客さんだったですよ。紅葉の時など押角トンネルを出る列車の写真を撮るファンが必ず来てくれました」（幹夫さん）

ＪＲ発足当時、一日一八〇人の利用があった乗客数は平成二一（二〇〇九）年度では一日四六人となり、二〇年間で約四分の一に減少している。六七路線あるＪＲ東日本の営業路線中、とびぬけた〝ワーストワン路線〟であった事実は間違いない。

それでも鉄道を、というせつなさはどこから来るのだろうか？

それは故郷への愛、思い出、郷愁、約束、信頼……鉄道には長い暮らしのなかで培われた人々との絆《きずな》があったからだ。今、その歴史の糸が途切れたのだ。

鉄道路線の消滅は人と風土の歴史を消し去ってしまったようだ。

（平成二七年九月取材）

【米坂線】
東洋の桃源郷ラインをゆく

別れ方は〝あっさり〟形

平成二〇（二〇〇八）年から新たにはじめたぼくの〝鉄道路線・乗りつぶし地図〟は、すでに大半の路線が色鉛筆で塗りつぶされている。どん行列車に乗ること、昼行であること、駅名標の写真を撮ることなどを義務づけており、一般の乗りつぶしよりかなり条件を厳しくしている。とくに特急は除外しているので、困難がともなう。今なおいくつかの未踏線（盲腸線が多い）が残っているが、主要路線では米坂線《よねさか》だけが白線のまま残り、ずっと気がかりになっていた。

米坂線はついでに回る、ということがなかなか困難な路線だ。

越後下関を出発したキハ110系。東北地方ではおなじみの車両

羽越《うえつ》本線の坂町《さかまち》、奥羽本線の米沢《よねざわ》という比較的地味な町が起点で、取り立てて沿線に名所があるというわけでもない。グルメといえば米沢牛くらいでほかにはさほど期待できない。三〇年ほど前に乗ったことがあるが、〝山＆渓谷線〟のイメージしか脳裏には残っていなかった。その時すでにキューロク（９６００形蒸気機関車）は姿を消していたが、米沢から新潟へ気動車で駆け抜けたという記憶があった。

さて、今回はその米坂線に挑んだ。九月のはじめ、猛暑続きだった東京は、思い出したかのように少し早い秋雨が降り始め、あわてて夏蝉が最後の季節を惜しむように鳴いていた。

上越新幹線で新潟へ。

「とき３１３号」は、途中、大宮に停車しただけで10時49分、定時に新潟に到着した。

これから乗車する「いなほ５号」の短い旅を楽し

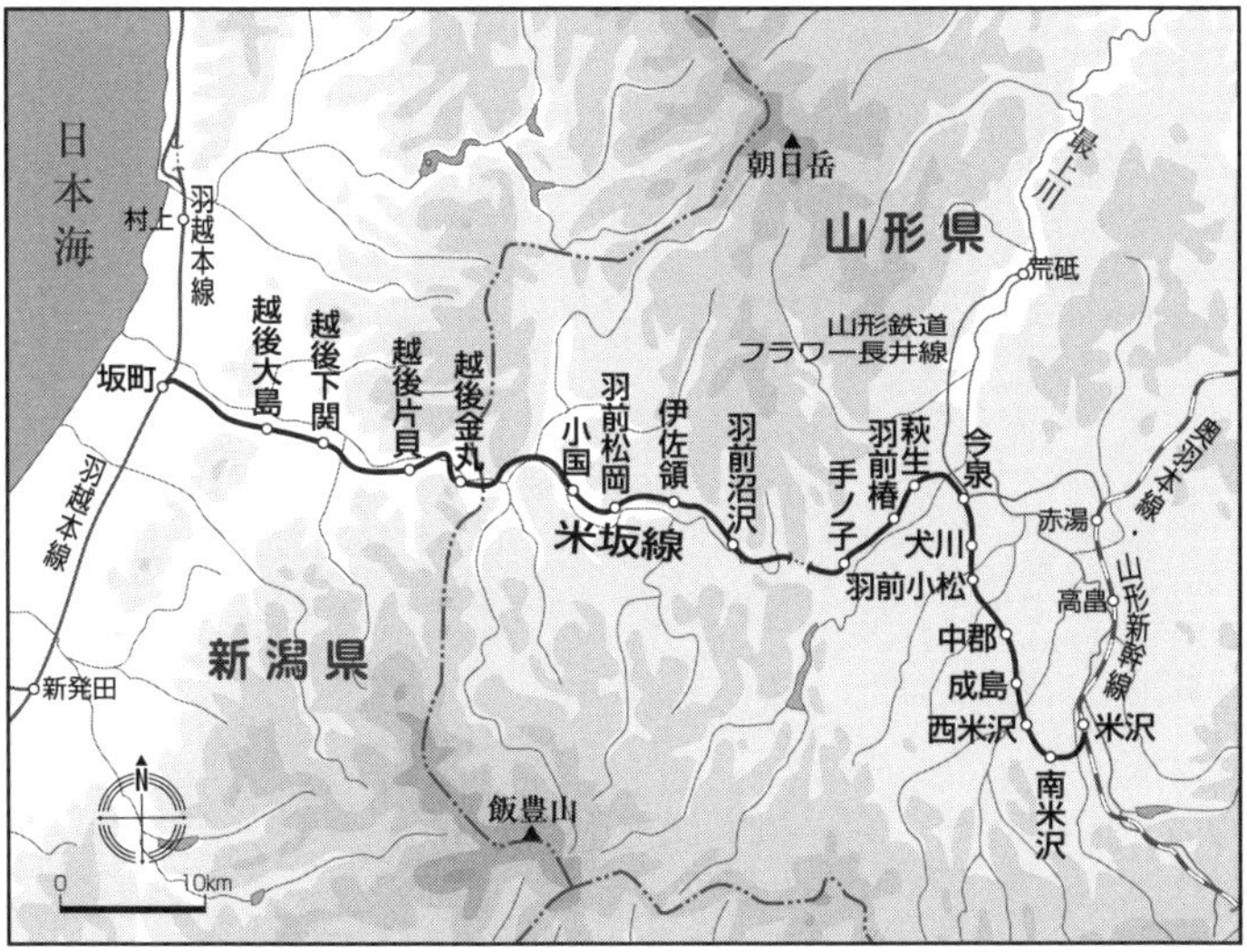

むため「鮭はらこ弁当」を購入し、ついでにブランド酒「越乃寒梅《こしのかんぱい》」と「八海山《はっかいさん》」の二本の小壜をセットした「酒袋」を車中の友とした。

白新《はくしん》線内の豊栄《とよさか》、羽越本線と合流する新発田《しばた》、三駅先の中条《なかじょう》と特急ながらこまめに停車し、四つ目が米坂線の起点駅、坂町となった。

坂町は村上市に合併された旧荒川町の中心駅で、昭和初期の米坂線の開通にともなって機関区が設置され、鉄道の町として知られた。その名残りだろうか、駅前にはデゴイチ（D51形）の動輪が展示されていた。その後、機関区と貨物扱いが廃止されて、広い構内は夏草が生い茂り、夏の終わりのけだるい午後の空気に包まれていた。

いよいよ米坂線の旅のはじまりである。

13時34分発の米坂線１１３０Ｄに乗り込む。

ワンマン列車はゆっくりと加速しながら羽越本線を横断し、構内のはずれで進路を変える。作家の宮脇俊三さんは、二路線の合流と分離について語り、一定区間本線と併走して、しずしずと離れていく〝未練残し〟形と、構内を出はずれるやいなや向きを変える〝あっさり〟形に分類したが、米坂線は〝あっさり〟形の分かれ方で、右に九〇度近いカーブを取って東へと向かった。

すでに黄金色に色づいた稲穂が頭を垂れ、秋近しの田園風景。平成七（一九九五）年までは、次駅となる越後大島との間に花立《はなだて》駅があったが、利用者の減少で廃止されている。徐々に荒川が近づき、しばし川と併走すると越後大島に到着。

ふたたび一面の水田に囲まれながら五分ほど走ると越後下関（しもせき、と読む。藩政時代に上関があったため）に到着。ここで数人の乗客が入れ替わった。その降車客に混じって下車。駅舎はコンクリート造りの平屋で、駅出入口に掲示された「財産標」を見ると、昭和四九（一九七四）年一一月八日と記されていた。

路線策定から全線開通まで半世紀を要す

越後下関駅のある関川村は、山間部を流れ下ってきた荒川が平野部へと至り、沖積平野を形成する入口にあたる。

藩政時代は米沢藩に属し、越後と米沢を結ぶ越後米沢街道の宿場町として賑わった。荒川の水利に恵まれた稲作地帯だったが、明治以降は、鉄道建設が遅れ、時代の波に乗り遅れた。その代わりといってはなんだが、藩政時代の街並がよく保存され、近郊には五つの温泉が湧出するなど静かな歴史の町の風情が漂う。

「柳とせせらぎ通り」と名づけられた街並が五〇〇メートルほど残っていた。通りに沿って年輪を刻んだ建物群が軒を連ねる。国の重要文化財指定の「渡邉邸《わたなべてい》」を見学した。

渡邉邸は、村上藩家臣だった渡邉儀右エ門《ぎえもん》善高がこの地に隠居して移り住んだことからはじまる。初代の屋敷は火災で焼失したが、文化一四（一八一七）年に再建された母屋《おもや》が現在まで残されている。江戸時代は庄屋、金融業、明治以降は酒造業、廻船業で財を成したといわれ、母屋は約五〇〇坪、四〇室を有し、最盛期の使用人は七五人を数えた。二〇〇年前とはいえ現代のホテル並みの規模である。三〇〇〇坪の敷地には池をめぐらせた日本庭園があり、母屋の周囲に金蔵、米蔵、味噌蔵など六つの蔵が建てられている。

豪商としては酒田の本間《ほんま》家が知られるが、こちらも相当なものである。三代目善久は財政難だった米沢藩に融資、幕末までに総額一〇万両を用立てたといわれる。江戸時代の日本は鎖国、貧困、身分差の時代と教科書で学んだが、一方でこうした豪商が各地にいたのは驚きであった。

荒川河岸には五つの温泉が湧出している。湯沢、雲母《きら》、高瀬、鷹ノ巣、桂の関がそれだが、この日は雲母温泉のとある旅館に泊まった。

旅館・寿荘は小高い山側にあり、米坂線の列車が眺められる絶好のロケーションにある。迎えに出た主人は小太りだが、丸顔のなかに少年のような好奇心に満ちた瞳が光っている。一方、奥方はきびきびしており、食事の用意や段取りに抜かりがない。見知らぬ土地へ来て、いい宿に出会うのは幸いである。

越後の銘酒、「〆張鶴《しめはりづる》」の冷酒を飲みながら、宿の主人、伊藤泰雄さんと歓談した。

「もとは町の鍛冶屋だったんです。昭和二三（一九四八）年の水害で浸水して、ここへ引っ越してきました。温泉宿を始めたのは父親の代からで、もう六〇年続けていますが、当時は五軒旅館があって、みんなで米坂線の終列車が通るまでは空部屋でも電気を点けておこうってね。最終は九時頃だったんです

今泉駅に停車中のディーゼルカー

が、周囲が暗い山だから、潰れちゃったんじゃないかと邪推されるのがいやでしてね」

米坂線は九〇・七キロの地方交通線だ。坂町と米沢を結び、日本海沿岸と内陸部でそれぞれ羽越本線と奥羽本線に連絡する。しかし、その間には俗に〝十三峠〟といわれる険しい山峡が立ちはだかっている。どうしてこんな深山幽谷《しんざんゆうこく》の地に鉄道が敷かれたのだろうか？

「もともと越後米沢街道があり、越後からは〝上り荷〟といって塩や海産物が運ばれ、米沢からは〝下り荷〟といって、米やたばこが運ばれていたんです。関川は藩政時代、米沢藩に仕えていましたから新潟よりも城主の町、米沢への鉄道がほしかったんですね」

米坂線の路線決定までにはいろいろ曲折があった。

手渡された『関川村史』をめくると、明治二三（一八九〇）年、当時の鉄道省で策定した二三路線に入ったはいいが、その後の開通までが長かった。山間僻地《さんかんへきち》のため取り残され、なかなか着工にまで至らなかった。

当時の関谷村村長、渡邉善郷（渡邉家一〇代目当主）は大正七（一九一八）年、県会議員の加藤勝弥に協力を求め、中央に対し積極的に運動を展開する。ところが村上町が反対した。当時村上駅にあった機関庫が坂町に移り、繁栄が坂町に移ることを懸念したのだ。

一方、鉄道省では今泉〜坂町を今坂線とし、今泉からは長井線に結んで山形に延長する路線が計画されていた。これに対しては米沢が反対した。米沢にとって越後米沢街道は藩政時代からの〝塩の道〟であり、海産物が入る生活道だったからだ。

大正八（一九一九）年、村長は「米坂線期成同盟会」を設立、国へ陳情する。「米坂線ができれば新潟〜米沢は磐越回りと比べて七七哩《マイル》（一二三・二キロ）近くなり、山形とは羽越回りと比べて六三哩（一〇〇・八キロ）近くなる。仙山線《せんざん》ができれば、東北の横断鉄道となり、主要線になると思う」（村長記）

大正九（一九二〇）年、ようやく予算が決定し、坂町〜今泉間は大正一二（一九二三）年から測量に入った。しかし同年に関東大震災があり、その後世界的な経済不況に直面して着工には至らない。大正一五（一九二六）年、ようやく米沢〜今泉間の「東線」が開通したが、「西線」の坂町〜越後下関間は昭和六（一九三一）年まで待たねばならなかった。同時に、今泉〜手ノ子《てのこ》間も延伸した。当時の新聞記事がその興奮を伝えている。

——鉄道開通の喜び、けふぞ待たれた米坂線は東西両線五駅の開業を行ふ。（中略）長い年月、地方民から待たれた鉄道だけに関係者はけふのこの喜びを如何に祝福することであろう。鉄道開けて文化おこり産業の隆盛は言を待たない処である。十日午前五時二十分村上を出る下関駅行列車が晴れの開通初列車となるのである。汽笛一声、汽車は煙を吐いて動く。

（「新潟毎日新聞」、昭和六年八月一〇日付）

米坂線が全線開通したのは、さらに五年後の昭和一一（一九三六）年八月のことだった。路線策定以来、半世紀の歳月を要した。地方へ鉄道を誘致することの困難さが村史を読むとしみじみと伝わってくる。

「でもね、ここ一〇年来、廃止の声が絶えないんですよ。沿線住民は反対していますが」

主人は心もとなくつぶやいた。

山形新幹線が誕生以来、軌間の異なる米坂線は〝陸の孤島〟状態である。かつては仙台～新潟間を直結する急行「あさひ」が走っていたが、もはや遠い昔の夢となりつつある。

連続する橋梁、そして二〇パーミルを超える急坂

越後下関～今泉間が米坂線の車窓のハイライトだ。

列車は荒川の渓流沿いの険しい山岳地帯を走る。

午前7時30分、越後下関を出たキハ110形とキハE120形の二両編成は、徐々に高度を上げ、越後片貝《かたかい》との中間部で最初のトンネルをくぐった。ここから小国までは峠越えの区間で線路は右に左にとカーブを繰り返し、エンジン音も高まる。

列車は荒川の本流を四回越えるが、その支流に架けられた橋梁も多く、越後片貝～越後金丸《かなまる》間は九本、次の小国《おぐに》までに一〇本の橋梁を渡る。越後片貝～小国間は一四・八キロだから、実に約七八〇メートルごとに一つの橋梁を渡る計算となる。

県境を越え、山形県側で最初の停車駅となる小国は、山間の盆地に開けた街で、世界有数のシリコンウエハーのメーカーとなっているコバレントマテリアル（現・クアーズテック、旧・東芝セラミックス）が大規模な工場を構え、地域経済の中心となっている。かつては工場への原材料の搬入と製品の出荷、木材の積み出しにと貨物列車が運行されていたが、旅客専用線となった現在は、物静かなローカル線の駅と変わり果てていた。

小国を出た列車は時おり緩やかなカーブを描きながら小国盆地を進む。羽前松岡《うぜんまつおか》を過ぎ伊佐領《いさりょう》までは小さな峠を一つ越えるだけだが、伊佐領を出ると宇津《うつ》峠に向かう上り一方の峠道となり二〇パーミルを超える急坂が連続する。強力なエンジンを備えるディーゼルカーは軽々と峠を越えて行くが、蒸気機関車時代は線内最大の難所として知られていた。

米坂線の最高地点は、宇津トンネルの西側で標高三六三メートル。東の手ノ子駅が二六五・五メートルなので、一〇〇メートルほどの標高差を上り下りするわけだ。手ノ子から次の羽前椿まではだらだらと勾配を下り、さらにその次の萩生《はぎゅう》に至ると線路の先には置賜《おきたま》盆地が広がる。

今泉で二五分の停車があった。

昔のどん行列車は三〇分、四〇分と列車交換の待ち合わせは普通だったが、今頃は珍しい。途中下車して駅の外に出た。

今泉は宮脇俊三さんの『時刻表昭和史』のなかで特記すべき駅である。戦争中、村上に疎開していた宮脇さんは、政治家だった父親に連れられて、村上から山形県の大石田《おおいしだ》の鉱山視察にゆくが、その帰りに米坂線を通り、今泉の駅で終戦を迎えた。昭和二〇（一九四五）年、八月一五日の暑い夏の日のことである。

父からは「いいか、どんな放送であっても黙っているのだぞ」と念を押されていた。昭和天皇が日本の敗戦を決したいわゆる「玉音《ぎょくおん》放送」だったが、雑音が多くて、聞き取れなかった。放送が終わっても人々は黙ったまま棒のように立っていた。時は止まったようだったが、坂町行きの109列車はその時ホームに入ってきた。「機関士たちは玉音放送を聞かなかったのだろうか」と宮脇さんは思う。日本の汽車は歴史的時刻を無視して、時刻表通り律儀に走っていたのだ。

あれから六九年の歳月が経った。今泉は旧国鉄のローカル駅の面影を残し、当時のままのようであったが、駅前は閑散としており、この広場に村中の人々が集まった、とは信じられないくらいの静けさだ。

オニヤンマが駅舎の屋根をかすめて飛んで行った。夏の終わりの日差しのなかに、ぼくはひとり立っていた。

米坂線は『日本奥地紀行』のルートだった

今泉から羽前小松までは、犬川をはさみ、置賜平野の稲穂を見ながら列車は軽やかに快走した。羽前小松下車。上り線ホームの脇には小さな広場が設けられ、白い椅子と鐘台が置いてある。「恋咲く

越後下関からはトンネルや橋梁が連続し、峠越えの雰囲気となる

イザベル」と大書きされた看板があった。

——1878（明治11）年旧上小松村（現川西町上小松）を訪れた英国人女性旅行作家のイザベラ・ルーシー・バード女史は、70kmにもおよぶ越後街道十三峠を踏破し、眼下に見下ろす米沢平野を眺め東洋のアルカディア（楽園）と絶賛したといわれる。（原文のまま）

そうか、米坂線のルートはかのイザベラ・バードが辿った道だったのか！

目からウロコだった。明治初期、バードが東北の知られざる道をたどり蝦夷《えぞ》地まで探索したのは知っていた。彼女が残した『日本奥地紀行』はぼくら紀行作家にはバイブルのようなものだからだ。

バードは一八歳の伊藤鶴吉を従者兼通訳に雇い、二人で明治時代の日本の辺境を探索した。四七歳という〝高齢〟にもかかわらず、道中蚊や虻《あぶ》に刺され、村民からは好奇の目で見られ、駄馬に振り落とされながらも「本当の日本が知りたい」と僻地をめぐり歩いた。その意志と勇気には平成の作家など足元にも及ばない。

旅は発見である。実際に来てみないと、風土や歴史はわからない。書くことがあるだろうか、何もないのではないか……と内心危惧していた米坂線は、人間と歴史の色彩に美しく染めあげられたアルカディア・ライン（桃源郷路線）だったのだ。

さらに発見と出会いは続いた。

東京神田の居酒屋「樽平《たるへい》」で知られる蔵元が小松にあるというのだ。JR神田駅近くにあり、若い頃仲間とよく行った居酒屋である。山形の山海の幸がそろい、酒がうまく安くていい店だった。「樽平」「住吉」のブランド名が懐かしい。

二〇〇〇年という古民家と蔵を当時のままに使っている「樽平酒造」は、酒蔵見学可能というので行ってみた。

創業は元禄年間の一六九五年。銘柄である「銀住吉」は、日本酒通の間で人気の高い銘柄で、創業時とほぼ変わらぬ杉の木桶を使った手法で醸造されている。

案内してくれた一二代当主の井上京七さんは八〇歳とはとても思えぬ顔の艶、声の張りで驚かされるが、実は作家の井上ひさしとは同郷。しかも縁者で同級生だった。

「うちが本家で、ひさし君とこは分家で、薬屋ですた。小さい時にお父さんが亡くなられ、母親と兄弟三人で頑張った。上智大学の学生の時、会いに行ったら、浅草のストリップ劇場の二階でシナリオを書いていた。〝三文文士じゃだめだ。賞取ろうよ〟と励ましたもんだ」

井上翁の助言があってか、井上ひさしはその後『ひょっこりひょうたん島』で人気を勝ち得、直木賞、読売文学賞、日本SF大賞などを受賞。作家として大輪の花を咲かせた。

米坂線のことに話が及ぶと、

「祖父の井上庄七が開通のために努力すますた。県会議員をすておって、関川村の渡邉さんと組んで成功すたのです」

渡邉家が土地を提供し、井上氏が建設資金の援助をした、という。

「人の上に立つ人は、世のため人のために働かなくちゃ、だめだ」

現代の政治家諸氏にお聞かせしたい〆《しめ》のお言葉であった。

（平成二六年九月取材）

【京都丹後鉄道】

〝青たん〟で辿る丹後王国

本貫の地・丹後を想う

思えば、丹後《たんご》は近くなった。

東京から新幹線で京都へ。京都から接続の特急に乗れば、昼前には天橋立《あまのはしだて》に着く。天橋立は「日本三景」のひとつ、丹後の一大観光地だ。

実は、丹後はぼくの本貫《ほんがん》の地である。京都府京丹後市峰山町《みねやま》――、この本籍地は今も変えていない。

丹後は古代に王国があり、浦島太郎や織姫《おりひめ》など伝説の地である。中世から近世には細川ガラシャ、和泉式部、小野小町、静御前など、歴史のなかで翻弄された悲運な女性たちゆかりの地であり、また都か

雪舟も鳥瞰図を描いた日本三景のひとつ、天橋立

ら遠く離れるため、左遷や遠流《おんる》、流刑の地ともなっている。

　裏日本のうらぶれた淡い光の中に不思議な物語や悲しい伝説が埋もれ、今も変わらぬ日本海が荒波を立てている。そんな辺境への旅情が心をくすぐるのかもしれない。戦後間もなく三重県の疎開先で生まれ、名古屋で育ったぼくには本当の故郷といえるところがない。丹後は一族の眠る遠い本貫の地なのである。

　少年時代、しばしば両親に連れられて丹後へ行った。墓参りと縁者への挨拶が目的だったが、その当時、丹後へ行くのは大変だった。京都からの山陰本線は非電化で、すべて単線だった。そのため列車交換が多く、たとえ特急でも二〇分くらいの待ち合わせは当たり前だった。ホームに出て、顔を洗い、体操をしたものだ。当時峰山への列車は福知山《ふくちやま》から舞《まい》鶴《づる》線に入り、西舞鶴から列車は逆向きになって宮津《みやづ》

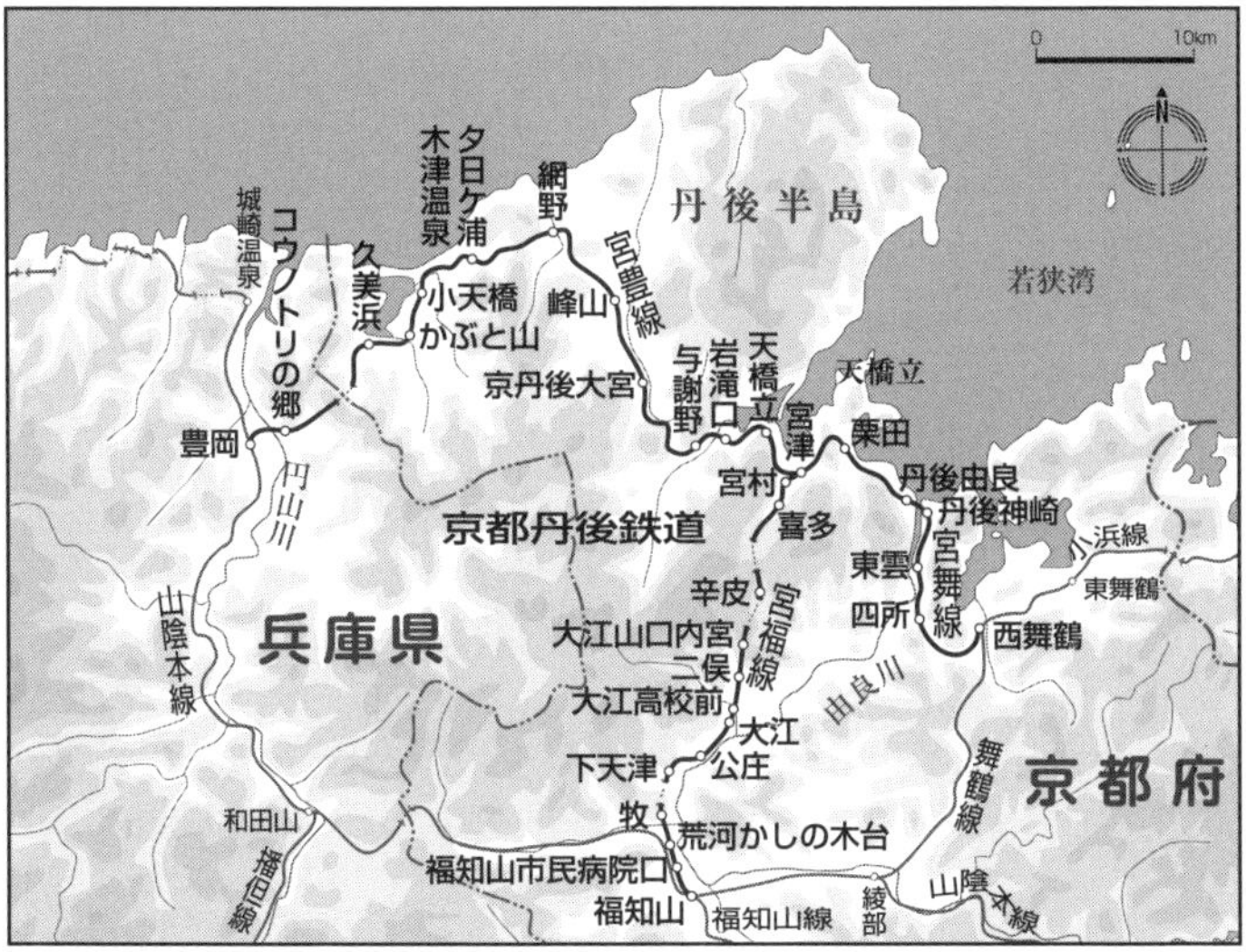

線に入った。京都から直通の急行に乗っても、天橋立止まりで、そこから先はどん行列車だった。手元にある昭和四二（一九六七）年一〇月号の時刻表（交通公社発刊五〇〇号記念号）を見ると、京都発9時20分急行「丹後1号」が天橋立に着くのが11時53分。さらに接続する宮津線は13時33分までなく、峰山着は14時12分。京都から実に五時間もかかったわけである。

さて、平成の今は東京を朝6時50分の「のぞみ7号」に乗り、京都で9時25分発特急「はしだて1号」に乗り継ぐ。京都駅の端にある山陰本線ホームは新幹線ホームからかなり離れているため、乗り継ぎは最低一〇分ほど余裕がなければならない。ホームで待つ「はしだて1号」は旧国鉄カラーの懐かしい183系電車だった。

朝の山陰道はさわやかだ。保津峡《ほづきょう》（今はトンネルばかりだが）を経て、亀岡へ。園部《そのべ》、綾部《あやべ》など澄み切った田園地帯を経て、一時間ほど揺られると、10時40分、福知山に着く。天橋立へ直行できるが、福知山で下車し、あえて北近畿タンゴ鉄道（現・京都丹後鉄道）の単行列車に乗った。

この紀行は〝急ぎ旅〟が目的ではない。

空いた席にゆったりと足を伸ばして、〝ポケ角〟をひそやかに飲み、緩やかに流れる車窓風景を眺めることを目的としている。だから、〝極上の旅〟は各駅停車にある、というのがぼくの旅の信念である。

しかし、福知山11時09分発、どん行の単行列車は意外にも満員だった。平日のこの時間なのに、どうして？　と思ったら、親子同伴の園児の遠足だった。バス利用が通常なのに、と思ったが、少しでも地方鉄道を活気づけようとする地元の配慮なのだろうか、あるいは「鉄道に乗りたい」という園児たちの希望だったのだろうか、いずれにしても赤字続きの北近畿タンゴ鉄道は、園児たちに感謝せねばならないだろう。園児らの声に車内は珍しく華やいでいた。

福知山市民病院口、荒河《あらが》かしの木台《きだい》、牧、下天津《しもあまづ》と二、三分刻みで列車は停車した。駅間距離は短く、バスの感覚だ。これも地方小鉄道のサービスなのだろう。

福知山市街を抜けて、列車は由良川《ゆらがわ》の堰堤《えんてい》を見ながら、平凡な田園風景のなかを走る。農家の畑では枝豆やレタス、山芋などの野菜が植わっている。昔は北丹《ほくたん》鉄道が福知山から河守《こうもり》へと走っていた。今乗る路線は当時と同じ路線なのだろうか？

第三セクター・北近畿タンゴ鉄道の前身は宮福鉄道で、昭和五七（一九八二）年に設立された。平成元（一九八九）年に北近畿タンゴ鉄道と改称、丹後という地名と明るい民族音楽のタンゴにかけたようである。

その後、ＪＲ宮津線の運営も引き継いだ。路線は宮福線（宮津〜福知山、三〇・四キロ）、宮津線（西舞鶴〜豊岡《とよおか》、八三・六キロ）の二つあり、両方合わせると一一四キロと営業路線は長いが、ほかの地方の第三セクターと同様にここも赤字が続いている。平成二一（二〇〇九）年には全国一の赤字路線になってしまった！

大江《おおえ》で親子連れの遠足客が降りた。車内を見渡すと残った乗客は三人だけとなってしまった。

大江山の麓に元伊勢神社があった

――大江山いく野の道の遠ければ　まだふみもみず天の橋立

和泉式部の娘、小式部内侍《こしきぶのないし》が母をしのんでうたった歌だ。いく野（生野）は福知山の古名である。和泉式部は王朝時代の恋多き女で、さまざまな恋愛の末、藤原保昌《ふじわらのやすまさ》と再婚し、任地の丹後へと赴く。小式部は最初の夫との間にできた愛娘《まなむすめ》で、母親の血を受け継ぐ才媛だったが、わずか二〇代でこの世を去ってしまう。京にありて母をしのぶ小式部の心境はいかがなものであったか。平安京の時代、大江までは遠路だったろうし、またこの山には鬼が住む、という伝説もあった。ましてや山を越えての丹後の地はさい果ての異境にも等しかったかもしれない。

11時38分、大江山口内宮《おおえやまぐちないく》。

途中下車して皇大神社《こうたい》（内宮）に向かう。駅から神社へは一五分ほど歩くが、小川が流れ、柿が実り、白壁と黒瓦屋根の民家が続く、穏やかな里山だった。いかにも古代の神話が息づくような日本の原形のような風景である。

三〇〇段の階段を上ると、うっそうとした古木に囲まれて皇大神社があった。杉の巨木は樹齢二〇〇〇年という。空気は澄んで、山の冷気が伝わり、静寂である。珍しい黒い鳥居が立ち、若い神官がひとり祝詞《のりと》をあげていた。

宮津線峰山駅には織り機をモチーフにした跨線橋がある

時代はいつしか遠のいて、万葉の世にたたずむようである。

神社の由来が書かれた案内板を読んで驚いた。伊勢神宮ができる前、ここに天照大神《あまてらすおおみかみ》が住まわれていた、と記されている。天照大神は日本人の始祖神だが、安泰の地、伊勢が見つかる前までここに鎮座した。ちなみに近くには豊受大神社《とゆけだいじんじゃ》（外宮）もあり、宮川や宇治橋という地名もある。それゆえここは元伊勢神宮といわれ、明治、大正の頃、一円の人々はこの神社に初詣でをしたという。つまり、ここは伊勢神宮のルーツというわけだ。

『丹後国風土記』には羽衣《はごろも》伝説が書かれている。天から降りてきた天女は丹後比治山《ひじやま》の真奈井ノ池《まないのいけ》で水浴していたが、和奈佐《わなさ》という老夫婦に羽衣を隠され、天に帰れなくなり、仕方なくこの老夫婦の子になるのだが、そこで天女は万病に効く酒を造り、老夫婦は裕福になった。ところが、老夫婦は天女に自分たちの子ではないからといって、家から追い出してしまう。嘆き悲しんだ天女は丹後一円をめぐり、最後に奈具《なぐ》村（京丹後市弥生町）に着き、「わが心なぐしくなりぬ（私の心は穏やかになりました）」といってこの村に住み、豊受大神《とようけのおおみかみ》として、この地の奈具神社に祀られたという。

伊勢神宮は内宮と外宮の二つの社から成り、内宮は天照大神を祭主とし、外宮は豊受大神を祀っている。つまり天皇家の祭神である天照大神と豊受大神は、丹後から出て、伊勢神宮で結ばれているのだ。

ぼくが生まれたのは三重県多気《たき》郡宮川《みやがわ》村（現・大台《おおだい》町）で、大台ヶ原の麓、宮川の源流の村である。名古屋に住んでいた家族が戦火を逃れて疎開し、終戦後ぼくは生まれた。宮川は大台ヶ原に源流をもち、伊勢湾に注ぐ名川である。その支流の五十鈴《いすず》川は伊勢神宮のお清めの川だ。思えば、ぼくのルーツ・丹後と生まれ故郷の三重県宮川村は太古の神々の間でつながっていたのである。

そういえば大江山はまた伝説の酒呑童子《しゅてんどうじ》の住まうところでもある。どうやらぼくはその正統な血を受け継いでいるようで、夕暮れが迫ると、鬼気おびて、紅灯《こうとう》の巷《ちまた》をさまようといった奇癖がある。

車窓に流れる風景を見ながら、わが血族の来歴を想像し（そういえば父親もアル中気味の人で、毎夜の酒席は欠かさなかった）、ジャケットにしのばせた〝ポケ角〟を一口ゴクリと飲る。ポケット角瓶はわが生涯の伴侶、列車は想像力を逞しくしてくれる魔法の乗りものだ。

天橋立を世界遺産に、北近畿タンゴ鉄道を守ろう！

天橋立は阿蘇海《あそかい》と日本海を分かつ砂州で、全長三・六キロ、幅二〇〜一七〇メートル。白砂青松の景勝地で、松島、宮島と並ぶ〝日本三景〟の一つである。北近畿タンゴ鉄道の天橋立駅から歩いていける観光地で、約五〇〇〇本の松がその昔から青々と茂っている。

平成一六（二〇〇四）年の台風で約二〇〇本の松が倒れた。地元もマスコミも「一大事！」と松の保護を訴えた。

天橋立の老舗旅館「文殊荘《もんじゅそう》」を経営する幾世淳紀さんがリーダーになり、「天橋立名松リバース実行委員会」を立ち上げ、倒れた松を再利用しようと運動をはじめた。

「一〇〇万円を寄贈する団体がおられましてね。てっきりその方々は、新しく植樹するためにと思われ

たのですが。ご説明するのに大変でした」（幾世さん）

というのは、五〇〇年前、雪舟《せっしゅう》の頃、松は一〇〇〇本くらいしかなかった。今は五〇〇〇本に増殖している。昔、人は落葉や枝を家に持ち帰り、燃料に利用していた。その必要がなくなってから、松は次第に富栄養化し、数は増えていく。砂州は限られた面積しかない。過密になると共倒れの危機がある。台風はいわば自然の間引きだったのだ。

「私たちは、人と松との共生を図るために倒木松を再生することをめざしています。ベンチや看板、標識や文殊菩薩像を作ったりしながら、松の香りただよう町づくりをめざしているのです」

松のもつ不思議な力に心打たれる、と幾世さんは語る。

「乾燥地でも根を生やし、強くて繊細、そんな孤高の姿に魅かれるんです」

幾世さんはかつて国鉄宮津線が廃止対象になったときも、地元で存続運動をしつつ、東京まで足を運び、国鉄本社や関係官庁に陳情した。幟を持ち、鉢巻き姿で現れ、官庁担当者もその熱心さに驚いた。

「鉄道は地域の足ばかりではなく、地方を育てる文化の一つなのですよ。鉄道がなくなればこの地方は陸の孤島になりかねない」

そうした市民の働きかけもあり、宮津線は北近畿タンゴ鉄道として第二の道を歩んできた。たった一両だけの〝青たん〟列車（水色の車体にちなむ愛称）が風土のシンボルとなり旅の風物詩が生まれた。

峰山で下車、祖先の眠る寺に詣でる

天橋立から豊岡へ、ふたたび〝青たん〟に乗る。

右手に阿蘇海が広がり、天橋立が見える。北近畿タンゴ鉄道で一番の絶景だろう。水平線上に細長く続く砂州は、確かに天然のものとしては出来過ぎである。

『丹後国風土記』では、天橋立は天へと昇る架け橋で、天上世界と地上とを結ぶ通路であった。女神・伊射奈美《いざなみ》に会うため、地上に降りた伊射奈岐命《いざなぎのみこと》が、つい寝込んでいるうちに倒れて今の形になったと伝えられている。

ならば、やはり丹後は天孫降臨の地であったのか、神々はこの架け橋を降りて、地上を眺め、大江山に住まわれたのだろうか？

対岸の府中地区に籠《この》神社があり、ここも元伊勢神宮を名乗っている。九州の高千穂《たかちほ》が天孫降臨の地として知られるが、まだまだ確証はない。丹後もその一つの可能性として、今後ぜひ学問的な調査をお願いしたいところだ。

阿蘇海が遠ざかると、〝青たん〟は内陸部に向かう。

のどかな田園風景が広がる。

14時39分、野田川（現・与謝野《よさの》）。

三角屋根の和風駅だ。以前は丹後山田といった。昭和六〇（一九八五）年までここには加悦《かや》鉄道があった。加悦鉄道はこの地方の名産の丹後ちりめんを加悦谷から舞鶴まで運ぶために作られ、のちに大江山麓にニッケル鉱山が開発されると、鉱石を岩滝口《いわたきぐち》まで運ぶ産業鉄道となった。しかし、ちりめんも鉱山も衰退した後、全国のどこのローカル線と同じように廃線の運命となった。

その昔、加悦鉄道に乗ったことがあった。わずかに五・七キロ、所要は二〇分足らずだったと思う。大江山連峰を車窓に見ながら、一両だけの小さなディーゼルカーが地元の人々を乗せて、野辺を一直線に走っていた。床におかれた大きな荷物は京都へ卸《おろし》に行くちりめん布の袋だった。昭和四〇年代、この地にはちりめんを売り歩く行商人が多くいたのだ。

終着駅の加悦駅は大正モダンの香りが漂う赤瓦の二階屋で、駅前の車両基地の転車台にはクラシックな蒸気機関車が煙をあげていた。まさに〝おらほの鉄道〟という郷愁が漂っていた。

14時52分、峰山。

ここここそわが本貫の地である。途中下車して、ご先祖様のお墓参りをする。寺は町の中心街のはずれにある。

祖先は峰山藩という小さな藩の殿様・京極《きょうごく》家に代々つかえた藩士であった。寺の過去帳では二八代続いており、地元ではいわば名門ファミリーなのである。江戸中期に蘆原 十兵衛《あしはらじゅうべえ》という男が藩の武芸指南役となり、江戸へ出て活躍したというが、以降はあまりぱっとせず明治維新を迎えた。維新の時、京極峰山藩は幕府方だったため、藩士の多くは減禄され、窮地に追い込まれた。

祖父・蘆原甫《はじめ》（祖父の代まで旧字だった）は、一八歳の時に家出をして、新政府軍の福知山連隊に入り、軍人をめざした。当時は戊辰戦争などがあり、旧幕府側の藩は新政府と戦ったが、落ちぶれた藩士たちは行き場をなくし、新政府軍に入隊した者も多かった。

西南戦争は薩摩藩の旧士族と新政府軍との熊本での戦いだったが、この戦争は古い時代のサムライと新時代の兵士が戦った最後の内戦といえるだろう。士族同士が血で血を洗ったのだ。祖父は小倉第一四連隊に所属しており、乃木希典《のぎまれすけ》（当時は少佐）の配下で田原坂《たばるざか》の戦いに挑んだ。その時、新政府軍の象徴だった連隊旗を奪われ、乃木は天皇に詫びて切腹を企てるが、それを諫《いさ》め、負傷した乃木を人力車に乗せて野戦病院まで運んだのがわが祖父・蘆原甫だったというエピソードが〝家伝〟として残っている。以後、乃木は蘆原甫を〝ラッキーボーイ〟（乃木の言葉）として重用し、終生を副官として手元においた。

祖先の眠る妙経寺《みょうきょうじ》の向かいには桜尾公園という小高い山がある。そこには忠魂碑が立ち、日清・日露戦争に出征した村の若者たちの名が刻みこまれている。追悼の碑文は乃木希典の直筆で、これは甫が乃木に頼んで書かせたもので、府下では珍しいものだ。

祖先の屋敷も親戚もすでになく、今は墓だけが残っている。

峰山はわが心の故郷にしか過ぎないが、遠い国への憧れと一族の伝説が今も心に刻まれている。

車窓から古代丹後王国の謎を解く

峰山発17時15分の〝青たん〟に乗る。

もはやたそがれが迫り、山の稜線がシルエットとなり、民家の裏の竹林が暗がりとなった。網野《あみの》、木津《きつ》温泉――。鉄道は海岸からさほど離れていないはずだが、残念ながら海は見えない。野辺にはこんもりと塚のような小山が浮かぶ。

チビチビ飲んだ〝ポケ角〟はちょうど底をつき、まったりとした心地よい酔いが体内をめぐる。どん行列車のゆったりとした走りと酔い心地が、旅の無聊《ぶりょう》を慰めてくれる。

このあたりは四世紀から五世紀頃の古墳が多いところだ。網野銚子山《ちょうしやま》古墳や神明山《しんめいやま》古墳は全長約二〇〇メートルという規模の前方後円墳で、鉄器や銅鏡、水晶の勾玉《まがたま》などが発掘されている。ここには古墳時代、大和にも劣らぬほどの巨大な丹後王国があったのだ。〝青たん〟の車窓から、古代の歴史の謎がぼんやりと解けてきた。

丹後王国の王様は海の向こうの新羅国の王子だったのではなかったか？

このあたりの海峡は狭く、日本海を隔てて、朝鮮半島は目と鼻の先である。ちなみに丹後の浜では海流に乗って運ばれるハングル文字の瓶や缶が日常的に漂着している。丹後のおとぎ話の浦島太郎が行った龍宮《りゅうぐう》は、実は韓国で、月日を忘れるくらい美しい妓生《ぎしょう》たちの接待を受けたのではなかったか？

古代にはここに国境はなく、日本海を囲んで倭《わ》と韓《から》の融合した国際社会があったのだ。はたして天女は新羅の国から漂着した姫だった。当時、新羅は先進の中国文化を吸収して、急成長していた。酒造や製鉄、絹織物は新羅の姫が丹後の国にもたらした〝お宝〟だった。

一方、全国制覇を企てる中央のヤマト政権にとって、丹後王国は脅威だった。この時代、国はまだ統一されておらず、九州や出雲、吉備《きび》など各地の豪族が互いの勢力を伸ばしつつ、戦闘を交えながら、全国制覇をめざしていたのだ。丹後王国もその一つだった。

「大江山の鬼退治」はまさしく、ヤマト政権が丹後王国を滅ぼし、懐柔する過程を描いてみせた絵巻物だ。異国の進んだ文明をもった新羅王子を鬼にたとえ、ヤマトが丹後王国を略奪する戦いを「聖戦」に塗り替えた。そこで王子の恩讐の魂を慰めるため、豊受大神を伊勢神宮に招き、豊饒《ほうじょう》をもたらす神として霊をおさめた。

丹後はもとより異界の地として恐れられた地方だったのだ。京に都が移ってからも、長らく流刑、遠流の地として扱われたことは前述した。生野の道はやはり遠かったのだ。

〝青たん〟は古代の歴史街道を走る列車であった。

久美浜《くみはま》では潟湖《せきこ》に浮かぶ漁船のいさり火が幻想的に車窓に映った。

海峡は今、やけに騒々しいが、太古の心に戻り、平和で豊かな国際関係を一刻も早く取り戻したいものである。

（平成二四年九月取材）

【三角線】

ラフカディオ・ハーンが見た〝夏の日の夢〟

学生時代の恋心、はかなき宇土駅から

三角と書いて「みすみ」と読む。「さんかく」ではない。

JR三角線は熊本の南、宇土《うと》から島原湾をかすめ、宇土半島の先端にある三角までを結んでいる。盲腸線のひとつで、走行距離は二五・六キロに過ぎない。駅数はわずか九つ（そのうち無人駅が六つ）。近年は「あまくさみすみ線」の愛称がある。

夏は終わり、すでに一〇月に入ったというのに熊本は暑かった。この時季に三〇度を超えるのは〝記録的〟だとラジオが報じていた。暖冬のせいか、この数年夏が長く、秋がなかなか来ない。秋は短くす

三角西港から三角ノ瀬戸を挟んで天草五橋の天門橋を望む

ぐに冬になる。四季の美しい日本だが、そのうち二季の国になるかもしれない。

熊本駅の朝、通勤通学客が黙々と連なる中、三角線の2番線ホームへ向かう。

すでに入線している気動車に乗った。キハ40形＋キハ31形の変則二両編成。往年の国鉄形車両特有の懐かしい匂いが鼻をかすめる。

8時02分、熊本駅を発車した。

新幹線の高架線と並走し、豊肥《ほうひ》本線と分岐、左手には熊本総合車両所が見えてくる。懐かしいブルートレイン客車や赤やシルバーの通勤形車両など、さすがJR九州と思わせるほどバラエティーに富んだ車両が並んでいる。

宇土着。三角に向かう列車はすべて熊本駅から発車するが、熊本から宇土までの区間は鹿児島本線に属し、宇土が三角線の起点駅である。

ホームから見える線路に、正真正銘の0キロポス

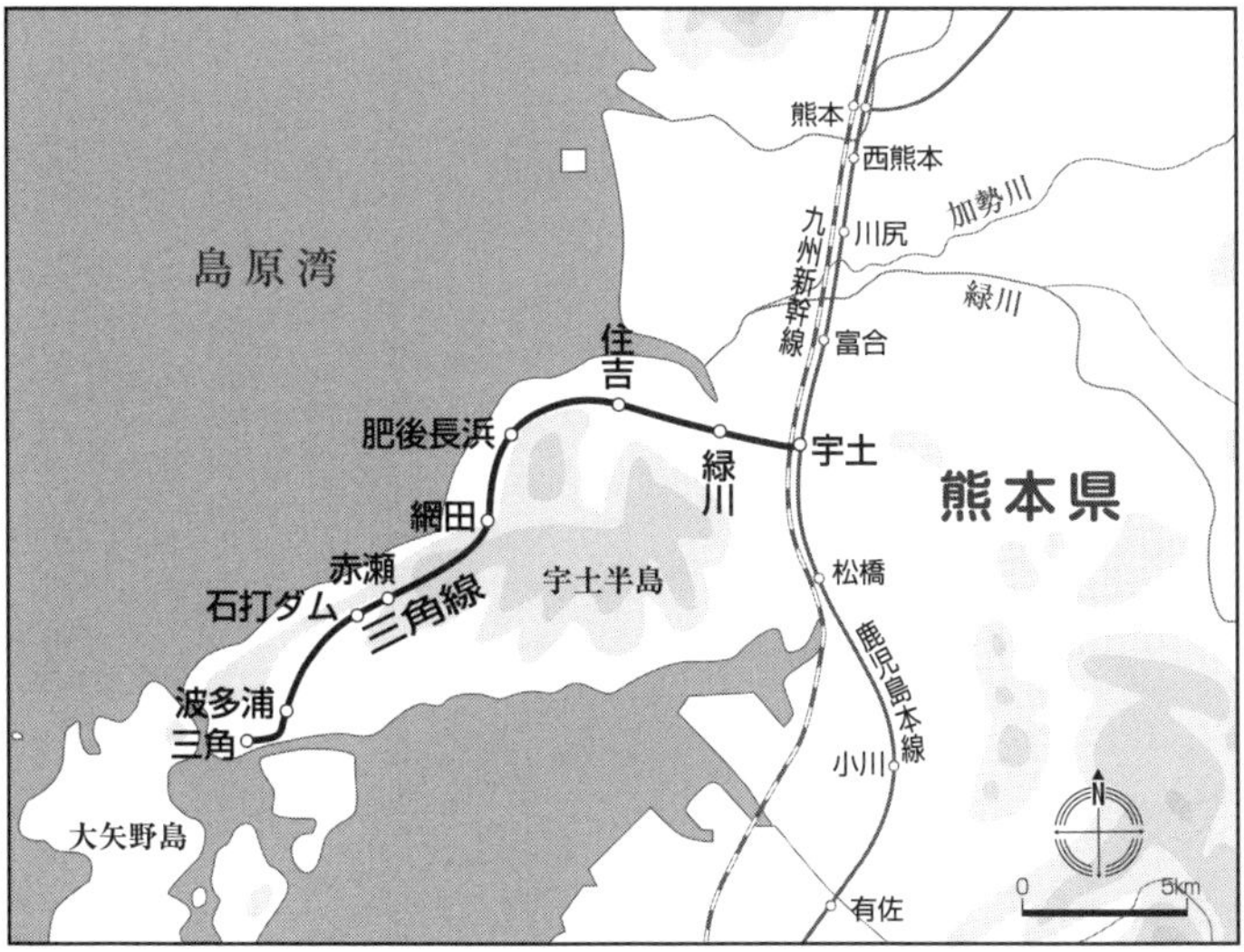

トが少し傾《かし》いで立っていた。ここまでわずか一四分だ。

起点駅に敬意を表し、途中下車することにした。

宇土市の中心駅、ということであるが、駅の周りには見事に何もない。駅舎は平成二一（二〇〇九）年に新設された橋上駅舎で様変わりした。かつては三角屋根の趣《おもむき》ある駅だったことを記憶している。

さて、次の列車まで約一時間。三角線のダイヤは朝六時から夜二三時までほぼ一時間刻みで運行されており、ローカル線としては決して本数は少なくない。宇土半島から熊本への通勤・通学客の利用が多いのだろうか？　駅前から県道２９７号に沿ってぶらぶらと歩く。

「せんばばし」と書かれた古い石橋に行き当たった。馬門石《まかどいし》でつくられたアーチ橋で、河畔には蔵屋敷や武家屋敷などが残っていて、公園のようだ。案内板を読むと、宇土は小西行長《こにしゆきなが》の城下町とある。小西行長は秀吉に信任された戦国大名の一人。加藤清正とは終世のライバルで、朝鮮戦役でも先陣を競って活躍するが、関ヶ原の戦いで西軍についたため、徳川家康により斬首された。キリシタン大名としても知られ、地元では城下町の整備に尽力し、名君だったといわれている。

実は宇土で降りたのには、もう一つワケがあった。

昭和四〇年代、北海道での大学時代のこと、〝カニ族〟と呼ばれていた頃の話である。

ある夏、旅先のユースホステルで東京の女子大生のグループに出会い、網走《あばしり》、阿寒《あかん》湖など道東を案内したことがあった。そのなかのひとりが九州の出身で、宇土真知子さんという変わった名だった。「うとましい子、と覚えて」などと冗談を言う明るい性格の女性（そういえばグループサウンズの歌も上手だった！）で、なんとなく互いに心が通じ合い、旅行後しばらく文通が続いた。しかし、翌年学園闘争がはじまって以来、途絶えてしまった。

今のようにメールやフェイスブックのない時代である。携帯電話もなく、声を聞くには互いの下宿の管理人を通して、しかも料金割引の夜しかできなかった。淡い恋心を抱きつつも、〝遠距離恋愛〟はかように困難を極めた時代だったのだ。

「もしかして奇跡の再会はあるのだろうか？」などとあらぬ期待を抱いて町を歩いてみた。

勇気を振り絞り、散歩がてらの物知り顔の老人にきけば、「昔、宇土という豪族はいたが、今では二、三軒しかいない」とのこと。訪ねれば確率は高そうだが、もはや四〇年も前のこと、結婚して別姓になっているだろうし、たとえ探し当てても、年寄りの色キチガイ扱いされるばかりだろう。乙姫《おとひめ》を捜しての浦島太郎の青春の夢ははかなく消え失せるのであった。

ふたたび宇土駅に戻る。

ここからが本番の三角線紀行である。青帯のキハ31形気動車が単行で到着する。乗り込むと、中には新幹線0系から転用したという二人掛けの転換式クロスシートが並んでいた。乗客を大切にするJR九州の〝おもてなし〟である。すぐに鹿児島本線、新幹線から分岐し、右に大きくカーブする。県道が並走し、しばらく路面電車に乗っているような気分を楽しむと緑川《みどりかわ》。駅は一面一線の無人駅で、ホームには小さな待合室だけがぽつり、向かいの道路沿いには小さな郵便局が、これまたぽつりと見えた。

駅名標には〝ミニ鳥居くぐり〟で有名な粟嶋《あわしま》神社のイラストが描かれている。縦横三〇センチほどの日本一小さい鳥居をくぐると、ご利益がある、というものだ。

次の住吉《すみよし》を出ると有明海《ありあけかい》が近づいてきた。

ここでは焼酎のテレビCMで有名になった長部田《ながべた》海床路《かいしょうろ》を眺めることができる。海上に電柱が立ち並ぶ不思議な光景だ。干満が激しい有明海では海苔の養殖などで沖へ出かけるのに海上の道を伝うのである。その向こうには島原半島の普賢岳《ふげんだけ》が浮かぶ。

肥後長浜を出ると、海からは少し離れ、列車は山間部に入った。

どん行、気まぐれ、途中下車

9時43分、網田《おうだ》で途中下車した。

駅は今から一一四年前の明治三二（一八九九）年、九州鉄道が三角線を開業させた時の終着駅だった。寄棟《よせむね》造りの木造駅舎で、漆喰《しっくい》の白壁とオレンジ色の屋根瓦がはるかな時を刻んで佇む。

ぼくを降ろしたキハ31形が黒い煙と唸りを上げながらゆっくり去る。それを見送り構内踏切を渡る。無人の構内は木製のベンチが並び、時が止まったかのようだ。

ホームを掃除していた駅係員に尋ねると、網田駅は九州で二番目（一番は肥薩《ひさつ》線の嘉例川《かれいがわ》駅）、熊本県では一番古い木造駅舎なのだそうである。三年後に三角駅ができる前までの終着駅で、周辺には別荘が建てられ、海水浴、潮干狩りで賑わったようだ。

網田駅。熊本県内で最も古い木造駅舎

駅舎の分室には、昔の小学校で使われたような机と椅子が置いてあり、壁には振り子式の時計が時間を刻んでいる。ＮＰＯ法人の網田倶楽部が駅舎の一部を改造し、ここにカフェを作る計画らしい。ちょうど二日後にオープンを控えていた。まだ中に入れないのは残念だったが、旅人たちがコーヒーを啜りながら、談笑する声が今にも聞こえてきそうだ。

三角線が開業する頃、ひとりの碧眼《へきがん》の外国人が人力車に乗り、熊本へ向かっていた。ラフカディオ・ハーン（小泉八雲）、その人である。

この時、ハーンは熊本におり、旧制第五高等学校（現・熊本大学）の英語教師を務めていた。アメリカから来日し、出雲の松江に英語教師として赴任したハーンは、そこで一年余りを過ごすが、あまりの日本海の冬の寒さに耐えられず、南方移住を希望していた。その時、たまたま熊本五高のポストが空いたのだ。

時は明治中期、政府の欧化政策も一段落し、九州鉄道は門司《もじ》（現・門司港）から熊本まで延びていた。三角線は門司港と三角港を鉄道で結び、三角港を大陸との国際貿易港として整備し、ここから世界に羽ばたこうという計画のもとに誕生した。明治三二（一八九九）年という早い時期にこの盲腸線が敷設されたのはそうした政府の野望があったからだ。

ハーンは西欧化、近代化してゆく日本に歯がゆさを感じていた。高度な伝統文化や奥ゆかしい日本人の性格が消滅してゆくことに悲しみを感じていた。日本各地をめぐり、日本人の優しさに触れながら、ハーンは日本の古い民話や伝説を探し歩いた。この時も長崎への取材旅行の帰り道だった。

三角線は島原、天草《あまくさ》への連絡路線としても重要だった。

かつては豊肥本線・鹿児島本線から急行「火の山」が乗り入れて、大分と結ぶ時代もあった。しかし、昭和四一（一九六六）年に天草五橋が開通すると、天草への主要なアクセス手段の座をそちらに譲ることになる。

長らくローカル盲腸線の地位に甘んじていたが、平成二三（二〇一一）年の秋に観光特急「A列車で行こう」の運行が開始され、にわかに注目を集めた。三角港からは「天草宝島ライン」が接続する。熊本県の観光地としては阿蘇に大きく水をあけられている天草、今こそ巻き返しを図ろうというわけだ。

「A列車で行こう」――。このユニークな列車名は鉄道シミュレーションゲームのタイトルだろうか、森《もり》田《た》芳光《よしみつ》監督の遺作となった映画『僕達急行　A列車で行こう』の記憶も新しい。

しかし何といってもデューク・エリントン楽団のジャズナンバー"Take the 'A' Train"が本命だろう。この曲の「Aトレイン」とは、ニューヨークの地下鉄A系統・八番街急行のことで、「ハーレムに行くなら、Aトレインに乗ろうよ」というような歌詞だが、JR九州によれば、三角線の特急「A列車」の〝A〟は天草（Amakusa）の頭文字であり、Adult のAでもある。つまり〝天草への大人感覚の列車〟という意味が込められている。

今回は残念ながら、「A列車」に乗ることはできなかった。

「A列車」には「A-TRAIN BAR」というバーカウンターが設置されていて、ワインやウイスキーを楽しみながらシックで上品な車内で大人の旅を楽しめる。この〝ほろ酔い紀行〟のためにあるような列車だが、乗ってしまうと宇土から三角までは停車なしの約四〇分で到着してしまう。「どん行」「気まぐれ」「途中下車」を鉄道旅行のモットーとするぼくにとって、この気動車の揺れ心地がちょうどよい。ぼくには盟友の〝ポケ角〟があるから、気分はいつも「Ashihara 列車で行こう！」なのだ。

〝秘境駅〟に現れた真紅のキハ２００系

網田からひと駅歩いた。

天草街道に沿って西へ歩くと、島原湾を望む御輿来《おこしき》海岸に出る。その名は『古事記』にあり、景行《けいこう》天皇が熊襲《くまそ》征伐の際、ここで御輿《みこし》（駕籠《かご》）を止められ、その美しい風景を眺めてしばし休まれたと記述がある。干潮時には干潟《ひがた》となり、その美しい砂模様から別名「ふとん岩」とも呼ばれている。

海岸線沿いに赤瀬《あかせ》駅へと向かう。しかし歩けども、歩けども駅らしきものは見当たらない。車一台通るのがやっとというような急坂の杣道《そまみち》を登り、「道に迷ったか？」と不安になった頃、棚田の奥の少し開けた場所に駅を見つけた。

「よくぞこんな場所に駅を作ったものだ！」と思われるところにホームがあった。三角線は本来、宇土半島の南側を走る予定だったが、住民の反対により路線変更を余儀なくされ、ここ赤瀬から半島を縦断するルートになった。海岸線からいきなり山道になり、小高い山の中腹に駅がある。一体、誰が利用するのだろうか？　これはちょっとした秘境駅！　である。

しかも、そこには「海水浴場」の看板があった！

ソテツや芭蕉、椰子《やし》がそよぐ南方のジャングルのような山奥なのに、である。その奇抜な、アンバランスさに思わず笑ってしまった。ところが誰もいるはずのない待合室には、色違いの可愛いカラフルなベンチが設えてあり、微笑ましい。ホームの端に灰皿が設置されている心優しさにも感謝した。煙をくゆらせながら列車が来るのを待つ気分は今はなかなか味わえない。そういえばこの三角線沿線は葉たばこの産地だったな、などと思いながら。

トンネルを抜け、山の緑の合間を縫って到着したのは、真紅のボディのキハ200形であった。かつて「A列車」が登場する以前、短い期間だったが、「天草グルメ快速・おこしき」号が運行されていた。このキハ200形はその「おこしき」号と同一車両なのだ。高級感のある黒いシートに座ると、ちょいと優雅な気分になった。赤瀬から塩屋トンネルをくぐって波多浦《はたうら》へ。ここは八代海《やつしろかい》に面していて、小さな港に漁船が停泊していた。

10時52分、列車は終点の三角駅に到着した。

わずか約二五キロ、少し物足りない気分のぼくを、真新しい三角駅舎が迎えてくれた。和洋折衷《わようせっちゅう》で、屋根上に十字架がのせられた南欧風のレトロモダンなデザインは、かの水戸岡鋭治《みとおかえいじ》氏の手によるものだという。構内のあちこちに「A列車」と同様の意匠が施されている。駅を出るとすぐ港で、目の前に通称「海のピラミッド」、三角港フェリーターミナルが聳えていた。

〝帰らぬ人〟の思いを残す三角の海に見惚れて

三角西港へ行った。

列車を降りたところは三角東港で、それより西へ三キロほどのところに三角西港があり、鉄道が開設される前はこちらの方が栄えていた。

三角西港は、野蒜《のびる》（宮城県）、三国（福井県）とともに明治の三大築港と呼ばれ、西洋方式の近代港湾としては日本最古といわれる。殖産興業のキャッチフレーズのもと、海外への貿易を伸ばそうと、国費を投じて作られた港の一つだ。内務省から派遣されたオランダ人技師のローウェンホルスト・ムルドルがこの三角の地を選んだ。その理由は、周囲を山々で囲まれ、風波の穏やかな自然の良港であり、軍艦や大型汽船が停泊できる水深が十分にあり、また大陸（中国）との連絡に便利であるということだった。当時は北九州の石炭採鉱（主に三池《みいけ》炭鉱）が盛んで、中国への輸出が主眼だった。

石畳の道を歩く。

港付近には洒落《しゃれ》た西洋建築や木造の灯台、回船問屋の倉庫が点在し、一〇〇年前の明治時代へと一瞬タイムスリップしたような不思議な錯覚に陥る。海は凪《な》いでおり、波風はなく穏やかで、緑の山々が目に沁みるようだ。

世界の大国に脅かされながらも、独自の姿勢を貫き、列強に追いつこうとした明治の男たちの粋《いき》な気風がそこここに漂う。石積みの埠頭や、水路などが築港当時の姿を残しており、ＮＨＫドラマ『坂の上の雲』の舞台にもなったようだ。

ラフカディオ・ハーンはここで〝極楽〟のひとときを過ごした。

その時ハーンの泊まった旅館は今復元されている。ハーンは長崎への一人旅からの帰途、船で三角港に到着するが、朝食をとるために立ち寄った旅館で、天女のような女主人と出会った。小奇麗《こぎれい》で気品のある装い、風鈴《ふうりん》のような涼しい声、惚《ほ》れ惚《ぼ》れとするような愛嬌《あいきょう》のある笑顔だった。

女主人に宿の名を尋ねると、その答えは「浦島屋と申します」であった。この出会いから、ハーンは浦島伝説への夢想を紡いでいく。熊本での体験を綴った『東の国から』の最初の短編が、この三角での紀行『夏の日の夢』である。

ハーンが日本のおとぎ話のなかでもとくに浦島伝説を愛していたことはよく知られている。ハーンの妻・小泉セツの『思い出の記』のなかでも、その名を聞いただけで「ああ、ウラシマ！」と嘆息したと記されている。

興味深いことに、ハーンは『夏の日の夢』では、龍宮《りゅうぐう》へ赴き、帰る場所を失った浦島太郎のことのみならず、帰ってこない夫を待ち焦がれる乙姫のことを描く。浦島にとって龍宮は第二の故郷なのであり、残された乙姫にとって帰っていった浦島は〝帰らぬ人〟なのだ。この〝帰還できなくなった者〟にハーンは自分自身を重ねている。

地中海の孤島で英国軍人の父親と島の娘との熱烈恋愛の末に産み落とされ、アイルランドへ送られて親戚の家で育てられ、やがて移民となってアメリカへ。さらに日本に渡り、今、日本人に帰化しようとしている自分。それは故郷へふたたび帰れなくなった浦島太郎の姿と類似していた。

浦島屋は明治二〇（一八八七）年頃から約二〇年間実際に存在した旅館だ。一旦は解体されてしまうが、残された一枚の写真を元に復元されて今にいたる。

二階にはカフェスペースがあり、そこで私は冷たい水にウィスキーを注いだ。

残暑のような強い日差しは石畳に降り注ぎ、澄んだ青い海はキラキラと光っている。

『夏の日の夢』にハーンが浦島屋の縁側から見た海もかくのようであったに違いない。遠い明治時代の香りが、ふと風に乗って運ばれてくるようだ。

今ぼくは、ハーンと尽きない旅の魅力について語り合っている。

あなたにとって、夢の龍宮とはこの日本ではなかったか。あなたは実は元祖バックパッカーではなかったのかと――。


（平成二五年一〇月取材）

冬

津軽鉄道
釜石線
えちぜん鉄道
北陸本線
南阿蘇鉄道

【津軽鉄道】

ストーブ列車はゆく

たそがれのストーブ列車

里山は静かだ。

列車の規則正しい走行音だけが周囲の静寂を破っている。

快いリズムに身をまかせ、流れる風景をぼんやり眺め、ポケット瓶のウィスキーを一滴口に含む。黄金の液体はたちまち冷え切った五体の隅々にしみわたる。ふと気分は和らぎ、ゆらりとして、心は遠い記憶の淵をさまよう。

山や森、畑の何気ない里山の風景が妙に新鮮だ。

こんもりとしたヒバの森、雪原に延びる防風柵、鉛色の空に舞うカラスの群れ……いつしか〝異郷の

ストーブ列車を引くDD35形ディーゼル機関車

旅人〟になっている。ウィスキーの一滴が風景を鮮やかに浮かび上がらせた。

ひとひらの雲をピンク色に染めて、夕陽が大地に傾く。この静寂なひと時を平安びとは「たそかれ」と言った。〝誰そ彼〟である。暮れかかる薄日のなかで、人が来ても誰なのかがはっきりしない。通《かよ》い婚だった平安時代では女性にとっては受け入れるか否か、重要な判断だった。男たちは匂い袋をさげて、自己アピールした。

農漁村ではこの時刻を「まずめ」といった。まずめ時とは、夕暮れから日没に移る微妙な時間帯で、ものみな静まる一瞬の時である。

津軽鉄道の二両のストーブ列車はその夕まずめを走っていた。

ジオラマ模型にあるような小さな駅が通り過ぎてゆく。窓辺からは寒風がしのびこんでくる。車内では地元の年寄りたちのまるっこい、ささやくような

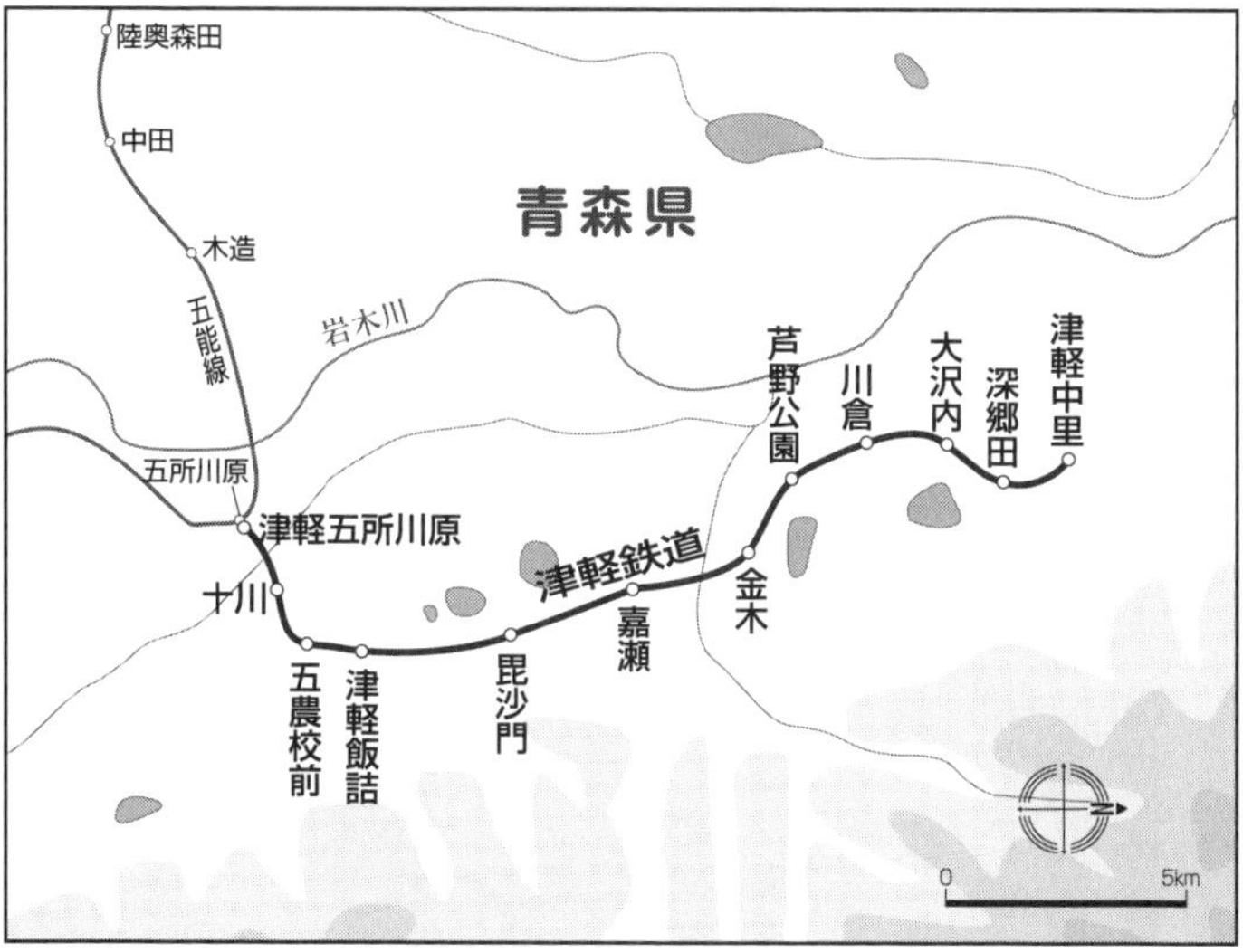

津軽言葉がひそやかに流れる。いじらしいほどの〝田舎の風景〟である。この田舎に育ち、東京へ出て、作家を志した青年・津島修治《つしましゅうじ》、のちの太宰治がいた。

昭和一九（一九四四）年、太平洋戦争の真っただ中に太宰はこの列車に乗っていた。紀行『津軽』を書くためである。青森から奥羽本線で川部へ、川部で五能線に乗り換えて夕方、五所川原《ごしょがわら》に着いた。

――それからすぐ津軽鉄道で津軽平野を北上し、私の生れた土地の金木《かなぎ》に着いた時には、もう薄暗くなっていた。

（『津軽』〈新潮文庫〉より）

酒は静かに嗜むべし

太宰は明治四二（一九〇九）年に津軽で生まれ、高等小学校（今の小中学校）を金木で過ごし、青森の高校へ。そして東京帝大仏文科に進学し、小説家をめざした。『人間失格』、『走れメロス』、『斜陽』、『ヴィヨンの妻』など多くの作品を書き、人気作家となったが、終戦後の昭和二三（一九四八）年、愛人の山崎富栄《やまざきとみえ》とともに玉川上水に入水《じゅすい》し世を去った。三九歳にならんとするばかりの年齢だった。

金木の資産家の地主の六男に生まれ、多感、早熟で、在学中プロレタリア解放運動に身を投じたが、転向した後はフランスのデカダンス文学の影響を受け、自意識崩壊の告白を綴った。自ら道化《どうけ》を演じながら、恥多い人生を生きながらえることを最終的に拒み、心中《しんじゅう》という形で表現した。いつもどこかに死の影を背負った人だった。

『津軽』は入水自殺の四年前、自分の故郷を訪ねた紀行文で、津軽人の素朴な気風、荒々しい大自然、飢饉の続いた厳しい歴史を書いている。都内を転々とした生活から三鷹《みたか》に腰を落ち着け、作家としての地位も固まり、家庭的にも恵まれ、次なる舞台へ羽ばたかんとするところだった。太宰文学の中では珍しく、穏やかで、ゆとりのある時の流れを感じさせる作品である。津軽に残った友人たちへの暖かい眼差しが溢れ、情景描写や言葉、郷土食に遠い北国の風土が浮かび上がる。

ぼくは大学でロシア文学をかじったせいか、津軽へ来ると、この地方の文学がロシア文学に似ていることに共鳴してしまう。ロシアの作家はほとんどが田舎貴族出身のインテリ（これもロシア語）で、当時の文化の中心、パリから遠く離れた農村に住んでおり、自分を〝余計者〟だと、卑下している。酒呑みで底なしなのも共通している。太宰治、葛西善蔵《かさいぜんぞう》など津軽の作家たちも皆酒が好きだった。『津軽』でもしばしば酒にまつわる話が出てくる。酒と文学と旅は〝三位一体《さんみいったい》〟で、どうも切り離すことが難しい、というのがぼくの持論だが、よくも戦時中の食糧難の時期に次から次からと酒が出てくるものだ、と感心するばかりだ。しかも朝酒からはじまるのだから、津軽はよほど寛容な国であるらしい。太宰の作品の中に『酒の追憶』という短いエッセイがあり、そこには珍しく酒の飲み方のマナーが語られているから、紹介しておこう（実は太宰の小説の主人公ほど手当り次第酒を飲み、マナーが悪かった人々をぼくは知らない）。

それによれば、もともとお酒はお燗《かん》をして、小さい盃《さかずき》で、人につがれ、静かに飲むべきものとある。

お銚子《ちょうし》を何本も並べて大騒ぎするのはマナー違反。ひや酒やビールとの〝ちゃんぽん〟はいわずもがな。独酌《どくしゃく》はやけくその酒乱。コップ酒、茶わん酒は論外。焼酎は怪談以外には出てこない——と断言している。そんななかで〝美談〟として語られるのは、丸山定夫君なる男が示した作法で、「友人と二人で伺う」との予定だったが、玄関に立ったのは一人だけ。「お連れは？」と太宰が聞いたら、「こいつなんです」とウィスキーの角瓶を差し出した。角瓶が友人だったのだ。二人は飲みはじめるが、丸山君は半分残して帰ってゆく。半分は「置いてゆく」というのだ。

太宰はその丸山君を洒落た人だ、と感服した。

ウィスキーは当時、高嶺《たかね》の花である。それを半分残しておいてゆく。たとえば一升瓶を友人宅にもっていっても飲み空けてしまうのが今の世の常だ。なかにはビール瓶二本くらいさげてゆき、家主に酒を出させて〝海老鯛式《えびたいしき》〟の作法さえまかり通っている。

翌朝、太宰はアペリティフ（食前酒）に丸山君の残していったウィスキーを一杯やる。

——なるほど、お酒は少し残して置くべきものだ。善《よ》い哉《かな》、丸山君の思いやり。私はまったく、丸山君の優しい人格に傾倒した。

（『酒の追憶』〈太宰治全集9「ちくま文庫」〉より）

ストーブ列車の中では、焼けたするめのいい匂いが漂ってきた。

「近頃、鉄道っこブームだばって、乗り鉄、撮り鉄などあるがのう。だば津鉄は〝呑み鉄〟んだねは」

ストーブ列車の車内ではするめの香ばしいにおいが漂う

背中に「津鉄」と大書されたはっぴを着たおじさんが裂いたするめを渡してくれる。しからば、と角のポケット瓶をまたいただく。野面を走る列車にはするめ焼きとポケットウィスキーがぴったりとはまっていた。

津軽富士は見えず

翌朝、ふたたび列車の人となった。太宰の頃は五所川原～金木間は一時間あまりかかったが、今はわずか二五分だ。東京からここまできてたった一往復じゃもったいない。

津軽五所川原を出ると旧十川《とがわ》を渡る。十川の駅はかわいい駅で、まるで鳥の巣のようだ。シベリアから飛来したという白鳥が一羽、河畔で翼を休めていた。車窓には津軽の野面がのっぺりと広がる。岩木山《いわきさん》（一六二五メートル）は、津軽人の信仰の山だ。天気が良ければ平野の向こうにそそり立つはずだが、あいにく空は曇っていて望めない。太宰が「富士山よりもっと女らしく」「左右の均斉も正しく」と書いた〃おらほの山〃だ。

列車は津軽半島の中央部の平野部を走っている。

こんもりと盛り上がる沿線唯一の山間部の駅が毘沙門《びしゃもん》だ。周辺は沿線では珍しく深い杉の森が迫る。鉄道防雪林のために植えられたようだ。麓にはリンゴ畑が広がり、初夏には白い花が開き、甘酸《あまず》っぱいリンゴの香りが窓辺から入ってくる。

続く嘉瀬《かせ》は歌手の吉幾三《よしいくぞう》の出身地。

「俺ら東京さ行ぐだ。こんなテレビもラジオもねぇところ!」というのが吉の口癖だったようだが、列車サービスのはっぴ姿のおじさんによれば、「ここらにはちゃんとテレビも電話もあったさ」

一五年前、SMAPの香取慎吾《かとりしんご》がやってきた。その〝栄華〟の跡を残す「夢のキャンパス号」は構内にまだ置かれたままだが、今はもう塗装がはげ落ち、見る影はない。

嘉瀬を通ぎると、周囲は見通しのいい田園風景が広がった。今は一面の雪原だ。一段高くなった盛土の上を走り、金木川を渡る。大きくカーブすると金木に着いた。

金木、斜陽館を訪ねる

金木は太宰の故郷である。

『津軽』を書くために、太宰は昭和一九(一九四四)年、五月上旬、17時30分、「203列車」で上野を発った。常磐《じょうばん》線経由、蒸気機関車の引く長大編成の急行列車だった。平(現・いわき)21時22分着、仙台0時15分着、ここで機関車を交換して、0時21分仙台発、盛岡4時01分、青森には8時00分に到着した。そのまま故郷へは向かわず、蟹田《かにた》、今別《いまべつ》、三厩《みんまや》、竜飛岬《たっぴみさき》と東海岸を歩いた後に金木に着いた。実家に直行するには、いささか照れや気後れがあったのだろう。

金木には太宰の生家が当時のままに残されている。津島家は戦後屋敷を人に売却し、買主は長らく

「斜陽館」という名の旅館を経営していたが、平成八（一九九六）年に当時の金木町（現・五所川原市）が買い取り、今は「斜陽館・太宰治記念館」となっている。国指定の重要文化財で、総ヒバ造りの堂々たる構えの家屋である。沿線の最大の名所というところだ。金木という地名はそもそもヒバに由来しており、〝金のなる木〟という意味だそうだ。江戸時代から津軽のヒバは秋田のスギと並び、建材の主力だった。

太宰は〝鉄ちゃん〟だったか？

太宰の作品のなかに『列車』という掌編がある。上野駅で友人の恋人を見送りに来た情景を描いたものだが、その出だしはこうである。

――一九二五年に梅鉢《うめばち》工場という所でこしらえたC五一型のその機関車は、同じ工場で同じころ製作された三等客車三輛と、食堂車、二等客車、二等寝台車、各々一輛ずつと、ほかに郵便やら荷物やらの貨車三輛と、都合九つの箱に、ざっと二百名からの旅客と十万を越える通信とそれにまつわる幾多の胸痛む物語を載せ、雨の日も風の日も午後二時半になれば、ピストンをはためかせて上野から青森へ向けて走った。（中略）。列車番号は一〇三。

（『晩年』〈新潮文庫〉より）

太宰ははたして〝鉄ちゃん〟だったのだろうか？　かような文章はかなり鉄道が分かっていないと書けないはずだ。蒸気機関車の形式、機関車の製造工場、編成、乗客数、列車番号など、今の鉄道記者の執筆要項がここにはちゃんと盛り込まれている。

この時代、鉄道は時代の花形だった。黒煙をあげ、疾駆する蒸気機関車は明日への夢を語っていた。耳をつんざく汽笛は、勇者の雄叫びにも似ていた。たとえば蒸気機関車の象徴だったデゴイチ（D51形蒸気機関車）は昭和一一（一九三六）年に誕生して、以後九年間に一一一五両が製造されている。いかに鉄道が社会のニーズであり、物資や乗客の運搬が国力増大の象徴だったか、を物語るエピソードだろう。太宰は敏感に時代の波を感じて、かような鉄道風景をあえて描いて見せたのだ。しかし、一方で太宰は列車の本質をちゃんと見抜いている。

——一九二五年からいままで、八年も経っているが、その間にこの列車は幾万人の愛情を引き裂いたことか。（同右）

故郷へ向かう度に太宰の心は引き裂かれる思いだった。ことあるごとに面倒を看てくれたり、援助を惜しまなかった兄たちを裏切り、自分は都会の巷にはぐれて、自殺未遂を繰り返し、売れない小説などを書いている。この上野駅のプラットホームの場面も友人が田舎から出て来た昔の恋人を裏切り、汽車に乗せて、故郷へ送り返そう、というところだ。見送られる恋人は傷心の旅である。

時代の勇者であるはずの蒸気機関車が人の運命を弄ぶという悲しさを、作家はスハフ134273と刻まれた車両の端をこつこつと洋傘の柄でたたきながら感じていた。

太宰治と石津謙介

さて津軽鉄道と太宰の旅は終着に近づきつつあるが、ここで一人の人物が突然浮上した。メンズファッションの神様、石津謙介《いしづけんすけ》さんである。斜陽館では、太宰の「生誕百年祭」の古いポスターを見かけた。その時、ふと思い出したのが、昨年（平成二三年）が石津さんの生誕一〇〇年だったことだ。二人はわずか二歳しか違わず、同世代の人だった。

一瞬、信じられなかった！

和服姿が印象深い太宰はどう見ても〝一時代前〟の人だ。それに比べてヴァンヂャケットの創設者、アイビールックの生みの親の石津さんは〝現代〟の人だ。

明治四四（一九一一）年、岡山の紙問屋に生まれ、明治大学へ進学。オートバイ、自動車、ローラースケートなど当時最先端の流行、風俗を楽しみ、昭和二六（一九五一）年、ヴァンヂャケットを設立し、〝アイビーの神様〟といわれた。同三九（一九六四）年、東京オリンピックの日本代表選手団の公式ブレザー、国鉄職員のユニフォームのデザイン。さらに後のＪＲ東日本やＪＲ九州の職員ユニフォームのデザイナーとしても知られる。

五所川原駅では少し粉雪が舞っていた

石津さんとは時々パーティーでお会いしたり、一緒にお酒を飲みに行ったこともある。穏やかで洒落た話の好きな方だった。ヴァンヂャケットは約五〇〇〇億円の負債を抱えて経営破綻したが、その時、石津さんは六七歳、すでに高齢者だった。それから頑張って借金を返済した奮闘ぶりは伝説として語り継がれている。

「人生は五毛作《ごもうさく》だよ」

が口癖だった。

青春時代があり、中年があり、定年退職があり、さらにその先に二つの人生がある。九三歳でお亡くなりになる時、病院のベッドでパジャマ姿を嫌い、三宅一生《みやけいっせい》のシャツを着たまま旅立たれたという。死の間際までダンディズムを貫いた人だった。

太宰治と石津健介。二人は出会うことはなかったろうが、共通するのはモボ、モガの時代に青春を過ごし、ともに洒落っ気があったこと、お酒が好きだったことだ。女性関係はいわずもがな……。

地吹雪ツアーの大地をゆく

金木から終点の津軽中里《なかざと》へ、ふたたび車中の人となる。

金木の次は芦野《あしの》公園。ここは桜の名所で、春には花のトンネルのなかを列車は走る。案内書には池にボートが浮かぶ、とあるが、今は一面の雪野原だ。桜の老木が枝を張って大地にそそり立っていた。駅名板は棟方志功《むなかたしこう》流のユニークな書き文字で、板面いっぱいに文字が踊っている。

続く川倉は川倉地蔵で知られるところ。旧暦の六月二二日〜二四日に例大祭があり、巫女《いたこ》が集まる。いたこ信仰は日本に残る古いシャーマニズムのひとつで、年老いた巫女の口寄せ（死霊を呼び戻すこと）で知られる。地蔵尊には二〇〇〇体の地蔵が安置されており、巫女の吟じる経文と数珠《じゅず》の響きに一層の霊気が漂う。桜の芦野公園と川（賽《さい》の河原）を挟んで地蔵堂が対比する構図は人の世の儚《はかな》さを物語っているようでもある。

大沢内《おおざわない》、深郷田《ふこうだ》あたりが「地吹雪《じふぶき》ツアー」の名所である。この辺り、一面の雪原で、日本海から吹いてくる北風は積もった雪を空に巻き上げて息もできないという。その時期にストーブ列車を走らせて、地吹雪体験をイベント化している。台湾人など雪を知らない外国人客に人気のようだ。

津軽中里に着いた。終点である。

中里（中泊町《なかどまりまち》）は梵珠《ぼんじゅ》連山の麓にあり、かつては営林署があり、林業で栄えた町だ。津軽森林鉄道の基地でもあり、日本三大美林の一つといわれるヒバ林の梵珠連山を越えて蟹田に至り、青森まで搬出した。津軽森林鉄道は明治四二（一九〇九）年、日本で最初に設立された森林鉄道で、総延長は一二一キロに及んだ。半世紀に渡り活躍し、昭和四二（一九六七）年に廃止となったが、しかし、これはまた別の物語を書かねばならないだろう。

津軽中里駅前は何の変哲もない田舎町の風情で、「ストーブ列車」団体ツアーの観光客がひしめいていた。

雪がまたちらほら舞ってきた。

太宰治は『津軽』のなかで、津軽人は丹後（京都府北部）人を忌み嫌い、入国を憚《はばか》ったという昔話を書いている。安寿《あんじゅ》姫の出生は津軽国で、御霊《みたま》は岩木山神社に祭られており、安寿姫は丹後の山椒《さんしょう》大夫《だゆう》に虐待されたからだ。

実はぼくの本貫の地は丹後である。祖先は永々と丹後国峰山《みねやま》に根を張った一族で、墓所は今も峰山の寺に置かれている。

はるばるさい果ての津軽半島まで出かけたのに、名峰・津軽富士（岩木山）が一度も顔を出さなかったのは、今も丹後人は津軽の神に嫌われているからかもしれない。

（平成二四年一月取材）

【釜石線】

銀河鉄道、イーハトーヴの旅

デラシネは〝心の故郷〟東北を想う

旅人には向かうべき道が運命づけられている。たとえば東へ向かう者と、西に向かう者だ。若山牧水は東を歩き、種田山頭火《たねださんとうか》は西をさまよった。いずれも旅に暮らし、酒豪であり、ロマンチストだった。

故郷がおぼろげで、東京で長く暮らしたぼくのようなデラシネ（根なし草）の場合は、〝心の故郷〟といえば、なぜだか北を向いてしまう。まして、冬ならば〝北帰行《ほっきこう》〟が信条である。

北国の冬は長く、厳しい。寒い時季には寒い地方の旅がいい。飾らない普段着の土地の姿を見聞する

新花巻のエスペラント駅名標。「ステラーロ」は星座の意味

ことができるからだ。震災からすでに一年と九カ月、東北は二度目の寒い季節を迎えるが、復興はなったのだろうか？　現地の人々の思いはどうなのだろう？　東北を心の根にもつぼくには気がかりでならない。

釜石線が今回の旅の舞台である。

釜石線は花巻《はなまき》から北上《きたかみ》平野を横切り、遠野郷《とおのごう》を抜け、仙人《せんにん》峠を越えて釜石駅へ九〇・二キロ。東北本線を背骨になぞらえると、山田線、大船渡《おおふなと》線とともに〝肋骨《ろっこつ》線〟の一骨をなす。釜石線はその前身の岩手軽便鉄道が宮沢賢治の『銀河鉄道の夜』のモデルになったことから「銀河ドリームライン」という愛称がつけられている。

冬の銀河鉄道――、何とも心をくすぐられるではないか。

賢治が詩人であり童話作家の巨人であったことは周知のことで、作品には鉄道がよく登場する。『シ

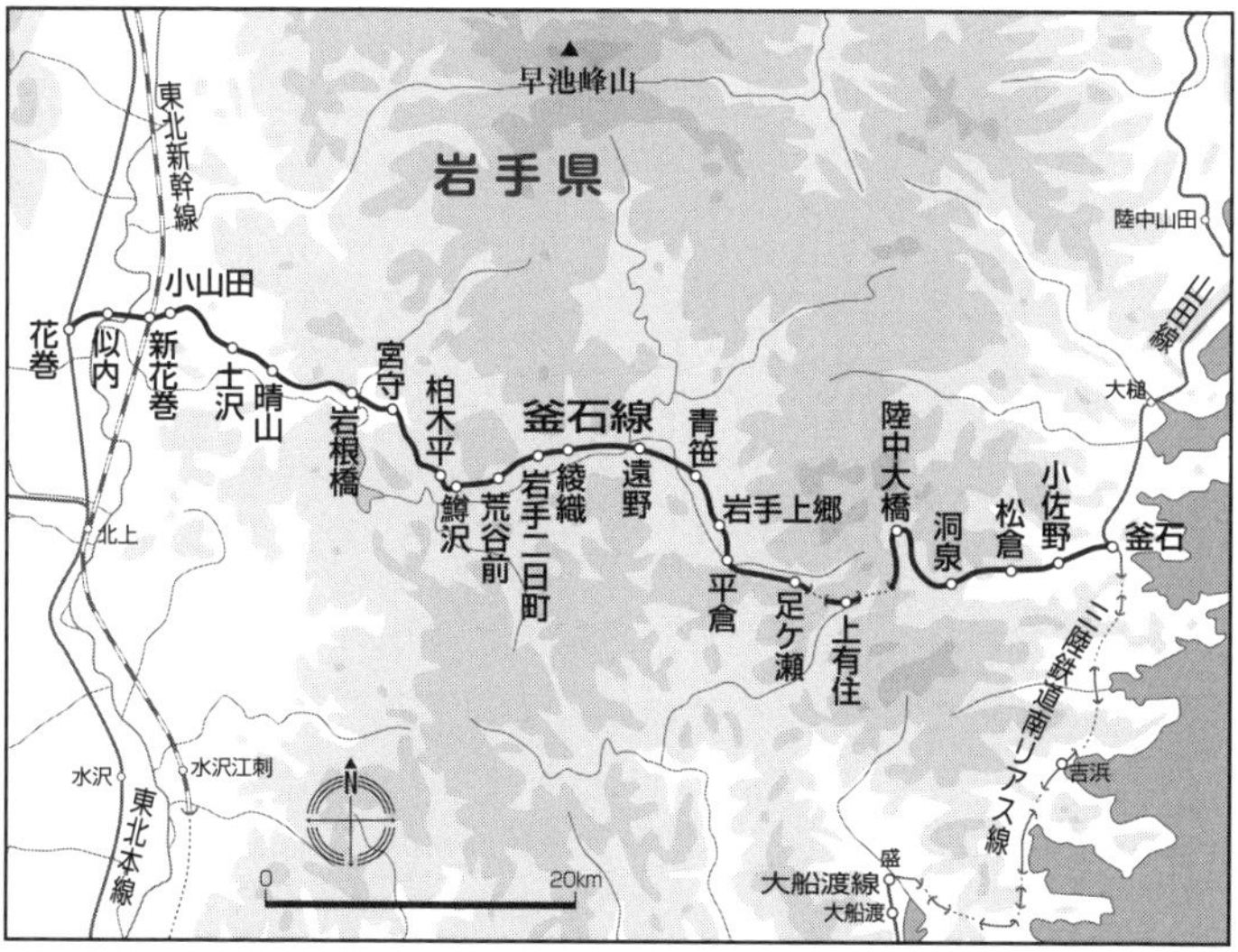

グナルとシグナレス』は信号機を擬人化したキャラクターの恋物語で、シグナレスのモデルである軽便鉄道の腕木《うでき》式信号機は、釜石線のロゴステッカーにも描かれている。『グスコーブドリの伝記』は主人公が汽車でイーハトーヴ（賢治の理想郷）へ行く話で、『氷河鼠《ひょうがねずみ》の毛皮』はイーハトーヴ発ベーリング行きの〝最大急行〟の話だ。最愛の妹トシの死の悲しみを乗り越えるため、実際に旅したサハリンを舞台とした『樺太《からふと》鉄道』という作品もある。

賢治は決して〝鉄ちゃん〟ではなかったが、明治から昭和初期という彼の生きた時代、鉄道は文明の使徒であり、憧れであり、花形だった。賢治は鉄道がイーハトーヴへ導いてくれると確信していた。日清、日露の両戦争に勝利した日本が、世界に羽ばたく時代でもあり、機関車は未来の夢を切り拓く力だった。

花巻に降り立つと、身が引き締まった。一二月初旬である。花もなく、雪もなく、くすんだ灰色の街だった。市街地を背に、東北の〝母なる川〟、北上川へと足を向けた。北上川と猿ヶ石川との合流点、その西岸に「イギリス海岸」がある。賢治がその岸辺の凝灰岩質泥岩層《ぎょうかいがんしつでいがんそう》を見て、ドーヴァー海峡のホワイトクリフを想起し、作品内に登場させたことに由来する。

北上川は今増水期だが、清々しく流れていた。堤があり、河畔《かはん》を歩くと、雄大な北上平野が足元に広がった。情景は確かにイギリス、ミッドランドの田園風景に似ている。〝ドーヴァーの白壁《はくへき》〟にはほど遠いが、イギリス海岸の命名は近からず、遠からずである。

冷たい風が吹いてくる。賢治は自らが書いた物語を「風から聞いた」と語っていた。自然との交感力が賢治の才能だ。ぼくにもそれが聞こえるだろうか……そんなことを考えながら、河岸に佇み、タバコに火をつける。

賢治が時々行ったという「新ばし」の暖簾《のれん》をくぐった。町中のうなぎと寿司の店である。賢治が好んだというような丼を注文すると、「お時間がかかりますが、いいですか?」。

客の注文を受けてからさばく老舗《しにせ》ならではの作法だが、酒を飲みながら、焼けるのを待つにはいい間合いだ。懐中のわが相棒〝角ポケ〟には申し訳ないが、ここはやはり地酒だろう。つまみにホタテ貝を注文する。当時のうな丼は「ソバが五銭のころの五〇銭」というのだから、今の物価にすると五〇〇〇円ほどか。最近はうなぎが獲れず、軒並み値上げだと聞いているが、賢治の時分もずいぶん高級だったようだ。

賢治は菜食主義者で、粗食家というイメージが強いが、うなぎには目がなかった。「新ばし」のうなぎを食べると、相好《そうごう》をくずして喜んだと、書き残されている。ほどなく焼かれたうなぎはわがテーブルにお出ましになった。香ばしく、濃口のたれで、身は柔らかく、ほくほくとした白米がうまい！　豊かな北上川の恩恵によるものだろう。銚子《ちょうし》はすでに三本目に入っていた。

貧しくも豊かな遠野は復興支援の拠点になった

14時40分花巻発、651D。ほろ酔い気分で花巻を出発した。

列車は東北本線と分かれて、右へそれていく。似内《にたない》を通り過ぎ、北上川の橋梁を渡って森へ入る。森を抜けると、田園地帯が広がった。今は枯れ野。土色の地面のところどころに稲叢《いなむら》が積んである。土沢《つちざわ》を過ぎると、右手に猿ヶ石川が並走する。列車はこの川沿いに遠野盆地へと下ってゆく。かつて柳田國男が馬車で通った道だ。

16時42分、鱒沢《ますざわ》で下車した。

ここはすでに遠野市である。ホームに降りると、あたりは真っ暗、寒空に星がまたたくのみ。これぞ、銀河鉄道のキャンバスとなった星空か、と夜空を見上げていると肌を切るような風が吹いてくる。気温は一気に下がり、氷点下になっていた。いそいそと駅前のコンビニに向かい一九〇円也《なり》の手袋を買う。

今宵の宿は民宿「みずき」である。ここはぼくの常宿で、二階に広々とした談話室があり、窓の向こうには猿ヶ石川が流れ、岩手特有のゴロンとした山塊が間近に迫る。その山と川に挟まれた隘路《あいろ》を釜石線の気動車がゴトゴトと走ってゆく。まさに一幅の絵を眺めるような風景だ。

郷土の味、「ひっつみ」は懐かしい味だった。ひっつみとは、小麦をこねて薄くのばしたものを〝ひっつん〟(引きちぎって)で、野菜などの具と一緒に出汁《だし》で煮込んだもの。寒い夜にはアツアツで、体が温まる素朴な郷土料理だ。寒冷地の東北ではこうしたムギのほか、ヒエ、アワなどの雑穀が人々の食生活を支えていた。柳田は当時のコメ中心主義を批判し、「雑穀《ざっこく》」という言葉を使わなかった。コメが農業の中心になったのは、藩政時代以来のことである。東北地方では昔からムギや根菜《こんさい》文化が定着してお

遠野駅のホームに降り立つ

り、たとえばひっつみやうどん、イモを中心に食生活を営むには、そこそこ豊かな土地だった。広大な原野を開拓して酪農を行い、牛や馬を飼い、牛乳やチーズを作れば、一汁一菜《いちじゅういっさい》しかなかった信州あたりの農家より、よほど豊かな暮らしができ、体力向上もはかれたのではなかったか？　東北の歴史はそのまま冷害と飢饉の歴史といっても過言ではない。飢饉が続き、農村の崩壊や一揆《いっき》が絶えなかったが、そもそも寒冷地に熱帯起源のコメを栽培させ、税金がわりに納めさせた江戸幕府の農業政策に問題があったというべきだろう。

東北地方をさらに貧しくさせたのは、幕府に代わった新政府も同じだった。東北を見捨てて、北海道という新天地に開拓の血肉《けつにく》を注いだ、と司馬遼太郎《しばりょうたろう》は語っている。

そういう意味で東北はいつの時代にも見捨てられてきた。東日本大震災でも、果たして政府は本気で復興を望んでいるのか、よくわからない。東北の復興なしに日本の前進など考えられぬではないか？

民宿「みずき」の御主人、佐々木昭三さん（六五歳）も、貧しい炭焼き農家に生まれ、長らく出稼ぎで働いてきた人だ。農閑期には北海道や全国いたるところへ肉体労働に出かけた。日本の高度成長を根元で支えた人である。

「ここらはみんな貧しかったですよ。魚が食べられるのは正月くらいしかなかった」

コメの品種が改良されて、寒冷地でも豊作となり、栽培者が増え出したら、今度は〝減反政策〟である。まさに踏んだり蹴ったり！　佐々木さんが民宿をはじめたのも、出稼ぎ仕事がなくなり、農業だけでは生活が厳しくなったからである。

しかし、東日本大震災のさい、遠野がいち早く三陸の被災地の救援、支援およびボランティア活動の拠点となったことは記憶に新しい。この宿もしばらく避難者の生活を支えた。

日本のチベットといわれ、長らく貧しかった遠野がなぜ援助を惜しまなかったのだろうか、疑問に思い、尋ねてみた。

「さあ、どうしてですかねえ、土地柄ですかねえ」

ニコニコと、あまり気にもとめていないご様子。

これについては『遠野市史』のなかに手がかりを見つけた。

明治二九（一八九六）年の三陸大津波のとき、その翌朝には釜石、大槌《おおづち》から遠野へ避難民たちが続々押し寄せた、との記録がある。遠野町はすぐさま町会を招集し、救援の決議をした。食糧や生活物資はいったん遠野に集められ、釜石や大槌に運ばれたという。まさに平成二三（二〇一一）年の記述の再録を見ているかのようだ。

遠野は盆地でありながら、盛岡や花巻といった内陸からの道が集まる地域であると同時に、三陸の海岸へ延びる道の起点でもあった。一見、閉ざされた郷に思えるが、実は外に開かれた交通、交易の中心であった。遠野の人びとには内陸の都市や海岸線の港町に生活を支えられてきたという感謝の気持ちがある。長らく苦しい生活を強いられてきた人々だからこそ、他人の傷の痛みを分かち合える心情が湧いたのだ。

「カッパ」は「合羽」を着たポルトガル宣教師?

翌朝は早立ちだった。冬至に近く、薄い牛乳色の朝霧が流れる。ホームで吐く息が白い。鱒沢発7時35分の1643Dに乗らなければ、次は11時46分の647Dまで、列車はやって来ないのだ。その間、四時間一一分!　これがローカル線の実態か?　とため息が出た。霜の降りた田園の中を、気動車はゴトゴトと走った。日はまだ山の端から昇ってこない。

7時51分、遠野着。

待合室には昔ながらのストーブがあり、その周りには眠ったように静かに暖を取る人たちの姿があった。文明の象徴のような灯油の匂いがここでは頼もしい。地方ではどこもが駅の無人化が進んでいるが、ここでは駅が暮らしの中で息づいている。

遠野は遠野南部《なんぶ》氏一万二五〇〇石の城下町、というより柳田國男の『遠野物語』の舞台であることのほうが知られている。

『遠野物語』は、柳田が遠野生まれの佐々木喜善《ささききぜん》という語り手に出会ったことで生まれた。柳田もまた賢治と同じく、文学に親しみながらも、子どものころの飢饉体験の記憶から、農民の生活を豊かにすることに生涯を投じた人であった。『遠野物語』は、そんな柳田が喜善から聞き取り、書きまとめた伝承物語だ。遠野盆地には、川にカッパが住み、山に山人《やまんど》が住み、オシラサマが養蚕を伝え、姥捨《うばす》てのデンデラ野がある。柳田の中の、こうした異形《いぎょう》の者どもの世界と、飢餓に苦しむ人々という問題意識のせめぎあいは、賢治の人生とオーバーラップしている。

すでに収穫の終わったホップ畑を抜けて、曹洞宗の寺院、常堅寺《じょうけんじ》の門をくぐる。珍しい「かっぱ狛《こま》犬《いぬ》」に挨拶をしつつ、本堂の裏手の「カッパ淵《ぶち》」へ。ここが伝説のカッパの生息地だ。ゆるやかな蓮池《はせき》川の流れが湾曲し、木立ちの中に祠《ほこら》が建てられている。一般にカッパは人や馬を水の中に引きずり込むという伝説の悪童だが、遠野のカッパはただ単なる妖怪ではない。農繁期には田んぼに出て、人々の農作業を助けたり、病人が出ると、薬を施したりもしている。

遠野の人々が弱者に対して援助を惜しまない、というとびきり美しい性情の持ち主であることから察すると、ひょっとしてカッパは弱き人間ではなかったか、と思えてくる。駅前のカッパの像を見るたびに思うのは、その姿がカトリック宣教師にそっくりだということだ。あの頭のお皿は宣教師たちのトンスラだ、と思えないだろうか。とすれば、カッパは実はポルトガル人の隠れ宣教師だったのではないか、という推測がひらめく。

仙台の伊達《だて》藩はキリシタンの弾圧を激しく行った。東北地方にも多くのキリスト信者はいたが、弾圧が及ぶと彼らは「隠れキリシタン」となり、辺境の村落に逃げ隠れた。今も各地に隠れキリシタンの墓が残っている。

カッパはポルトガル語では〝雨合羽《あまがっぱ》〟の合羽の意味である。とすれば、伊達藩に追われて南部藩領に逃げ込んだ宣教師を心優しい遠野の村人たちが橋下に匿《かくま》い、「カッパ伝説」を敢えて作りあげ、役人たちが近づかぬよう警句を発したのでなかったか？　黒いマントを纏《まと》った紅毛碧眼《こうもうへきがん》の宣教師はさぞや妖怪に思えたことだろう。宣教師は馬も使えるし、西洋医学にも通じている。宣教師は捕まれば、磔刑《たっけい》である。そのお礼に農民たちに尽くしたのではなかったか？

銀河鉄道は歴史の想像をへめぐる。

賢治も柳田もこの鉄道に乗れなかったが、もし彼らが乗っていれば、ますます興味深い東北の物語が生まれたことだろう。

銀河鉄道は仙人峠をカタパルトに宇宙へ

ふたたび釜石線の人となる。

比較的穏やかな里山を走ってきた釜石線は足ケ瀬《あしがせ》から一気にクライマックスに突入する。難所の仙人峠越えである。

かつて西からは岩手軽便鉄道が、東からは釜石鉱山鉄道がそれぞれこの仙人峠を突破しようと敷設をすすめた。しかし、全通まであと四キロというところまできて、その峠の峻嶮《しゅけん》さに行く手を阻まれた。全通するのは、時を下ってやっと昭和二五（一九五〇）年になってからだった。

それ以前、この峠越えは徒歩か駕籠《かご》でしかできなかった。大人でも悠々三時間はかかるという峠越えの途中に湧き水はなく、頂上の茶屋では飲み水が有料で提供されていた。そんな歴史的な難所をウィスキーをなめながら、のんびりと車窓を眺めて通りすぎるのは、いささかうしろめたい気もあった。

「SL銀河ドリーム号」が煙をあげて宮守川橋梁を走る

鉄道は急勾配を苦手としており、蒸気機関車時代には最大勾配は二五パーミルが限度とされていた。つまり一キロ走って二五メートルの勾配を登るのがやっとである。ここでは四〇メートルあまりの標高差をクリアするために、トンネル内で線路を大きくカーブさせ、最終的には一八〇度向きを変えていくという特殊な方法がとられている。地図上でのその形状から「Ω《オメガ》カーブ」などとも呼ばれる。

上有住《かみありす》を出たあたり、いくつかのトンネルをくぐりながら、右手はるか下方に目をやると、これから通って行くはずの線路が見え、一瞬だが次の駅、陸《りく》中大橋《ちゅうおおはし》も垣間《かいま》見える。カーブを走り終え、陸中大橋に着くと、ふたたび右手のはるか上に今通ってきた線路の上路トラス橋が見えるのだ。ここが車窓名所としても名高い、鬼ケ沢《おにがさわ》橋梁である。

銀河鉄道のモデルは岩手軽便鉄道だったが、軽便鉄道は今の釜石線のように峠を越えて釜石に通じてはいない。仙人峠駅までしか繋がっていなかったというのは、物語を読むうえで重要なポイントである。

銀河鉄道は花巻から遠野へ向かい、仙人峠をカタパルトにして銀河系に飛び立っていったということだ。

不遇の歴史を返上し、東北人よ今こそ立ち上がれ！

釜石線随一の難所を越えた列車は、少し脱力するかのように甲子川《かっし》沿いを進み、小佐野《こさの》を過ぎると釜石の市街地に入っていく。

釜石駅に降り立った頃、街はすっかり暗くなっていた。いや、まて、かつての釜石の夜はこんなに暗かっただろうか？　街の光は被災当時のままに消えていた。しかし、振り返るとそこにはリニューアルされたばかりの新しい釜石駅舎が力強く聳えていた。消失と復興が混在していた。

記憶の中の風景を行き来しつつぼんやりと駅前をうろついていると、赤提燈《あかちょうちん》がちらついた。幻影か、と疑いつつ、すい寄せられるようにたどり着くと、そこには「呑《の》ん兵衛《べえ》横丁《よこちょう》」の堂々たるアーチが現れた！　かつて釜石港近くにあった「呑ん兵衛横丁」は津波ですべての店が流されたが、場所を変えて復活していた。隣接して復興屋台村「釜石はまゆり飲食店街」の看板もある。仮設店舗だが、それが味のある〝屋台村〟の雰囲気を醸し出している。

仙人峠では天へと昇り損ねたが、ほろ酔いの旅の終着に、なんともふさわしい場所にたどり着いたものだ。

さっそくその一軒の暖簾をくぐる。

まずはビールを注文すると、とれたて遠野産ホップを使ったビールがタップから注がれてきた。新鮮なホップは花のような香りを醸し、キリッと苦味を立てる。鮑肝《あわびきも》が、えも言われぬ深いコクを口の中にひろげ、牡蠣はどっしりと力強い旨《うま》みを放ってきた。マグロも鯖も新鮮でとびきりうまい。変わらない三陸の新鮮な海の幸だ。生きているのがうれしくなった。

凶作、飢饉、地震、津波に襲われた東北は、長らく「飢餓の風土」と印象づけられてきた。しかし、実は海産物、農産物はこんなにも豊かだ。かつては黄金があり、馬産もあった。東北人が貧しさに耐え、我慢強い人々、とされてきたのは、時の為政者たちが勝手に作ってきたイメージに過ぎない。

井上ひさしの空想小説『吉里吉里人《きりきりじん》』ではないが、「東北は今や独立すべきだ」と思う。振り返れば、連綿とした歴史の流れの中で、平安時代には「前九年、後三年の役」、近世では豊臣秀吉の「奥州仕置《おうしゅうしおき》」、近代の「戊辰《ぼしん》戦争」と、東北人はいわれのない罪を負わされ、抵抗し続けてきた。天皇や中央政権に忠実に貢献しながらも、冤罪をきせられ、その罰として、豊かさをもぎ取られてきた。それがこれまで〝東北人の真の歴史〟だったのではないか。

現代の「出稼ぎ」、続いての「原発」もその流れの中にあり、国のためにやってきたことが、逆に根拠のない差別意識を増長させている。

「東北人よ、今こそ立ち上がれ！」

暗い夜空を見上げながら、心の中で叫んだ。

またまた少し酔っぱらってしまったかもしれない。


（平成二四年一二月取材）

【えちぜん鉄道】越のほそ道、越前岬を旅する

日本海、カニにつられて永平寺参り

越前《えちぜん》に〝開高丼《かいこうどん》〟なるカニづくしの丼があるという。かのグルメの文豪、開高健さんが大いに好んだので、その名が残った。

ふと冬の日本海が恋しくなり、カニが食べたくなった。越前とはほぼ現在の福井県東部・嶺北《れいほく》地方の旧国名。そういえば〝えち鉄〟（えちぜん鉄道）が走っているではないか。

日本海は季節によってその表情をまったく変える。まるで生きもののようだ。夏は穏やかに凪《な》いで、入道雲《にゅうどうぐも》が青空に浮かび、海はとろんとして湖にも思える。ところが冬は、吹きすさぶ風、雪、岩壁に

呼鳥門をバックに雪の下で咲く越前スイセン

荒波が打ちつけ、その激しさはときに漁師も犠牲となる。

人を惹《ひ》きつけるのは、そんな冬の日本海だ。とくに文学を志す者にとっては、日本海は創作の豊穣《ほうじょう》なる源泉といえるだろう。泉鏡花《いずみきょうか》や水上勉《みずかみつとむ》など、わが敬愛する作家にも日本海ゆかりの人たちが多い。

その昔、若き紫式部《むらさきしきぶ》が越前守に任じられた父・藤原為時《ふじわらのためとき》とともにこの越前に住んだとき、この地の辺鄙《へんぴ》な風土に不満を漏らし、京都への募る思いを歌に詠んでいる。

――ふるさとに帰る山路のそれならば
　心やゆくとゆきも見てまし

20歳そこらのうら若き娘にとっては、さもありなん、だろう。しかし紫式部の越前での暮らしや旅の体験が、のちに書かれる『源氏物語』の妖しい男女

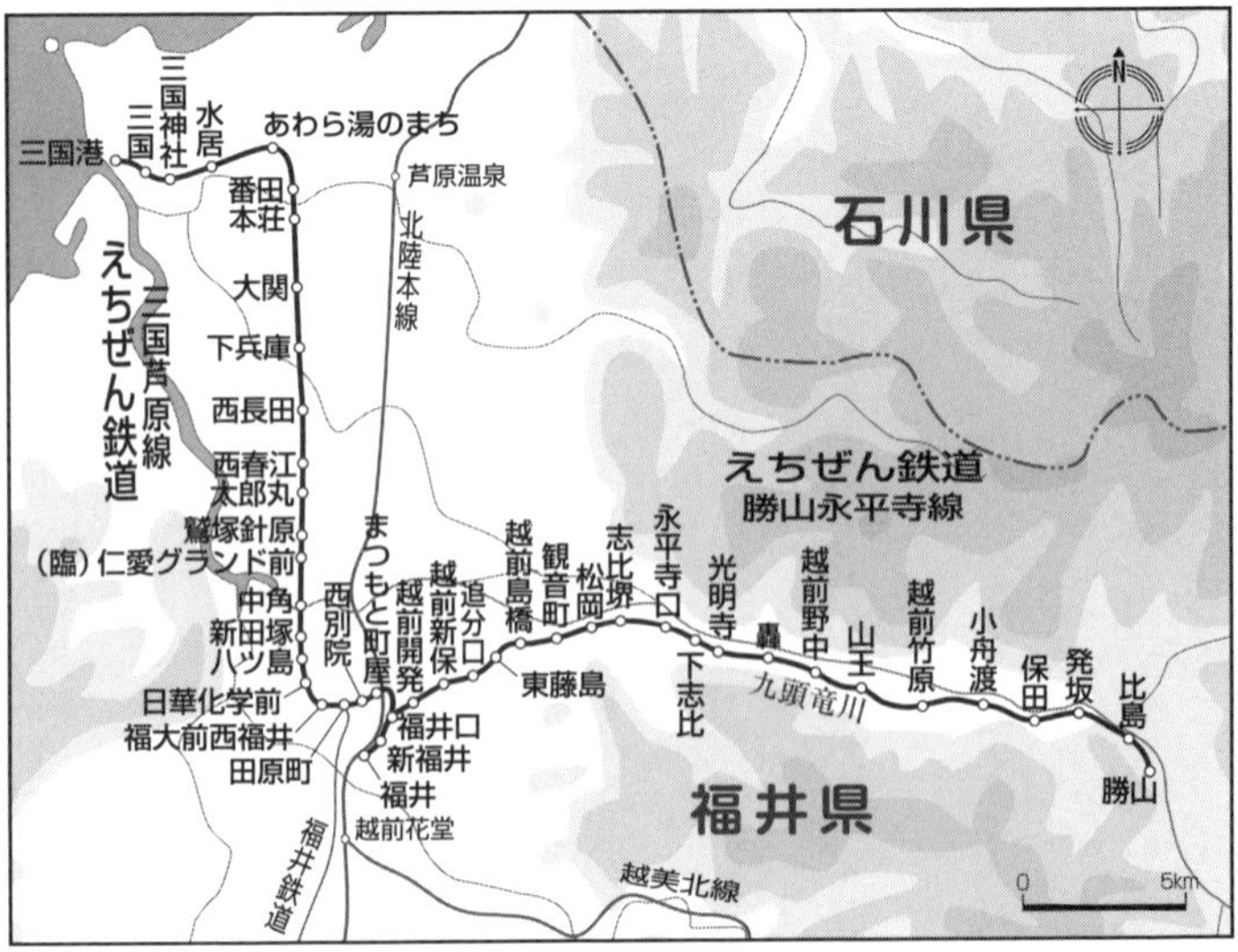

れではない。

の心理描写に色艶《いろつや》や陰影を与えたことも事実だ。ぼくの〝日本海が文芸心を育む〟説も、あながち的外《まとはず》

ところで越前といえば、かつて急行「越前」という列車が上野から福井へと走っていた。

紀行作家・宮脇俊三さんのかの『時刻表2万キロ』の旅の記述は、上野駅14番線に停車中のこの急行「越前」に乗り込むところからはじまる。しかし今、東京から北陸地方へは急行「越前」も急行「能登《のと》」も、ブルートレインの「北陸」もすでになくなってしまった。

東京から「ひかり」で出発する。「ひかり」にはまだ喫煙車が生き残っている。朝の斜光を浴びる白雪の富士山を見ながら、車販のコーヒーを啜り、紫煙をくゆらす気分はたまらない。

さて、米原《まいばら》から特急「しらさぎ」に乗り継ぎ、福井駅に降り立った。

小雪ちらつくどんよりとした北陸の空が迎える。東京の乾いた冬空とは異なり、湿気をふくんだ冷気が肌に染みこむ。日本海の冬だ。さっそく『えち鉄（えちぜん鉄道）』福井駅へと移動した。昔は〝駅裏〟などと呼ばれて暗かったが、今ではすっかり整備され、大きなロータリーになっている。北陸新幹線の開通を待ち望むかのように、建設途中の高架ホームがあった。新幹線に備えて、平成一七（二〇〇五）年にまずJR福井駅が高架駅となった。えち鉄の福井駅周辺も将来的には連続立体高架化されるようだ。

えち鉄福井駅に自動改札はないが、ホームへはいつでも入ることができる。平日の昼間で混雑はないが、乗客は待合所で待機している様子である。えち鉄は平成一五（二〇〇三）年に京福《けいふく》電気鉄道越前本

線を転換して開業した第三セクターで、福井駅を起点に海へ、山へと逆方向に向かう二つの路線がある。海へと向かう三国芦原《みくにあわら》線は、〝関西の奥座敷〟と呼ばれる芦原温泉（筆者の姓名とは無関係）を通り、三国港《みくにみなと》へ向かう。山へと向かう勝山永平寺線は、曹洞宗の総本山の永平寺口を通り、恐竜の町、勝山につながる。

三国芦原線に乗って雪の福井平野をいく

まずは三国芦原線三国港行きの列車に乗った。

途中下車をしたいが、平日だから「一日フリーきっぷ」は利用できないか、などと思案しつつ、窓口係に相談すると、指定の有人駅であれば終点までのきっぷを買い、下車時に駅員に告げればよい、と教えられる。ＪＲでは一〇〇キロまでの乗車券は途中下車無効だから、気ままな旅を続けるぼくには困りものだ。ついでにいうと、〝青春18きっぷ〟が好きなのは、そうしたわがままを許してくれるからなのだ。えち鉄もどうやら〝ぶらり派〟に理解があるようでうれしくなった。

ホームにやってきた電車に乗り込んで発車時刻を待つ。車両は白地に青色と黄色で軽快な雰囲気だ。車内には沿線の店の情報が写真入りで掲示されている。「えちてつサポーターズクラブ」に入会すれば、さまざまな特典があるようだ。

発車するとすぐに福井口。線路はここで勝山永平寺線と分岐し三国芦原線に入る。大正三（一九一四）

年に開業した駅で、駅舎は歴史を感じさせる。ここからアテンダント嬢が乗り込んだ。ふと気がつくと、車内はいつのまにか乗客でいっぱいになっていた。平日の昼間で満席に近いこの乗車率は、三セクでは珍しいかもしれない。アテンダント嬢は乗客ひとりひとりに声をかけていく。外は吹雪になっていたが、車内は人の温もりにあふれていた。

週末に勝山市で開催される「勝山左義長《さぎちょう》」について案内があった。観光客のおばさま方に、アテンダント嬢は祭りの概要を身振り手振り交えて説明している。年寄りや子供など交通弱者には、彼女らは心強い味方だろう。

福井鉄道福武線《ふくぶ》との乗り換え駅、田原町《たわらまち》は、歌人の俵万智《たわらまち》さんが通った県立藤島《ふじしま》高校の最寄り駅だった。本名であるにも関わらず、地元では駅名をペンネームにしたという噂がたったという。歌集『サラダ記念日』がベストセラーとなった彼女は、やはり日本海が育てた文才の持ち主である。

沿線は住宅地という感じで、車窓風景は単調だった。田園風景を想像していたのだが、なんだか路面電車のようである。ところが新田塚を出ると、列車はゆるやかな築堤を登り、やがて九頭竜川《くずりゅうがわ》にさしかかった。九頭竜川を越えると、あたりは見渡す限りの田園風景。無人駅が続き、しばらくローカル列車の雰囲気を満喫する。ホームには積もった雪がそのまま残っている。このあたりは乗降客が少ないのだろう。

大関《おおぜき》には、その駅名からの連想なのか、力士が蹲踞《そんきょ》している姿をモチーフにした奇妙な形の自転車置き場が設置されていた。

ML（旧・テキ）6形電気機関車は今も奥越勝山に“生きたまま”眠る

雪が小降りになり、少しだけ日が射してくる。先ほどまでは吹雪のせいで磨《みが》きガラスのようだった車窓が急にクリアになり、一面の雪に覆われた水田に、降る雪がきらきらと輝いている。これぞ風花《かざはな》か、とつぶやいた。帯状の雲の切れ間から太陽が顔を出したり、また隠れたりを繰り返すのが、北陸の冬の典型的な空模様だ。移り気な女心にも似ている。

百年の時がとまる三国湊の料理茶屋

三国で下車した。

三国湊《みなと》の古い町並みを歩くには、終点・三国港駅よりもこの駅のほうが近い。

三国湊は中世から栄えた港町だ。江戸初期は日本海側の有数の遊興街として名を馳せた。近松門左衛《ちかまつもんざえ》門《もん》の戯曲『傾城仏の原《けいせいほとけのはら》』はこの三国湊の遊女・三国小女郎《こじょろう》がモデルとなり、月窓寺《げっそうじ》というなんともロマンティックな名前の寺が舞台である。江戸末期から明治にかけては北前船《きたまえぶね》の寄港地として隆盛を極めた。街には廻船問屋や商家が建ち並び、お茶屋や芝居小屋が軒を連ねていた。昭和に入ってからは三国漁港で水揚げされた新鮮な魚を籠につめた〝ボテさん〟たちが、朝一番の電車に乗って福井へ向かった。

〝きたまえ通り〟と名づけられた通りを歩く。かつて材木商を営む豪商だった岸名家の町屋が残されている。妻入り《つまいり》の前面に平入り《ひらいり》の下屋をともなった〝かぐら《かぐら》建て〟と呼ばれる三国独特の建築様式だ。橋を橋の向こうの滝谷出村《たきたにでむら》遊郭へ「行こか戻ろか」と思案《しあん》したといわれる「思案橋」が今でもあった。

境に丸岡《まるおか》藩と福井藩とに分かれていた。橋のたもとには「吉中《よしなか》酒店」があり、通り沿いに主屋《おもや》と土蔵とが並んでいる。

さて、そろそろ喉が渇く頃だ。九頭竜川の河口への坂道の途中に、料理茶屋「魚志楼《うおしろう》」という店を見つけた。暖簾をくぐると、前時代の空気が凝縮している。時代がそこで止まっているのだ。む、む、侮れない店だ、と直感した。きけば、建物は明治初期のもので、戦前までは芸者を育てたお茶屋だったという。しんとした土間では柱時計の振り子の音だけがきこえる。外はみぞれ雪、百年の時がここでは止まっていた。

同年代とおぼしき女将にぬる燗を頼む。出された「へしこ」は鯖の浅漬けという感じで、炙《あぶ》ると日本海の生きた鯖が蘇るようだった。越前の甘海老はつとに有名だが、ここでは〝ガサエビ丼〟を頼んだ。ガサエビは見た目が甘海老の紅《くれない》に比べ、色は濁り、決して美しいとはいえない。しかし、身はひとまわり大きく、旨味とコクは上質で、鮮度が落ちるのが早いので地元でもなかなか口には入らないという。すっかり腰を落ち着け、地酒・黒龍の冷酒を飲んでしまったが、このままでは〝ほろ酔い〟が〝どろ酔い〟になりそうだった。

ふたたび襟《えり》を立てて北風のなかを歩く。

視界がひらけた。海と見紛《みまが》うばかりだが、九頭竜川の河口だった。女と金が集まるところ、そこにはまた酒と文化が栄える。九頭竜川が北陸の母なる川と呼ばれるのも宜《むべ》なるかな、というところである。

開高健の後姿を追いかけ、越前町は梅浦へ

今宵の宿は越前岬に決めてあった。福井からJRで武生《たけふ》にゆき、そこからまたバスに乗った。どうして、そこまで？　と、読者は疑問に思われるかもしれないが、越前岬に開高健さんゆかりの宿があり、〝開高丼〟はそこで誕生したのである。

開高さんはわが心の師匠である。旅について、食味について、釣りについて、わが青春は思えば開高さんの物語とともにあった。文芸はとてもついてゆけないが、旅と食と釣魚《ちょうぎょ》に関しては、弟子と称しても開高さんは叱らないだろう。世界六〇カ国をめぐり、ワニからシマウマ、フクロウからアルマジロまで食べた。ローマから奈良まで六〇日間、鉄道で旅をした。地球一周、フライロッドを携えて、鱒を釣り歩いた。釣りの腕だけはひょっとして師匠より上かもしれない？

というわけで、開高さんの定宿、越前ガニ料理が評判の「こばせ」は、たとえ遠くとも訪れなければならない。

開高さんは祖父母と尊父が福井県坂井市の出身で、越前にゆかりが深い。彼もまた日本海の黒いうねりに巻きこまれ、ほとばしる情感を呼び起こされたひとりなのだろう。

開高さんが最初にこの宿を訪れたのは、ベトナムでの従軍記者を終えた昭和四〇（一九六五）年の冬のことだった。生死をさまよったベトナム戦線での心身の疲れを、彼は冬の日本海の荒ぶる海を眺めて癒した。越前ガニが実はお目当てだったかもしれないが……。

越前ガニのブランドには歴史がある。

『古事記』にはすでに応神天皇《おうじん》が「この蟹《かに》や、何処《いずく》の蟹　百伝《ももった》ふ　角鹿《つぬが》の蟹　横去らふ」と詠んだというくだりがある。この「角鹿」がいまの福井県のことであり、まさにこれこそ越前ガニである。このいにしえより伝えられし日本海の幸を、いざ一心に食らわん、と夕膳にのぞんだ。

食卓はカニ三昧《ざんまい》だった。「月夜のカニは美味い」の詞になぞらえ、卵の添えられた〝月見ガニ〟。北陸の冬の空を表現した〝セイコ（雌ガニ）のみぞれ和え〟、続く〝カニの洗い〟は口に入れたとたん、新雪のごとく溶けてゆく。真打ちは〝浜ゆでカニ〟だ。

若主人の長谷裕司さんによれば、ひとことで越前ガニといっても、ひとつひとつ個性があるのは人間と同じだそうだ。足の太いのや細いの、甲羅《こうら》の色艶《いろつや》、身の詰まり具合、それらの違いにより火加減、塩加減、ゆで時間を微妙に、かつ厳密に工夫する。しかし、大小は分かるが、カニはどう見てもぼくにはカニにしか見えない。傍らでは仲居さんが黙々とカニを剥いて身を皿にのせていく。あっという間に皿に山盛りとなった身を、酢醤油と合わせて頬張り、飲み込み、また頬張り、を繰り返す。もう言葉はないのである。一晩で、一生分のカニを食べたという実感である。

さて、最後に出されたのが、かの〝開高丼〟であった。

――美食家はかならず大食家であり、その哲学は《量ガ質ヘ転化スル》を第一条としている。そこでオスはオス、メスはメス、いずれもべつべつのドンブリ鉢でやる。そうしなければいけない。

（開高健『眼ある花々／開口一番』〔光文社〕より）

こうして生まれたのが〝開高丼〟である。

福井では雌のズワイガニをセイコと呼び、甲羅に詰まった中身を食す。カニは脚を食うもの、と思っている方はこれを見、食べれば、絶句するに違いあるまい。鮮やかに赤い内子、緑なすカニみそ、暗褐色の外子は、日本海のポテンシャルを濃縮して、増幅させたような、えもいわれぬ威力を実現する。それを開高さんは〝海の宝石箱〟と呼んだ。それがひっくり返されたような丼を抱え、まさに、海に眠る宝石を探り当てた海賊のような勢いで、ご馳走さまとあいなった。

勝山永平寺線、奥越へのほそ道をゆく

翌日、ふたたび福井駅から、今度は勝山永平寺線に乗った。

車窓にはしばらく単調な街の風景が続く。路線上のところどころに設けられているスノーシェルターをくぐり抜けながら、やがて永平寺口駅に到着。駅名からもわかるように、ここから曹洞宗の大本山である永平寺にアクセスする。この駅舎も同じく大正三（一九一四）年と古い。当時は「永平寺駅」という駅名で開業した。永平寺の門前までは六キロあまり。現在ではバスに乗り換えるのだが、当時は徒歩か人力車で移動した。その後大正一四（一九二五）年に、ここから「永平寺門前（のち永平寺）駅」ま

でを結ぶ永平寺鉄道が通ったが、永平寺鉄道は経営が悪化し、昭和一二（一九三七）年京都電灯（のちの京福電鉄）の傘下に入った。しかし、えち鉄が設立された平成一四（二〇〇二）年、永平寺線（永平寺口～永平寺間）は残念ながら廃線となってしまった。

終点の勝山に降りる。

駅前広場には「フクイサウルス」なる恐竜が出迎えていた。勝山は本来は寺社の多い情緒ある〝むかし町〟だが、今や恐竜一色である。駅構内には黄色くペイントされた除雪用のラッセル車がいつでも出動できるよう待機していた。海岸側よりもさらに雪深くなるこの辺りの日常をうかがわせる。

帰途、松岡で降りる。徒歩にて天龍寺へ向かう。お目当ては松尾芭蕉である。芭蕉は『おくのほそ道』で福井を訪ねた後、永平寺と天龍寺を訪ねた。もはや大垣《おおがき》（岐阜県）に近く、旅も終わりに近づく初秋のことであった。

芭蕉は『おくのほそ道』の物語の終わりを別れをテーマにして締めくくる。

長らく道中をともにした河合曾良《かわいそら》は体調を崩したため山中《やまなか》温泉で先に帰した。そして金沢から同行した地元俳人の立花北枝《たちばなほくし》ともこの天龍寺で別れを告げる。北枝は芭蕉を師と仰ぎ、芭蕉は北枝をことのほか可愛がった。天龍寺に一泊した二人は、翌日町外れの茶屋で休む。その茶屋で北枝との別れに臨み、

――物書きて扇《おうぎ》引きさくなごりかな

と詠んだ。暑さは遠のき、もう要らなくなった扇に句を書いて、引き裂きたくなるほどの辛い別れだという芭蕉の心を詠んだ句だ。この先はひとりになる寂しさもあったろう。境内には芭蕉と北枝との別

れの場面の像が立てられていた。

しかし、季節は打って変わって冬であり、境内は一面雪に覆われ、木々には雪吊りが施されている。芭蕉と北枝の像も、脇の観音像も雪囲いがされており、まるで〝雪ん子〟のようだ。本堂の前にも三角屋根の雪囲いが建てられ、その軒下には福井の方言で「ばんば」と呼ばれる木製の雪かき具が立てかけてあった。

元禄の松尾芭蕉も昭和の開高健も旅の出会いと別れのなかをさまよった。

芭蕉は当時俳諧《はいかい》を支配する談林《だんりん》派から抜け出して、ひとり独自の〝不易流行《ふえきりゅうこう》〟、〝閑寂枯淡《かんじゃくこたん》〟なる蕉《しょう》風《ふう》の道を確立せんがため、遠い辺境を危険を覚悟でさまよった。

開高さんも行き詰まったおのれの魂を目覚めさせようと、あらたな地平を求めベトナムへ旅立った。日本海は二人を迎え、作家たちは傷心を癒やした。二人は海の大きさに抱かれて逝った。

開高さんは鎌倉の円覚寺に眠っている。その自然石の大きな墓石はあたかも開高さんがごろんと寝そべるかのように置かれてある。周りの四角四面の多い墓石のなかで、ひときわやわらかな雰囲気を放っている。まるで牛が横たわるようにも見える巨岩は、越前でとれる目玉石の原石であり、他ならぬ「こばせ」の主人、長谷政志さんが三回忌に越前の浜を探して贈ったものである。

開高さんは日本海のカニの味を思い出しながら眠っておられるのであった。

（平成二五年二月取材）

【湖西線・北陸本線】

琵琶湖周航の歌

師匠の墓を、京都東山に訪ねる

うっすらと煙る東山《ひがしやま》連峰を眺めながらホテルの部屋で目覚めた。冬の京都、二月の朝である。

ふと、関沢新一師匠のことを思い浮かべた。

師匠はこの東山のどこかに眠っておられるはずである。

関沢新一の名を知る人はもはや多くはないだろう。

都《みやこ》はるみの「涙の連絡船」、舟木一夫《ふなきかずお》の「学園広場」など演歌の作詞家、東宝『ゴジラ』シリーズの脚本家として有名な方だったが、一方、熱烈な鉄道ファンだった。蒸気機関車への思いを綴った『さあ行こう俺たちの美しいやつ』などの著作もあり、鉄道紀行エッセイも多く書かれた。ぼくがまだ二〇代

湖西線普通列車。京都の地域色である緑の117系

で、鉄道ジャーナル社編集部に在籍していた時、編集顧問をされていた。ぼくは勝手に押しかけ弟子となり、〝師匠〟と呼ばせていただいていた。短身ながら、京都弁の大きな声、眼鏡の奥で少年のような好奇心がいつも輝いていた。

公私にわたり、お世話になった。日本各地の蒸気機関車の撮影にお供をし、日本から蒸気機関車が消えた後は、中国大陸まで同行した。その師匠が亡くなってすでに二〇年が経つ。この機会にお墓をお参りしておこう、と思った。

今回は琵琶湖一周の旅である。

京都から出発する予定だから、旅の序章としてふさわしいではないか。

東山、馬町《うままち》の渋谷《しぶたに》通り、隆彦院《りゅうげんいん》という寺の名を覚えていた。あまり寺の名らしくないので、記憶の片隅に残っていた。京都は狭いから分かるだろうとホテルからタクシーに乗った。ところが、運転歴三〇

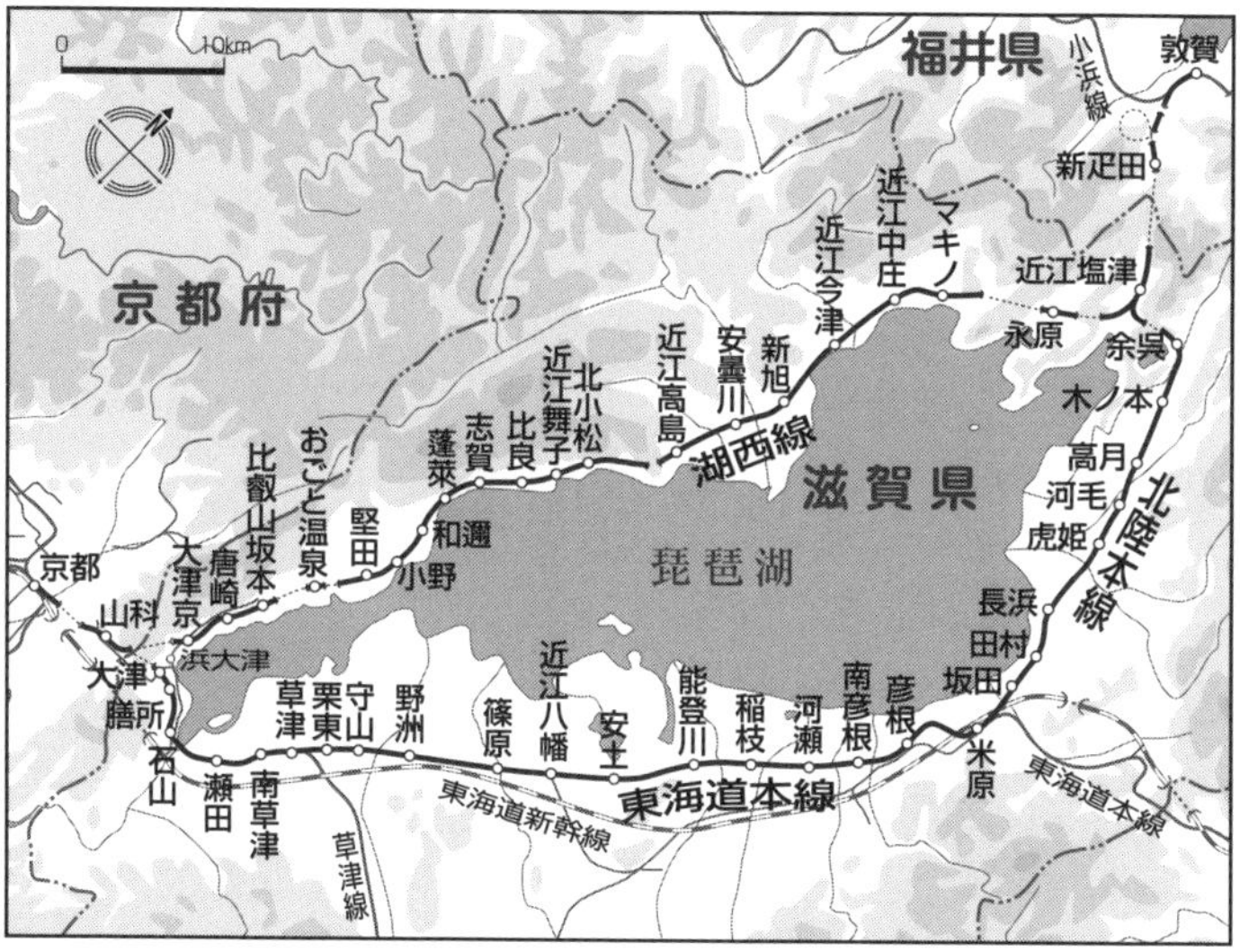

年、京都のことは何でもわかるという運転手だったが、

「さあ、知りまへんね。聞いたことあらしまへん」

「とにかく近くまで行ってみてください」

東山渋谷通り東入ルで降ろされた。

「交番にきいてみておくんなさい」

木造モルタルの交番は無人だった。「巡回中」の札が机に置いてある。早朝なので、表通りに人影はない。

諦めようか、と思った時、壁に貼ってある大きな地図が目に入った。懸命に探すが、しかし隆彦院の名は見つからない。平安の時代、このあたりは鳥部郷《とりべのさと》と呼ばれ、死者を葬る場所だった。名もない小さな寺や墓地が数多く、見つけるのは困難だ。運転手が知らない、といったのは当然のことだった。

以前雑誌で追悼記事を見つけ、〝神社の奥のちいさな寺の墓地に眠る〟と書かれていたことを思い出した。表通りを仔細《しさい》に眺めると、神社の赤い幟《のぼり》が見えた。三嶋《みしま》神社と書かれてある。幟に引かれるように狭い小路に入ると、神社が現れ、その奥に続く坂道のどん詰まりに寺らしき門があった。辿ると、「尼寺霊場《あまでられいじょう》、大悲山《だいひざん》 隆彦院」とあるではないか！ 奇跡のようだった。きっと、師匠が呼んでくれたのだ。

「ごめんください」

「はあい」

澄みきった女性の声が奥でした。

早朝の突然の訪問にも、臆することなく、黒衣《こくい》の尼僧《にそう》はきびきびとした動作で、師匠の墓まで案内してくれた。簡素、静寂な寺である。掃き清められた裏庭に墓地があった。

「関澤家之墓」の脇に、師匠の詩碑が建てられていた。

♪勝つと思うな　思えば負けよ――

レコード大賞を受賞された「柔《やわら》」の詞であった。

少年時代、体が小さく、病弱だった師匠は今でいうイジメにあった。つらい時はいつも京都駅へ行った。八条陸橋から見下ろすと、東海道本線や奈良線の列車が下を通り、蒸気機関車が煙をあげ、力強く、走っていた。巨大な鉄の馬が小さな少年を励ました。少年は蒸気機関車の運転士をめざしたが、鉄道学校は体力検査で不合格になった。その後裸一貫で上京し、当時花形だった映画界へ入り、清水宏監督に鍛えられ、助監督を経て、脚本家として名をあげ、晩年は作詞家として大花《おおはな》を咲かせた。

「アシハラクン、人生は柔やで、相手の力を利用して、最後に勝つんや」

柔術は身は小さくても大きな相手を倒すことが出来る技だ。

師匠の人生は、思えば「柔」そのものだったのだ。

各駅停車を選んで、湖西線の旅へ

9時13分、京都駅から近江今津《おうみいまづ》行きの電車に乗った。117系といううくすんだ緑色の国鉄形電車だった。先頭車は昔の東急の〝青蛙《あおがえる》電車（五〇〇〇系）〟のように丸型で、いかにもローカル鉄道という風貌である。東海道本線のこのエリアは「新快速」の花道である。隣のホームから出る後続の新快速野洲《やす》行きにすぐさま追い抜かれてしまう。

今回の旅は京都から山科《やましな》、近江塩津《しおつ》、米原、大津と琵琶湖一周を試みた。湖西《こせい》線（山科〜近江塩津間）、北陸本線（近江塩津〜米原間）、琵琶湖線（米原〜山科間）を、各駅停車で乗り継ごうというわけである。

冬の琵琶湖はとりわけ美味・珍味がそろう。鮒《ふな》ずし、野鴨《のがも》や猪などのジビエ、モロコ、稚《ち》アユなどの淡水魚も冬が旬だ。ほろ酔い紀行には格好の肴ではないか？　旅立つ前からワクワクしていた。

東山トンネルを抜けると山科。いきなり四分間の停車があった。「近江今津方面へは、次の新快速にお乗換えください」とのアナウンスがある。このまま各停で行く客は多くはない。旅にはゆとりが大事だが、通勤は〝分《ふん》〟を競う。そこに日常と非日常の差があり、いかに日常性を捨てきるかが本来の旅の作法なのだ。だから敢えて新快速には乗り換えない。

このあたり、昔は田んぼが青々と広がっていたが、今の山科は京都の延長で、中小ビルが並び立つ。

わが〝青蛙電車〟はゆっくりと山科を出ると、東海道本線と分岐し、長等山《ながらやま》トンネルを抜ける。

右手に琵琶湖が霞んで見えた。

琵琶湖はいうまでもなく日本最大の湖で、その名は楽器の琵琶の形に似ているところから命名された。しかし、古代に空からこの湖を誰が眺めたのだろう？　湖畔を歩いた古代人の想像だったのか？　は、ともかく周囲は二四一キロあり、面積は滋賀県の六分の一を占める。古くから畿内《きない》と日本海地方を結ぶ重要な交通路で、船運が発達した。竹生島《ちくぶしま》、沖島《おきしま》などの島を浮かべ、ニゴロブナやビワマスなどの固有種、またモロコ、アユ、ハスなどの淡水魚も豊富だ。

9時25分、大津京着。

特急「サンダーバード」が隣のホームを振動音を立てて駆け抜ける。

湖西線は北陸（金沢・富山）と関西（京阪神）を直結するサンダーバードの通り道だ。この時間帯は三〇分おきに発車しているから、途中駅では一五分おきに上下が通過することになる。時速一三〇キロのスピードだから、ホームにいると怖いくらいだ。

サンダーバードといえばぼくの世代では、やはり485系のボンネット形「雷鳥《らいちょう》」が懐かしく思い出される。今の683系4000番台ののっぺらぼうの〝白悪魔〟のような無機質なデザインはどうも好きになれない。

余談だが、サンダーバードとは「雷鳥」の英訳か、と思っていたのだが、どうやら勘違いのようで、「コトバンク」によれば、アメリカ先住民の神話にある雷を呼ぶ巨鳥のことらしい。英語で雷鳥はグラウス。そういえばイギリスには「GROUSE」という有名なウィスキーがある。確かラベルには雷鳥が描かれていた。

本筋にもどると、湖西線は山科と近江塩津を結ぶ七四・一キロのＪＲ（西日本）線である。北陸と京阪神を結ぶ短絡線として、国鉄時代の昭和四九（一九七四）年に誕生した。それまで福井や金沢から京阪神へ行くのは、北陸本線で米原経由が普通だったが、開業以降、湖西線が主流となった。高速化を目的としただけあって、路線はすべて高架あるいはトンネルで、地上の踏切はない。湖西線の誕生により、山科〜近江塩津間は一九・五キロの短縮となった。

さて、湖西線の旅を続けよう。

まずは比叡山坂本《ひえいざんさかもと》で下車。ここから二キロほど西にあるケーブル坂本駅から延暦寺《えんりゃくじ》近くまでケーブルカーが発着している。

比叡山鉄道の坂本ケーブルは走行距離二〇二五メートルで日本一長い。標高六五四メートルの延暦寺駅まで所要一一分。深い谷をめぐり、暗い杉の森林帯を抜けると、眼下に琵琶湖が広がった。

この日はあいにく薄曇りで、琵琶湖はうっすらと煙っていた。晩冬には黄砂あるいは花粉で煙るようである。眼下に琵琶湖大橋、その麓に堅田《かたた》漁港、おごと温泉の町、正面に雪を抱いた伊吹山《いぶきやま》、三角錐《さんかくすい》の近江富士（三上山《みかみやま》）などが見渡せた。

ケーブルの終点、延暦寺駅はレトロな鉄筋二階建てで、大正一四（一九二五）年に建設され、麓のケーブル坂本駅とともに国の登録有形文化財に指定されている。

気温三度、駅前には雪が残り、真冬の寒さ。小雨が降り始めたので、延暦寺参詣は諦め、早々の下山とした。

深い杉の森の間から鈍い梵鐘《ぼんしょう》の音が聞こえてきた。

琵琶湖を右手に望みつつ、西岸を北上する

11時04分、坂本発。

ふたたび各駅停車の旅がはじまった。

おごと温泉、堅田、小野、和邇《わに》、蓬莱《ほうらい》、志賀、比良《ひら》と丁寧に停車してゆく。

このエリアはいかにも湖西線の風情が楽しめるところだ。右の車窓には琵琶湖がまぢかに迫り、和邇付近では琵琶湖独特のエリ漁の風景が見られる。

エリ漁は古代、東南アジアから中国、朝鮮半島を経て近江に伝わったとされる伝統漁法で、岸から沖へ傘型の簀《す》を立てて水域を囲い、魚の習性を利用してツボに追い込む。稚アユ、モロコ、エビ、ワカサギなど小魚が主流だ。一方、沖に仕掛けるのは刺し網で、ここでは回遊魚のビワマスを捕獲する。サカナといえば海水魚が主流だが、琵琶湖では淡水魚が主役だ。稚アユの甘露煮《かんろに》、ワカサギの南蛮漬《なんばんづ》けなど酒の肴に最高である。

車窓左手からは比良山地が迫ってくる。

残雪を冠り、麓から堂々と聳えている。蓬莱、比良は麓の駅という感じで、山は田園の端からいきなり切り立っている。特急ならば、あっという間に通り過ぎてしまうだろうが、各駅停車は一歩一歩踏みしめるように山地に近づく。

比良山地は「比良の暮雪《ぼせつ》」として近江八景の一つに数えられる景勝地だ。最高峰は武奈ヶ岳《ぶながたけ》(標高一二一四メートル)で、釣瓶岳《つるべたけ》、釈迦岳《しゃかだけ》など一〇〇〇メートル級の峰々が連なる。

「比良おろし」は湖西線泣かせの強風だ。とくに春先の季節風は「比良八荒《はっこう》」と呼ばれ、瞬間風速四〇メートルを記録することもあり、まさに台風並みである。そのためJRでは風速二〇メートルで徐行運転、風速二五メートル以上の時は、運転を見合わせるなど安全運転に配慮している。以前は特急「雷鳥」やブルートレイン「日本海」が、天候状況により急に北陸本線に経路を変更する場合が多かったが、今はどうだろうか?

11時29分、近江舞子《まいこ》に着いた。

——雄松《おまつ》が里の　乙女子《おとめご》は、赤い椿の森陰に　はかない恋に泣くとかや

「琵琶湖周航の歌」に歌われる雄松崎は近江舞子の浜である。夏には多くの湖水浴客が訪れるところだが、今は淡い日差しの中に、物静かに眠っているかのようだった。

敦賀で見つけた魚の旨い店で、盃を傾ける

12時16分、近江舞子で姫路《ひめじ》から来た新快速に乗る。敦賀《つるが》行きである。

平成一八（二〇〇六）年の新快速の敦賀までの直通運行は関西圏の交通体系にとって画期的なものだった。日本海と瀬戸内海が一列車、しかも料金不要の列車で結ばれたからだ。しかもこの新快速、京阪神の都市間では特急並みのスピードである。越前（福井県）と播磨《はりま》（兵庫県）が三時間余りで結ばれることなど、昔の人には信じられない〝事件〟だろう。かつてここは京阪神への一日がかりの行商の道、杜氏《とうじ》の道であった。

本来は近江塩津で乗り換えて北陸本線で米原へ向かうはずだった。しかし、近江塩津から敦賀まではわずか一四分である。ちょうど昼時で、お腹が空いてきた。

「敦賀までこのまま乗って行こう」

決心は早かった。

というのは、敦賀駅にはうまい寿司屋があるのだ。この駅に来るたびに、福井のうまい日本酒と日本海の新鮮なサカナを食べるのが楽しみだった。地方の駅ナカでうまい寿司屋があるのは珍しいことなのだ。

この紀行は〝ほろ酔い〟がもう一つの目的である。しかし、今回ばかりは近郊形電車なので、わが友の〝ポケ角〟を取り出す勇気がなかった。通勤電車で、赤ら顔などしていては周囲の乗客にも迷惑では

ないか？

昼間の駅ナカ寿司屋ならば、堂々と酒も飲めるだろう……、そう思うと、たちまち元気を取り戻した。イイ気なモンである。

13時15分、敦賀着。

ところが！　であった。

駅は改修工事の真っ盛りで、構内には「交流施設オルパーク」が併設され、寿司屋は移転し、代わりにコンビニが入っていた。駅前広場はブルドーザーが音を立てて整備中である。かつての古びた敦賀駅の面影はまったくない。

腹を空かせ、とぼとぼと工事中の駅前商店街をさまよう。どこもが開店休業中という雰囲気で、人通りはなく、諦めかけた瞬間、ただ一軒だけこの時間に開いている店を見つけた。

「駅前食事処・建《たけし》」という幟がはためく。店内に一歩足を踏み入れると、白木のカウンターが眩しいほどに目に焼きついた。鮮魚の並ぶガラスケースと生ビールの樽が、命の源泉か！　と思われた。

まずは生ビールを。続いて、木之本（長浜市）の地酒「七本鎗《しちほんやり》」を常温で頼む。かの北大路魯山人《きたおおじろさんじん》も絶賛したという名酒だ。

「刺盛《さしもり》いきますか？」

カウンターから亭主の声がする。寿司屋ではないが、あの駅ナカ寿司屋の感動が再現する。

鯛、平目、やりいか、ハマチ、ツブ貝。二、三切れが上品な皿に並ぶ。いずれも旬の地のものだ。平

坂本ケーブルのケーブル延暦寺駅から琵琶湖を見晴らす

目の白身は優しく、柔らかく、鯛はいかにも荒海育ちのようで身が厚く、少し湯引きして精気を和らげてあった。透明感のあるやりいかはコシがあり、ほどよくコリコリして、ぬめりがあり、絶品だ。ハマチはプリッと脂肪がのっている。辛口の地酒が快く内臓に沁み渡る。

「へしこ、どうです？」

へしことは若狭《わかさ》（福井県西部）の郷土料理で、新鮮な鯖に塩をふり、糠漬《ぬかづ》けとして半年ほど寝かせたもので、越冬のための保存食だ。糠を少し落とし、炙っていただく。多少しょっぱいが鯖の平凡な肉質に糠が混じり、独特な味に変えている。へしこがあれば酒はいくらでも飲める、というシロモノだ。

さらにさっきまで泳いでいたというオコゼを唐揚げにしてもらう。頭からまるかじりすると、骨も身もやわらかく喉を通ってゆく。地魚のエキスが胃袋の大海に戻されて、ふたたび滋養《じよう》となって甦《よみがえ》るようだ。

勘定は東京の半額ほどの値段で、これまた感動的であった。

やっと〝ほろ酔い気分〟となり、幸せになって駅に戻った。

この日は北陸本線で湖北をめぐり長浜で泊まった。

長浜は豊臣（当時・羽柴《はしば》）秀吉の城下町で、北国《ほっこく》街道の要、今も湖北の中心である。旧市街地の黒壁スクエアには江戸から明治の和洋折衷《せっちゅう》の建物が並び、街歩きが楽しい。舟板塀《ふないたべい》のある豪商の屋敷、鐘楼《しょうろう》のある古寺《ふるでら》、さりげなく吊られたガス灯や常夜灯に、古き湖辺の港町をしのんだ。

東海道本線で、東岸を南下する

長浜発10時06分、新快速に乗る。

途中、彦根《ひこね》で下車し、彦根城下を散策する。昨日からぐずついていた天気は、この日、本降りになった。雨に煙る湖の風景もわびしさを感じさせて、ひとり旅にはいい。

彦根発11時25分、大津へ向かう。

大津では旬の鮒ずしが目的だった。鮒ずしは日本の寿司のルーツといわれ、琵琶湖の鮒を使い、塩漬けし、米をまぜて長期間ねかせ、〝なれずし〟にしたもので、よくいえば琵琶湖のチーズ、悪くいえば鮒の漬け物である。強烈な酸味と独特の匂い、過激な風味で、好きと嫌いにすぐさま分かれるが、これをボルドーあたりの重い赤ワインで試してみたかったのだ。

ちなみにぼくは鮒ずしを〝日本三大奇食〟の一つにしており、名古屋の「小倉《おぐら》トースト」（バタートーストの上に小倉餡《あん》を載せて朝食にする）、松江の「ぼてぼて茶」（茶碗に赤飯、しいたけ、黒豆、たくあんを入れ、煮出した番茶をかけて茶筅《ちゃせん》でかきまわす）と並び、その庶民の奇想を称賛しているのである。

これまで沿線で探したが駄目だった。大津ならば食べられるのではないか、と期待していた。ところが観光案内所でも、「さあねえ、物産店に土産品《みやげ》としてならありますが」という返事。昔は湖畔の小料理屋ならどこでも食べられたが、今は「大津でも困難」とのこと。四〇〇年続いた鮒ずしの老舗「喜多品《きたしな》」（高島市）もついに廃業に追い込まれたという。手間がかかって高値となること、天然のニゴロブナが獲れないことが原因のようだ。

ぶらりと駅前商店街を歩く。

浜大津へのだらりとした坂道だ。昔ながらの商店が並んでいる。途中で交差する京町通りは東海道の旧道である。車がすれ違うのも困難な、狭い街道筋に町家造りの旧家が並ぶ。その中に一〇〇年続くという古民家を使った老舗料亭「大津魚忠《うおちゅう》」を見つけ、絶品のうな重を食べた。酒は「浅茅生《あさじを》 渡船《わたりぶね》六号」という湖南の変わった名の地酒を選んだ。

昼間の酒は酔いがはやい。

旅をして、酒を飲み、どん行列車に揺られている。

思えば、長い旅を重ねてきた。ぼくの人生は幹線ではなく、脇道の支線、ローカル線、しかも行きつ戻りつ、の連続だった。新幹線や特急には乗り遅れ、はぐれながら、はみ出しながら好きな道を選んできた。〝鉄の細道〟をひたすら辿る人生だった。

――疲れたら休め、彼らもそう遠くへは行っていないはずだ。

関沢師匠がぼくに残してくれた言葉である。

高度成長の時代、職場は戦場であり、ぼくたちは寝食を忘れ、兵士のように戦った。家族は母子家庭となり、心はすさぶばかりだった。

「戦争映画のある将校のセリフや。橋頭堡《きょうとうほ》の奪い合いで強行軍だった兵に言いきかせる場面やった。働き蜂は長くはもたへんで」

ぼくはいつしか人生もどん行の人となっていた。

師匠の言葉が、やっと今頃効いてきたのかも知れない。

（平成二六年二月取材）

【南阿蘇鉄道】火の国、水の王国をゆく

スイッチバックを越え、南阿蘇鉄道へ

東京〜熊本・大分間の寝台特急「はやぶさ」「富士」、九州ブルートレインのラストランを見届けてからすでに数年が過ぎた。

平成二三（二〇一一）年三月一二日に九州新幹線が全線開通して、九州は今や「鉄道王国」というイメージが世間に浸透しつつある。環境にやさしく、ゆっくり行こう、というスローライフの時代背景に乗って、鉄道は今まさに時代の風を受けている。

ぜひ乗ってみたいと思っていたローカル線の一つに南阿蘇鉄道があった。沿線は清涼な水、名水の故郷である。「もっとも崇高なる天地間の活力現象」（夏目漱石《なつめそうせき》著『二百十日《にひゃくとおか》』より）の阿蘇《あそ》を眺め、う

昭和三（一九二八）年完成の立野ー長陽間に架かる立野橋梁

まいウィスキーの水割りが飲みたい。

阿蘇は、三〇万年前から四度の大噴火を経て世界最大級の規模を持つカルデラとなった。南北二五キロ、東西一八キロに広がり、杵島岳《きしまだけ》、烏帽子岳《えぼしだけ》、中岳、高岳、根子岳《ねこだけ》の五つの火山を総称して阿蘇山という。そのうちの中岳は、時折、思いついたかのように内部のマグマを沸々《ふつふつ》と沸き立たせ、いまだ噴火を繰り返している。

この阿蘇をぐるりと取り囲んでいるのが、一二八キロに及ぶ外輪山《がいりんざん》だ。外輪山を越えると世界は変わる。その風景の中を二つの鉄道、JR九州の豊肥本線（大分〜熊本間）が北側の阿蘇谷を、第三セクターの南阿蘇鉄道（立野《たての》〜高森《たかもり》間）が南側の南郷《なんごう》谷を走っている。

「阿蘇高原線」の愛称をもつ豊肥本線に乗り、大分から二時間余り。南阿蘇鉄道乗り換え駅の立野へ。

豊肥本線の見どころは赤水《あかみず》〜立野間の外輪山越え

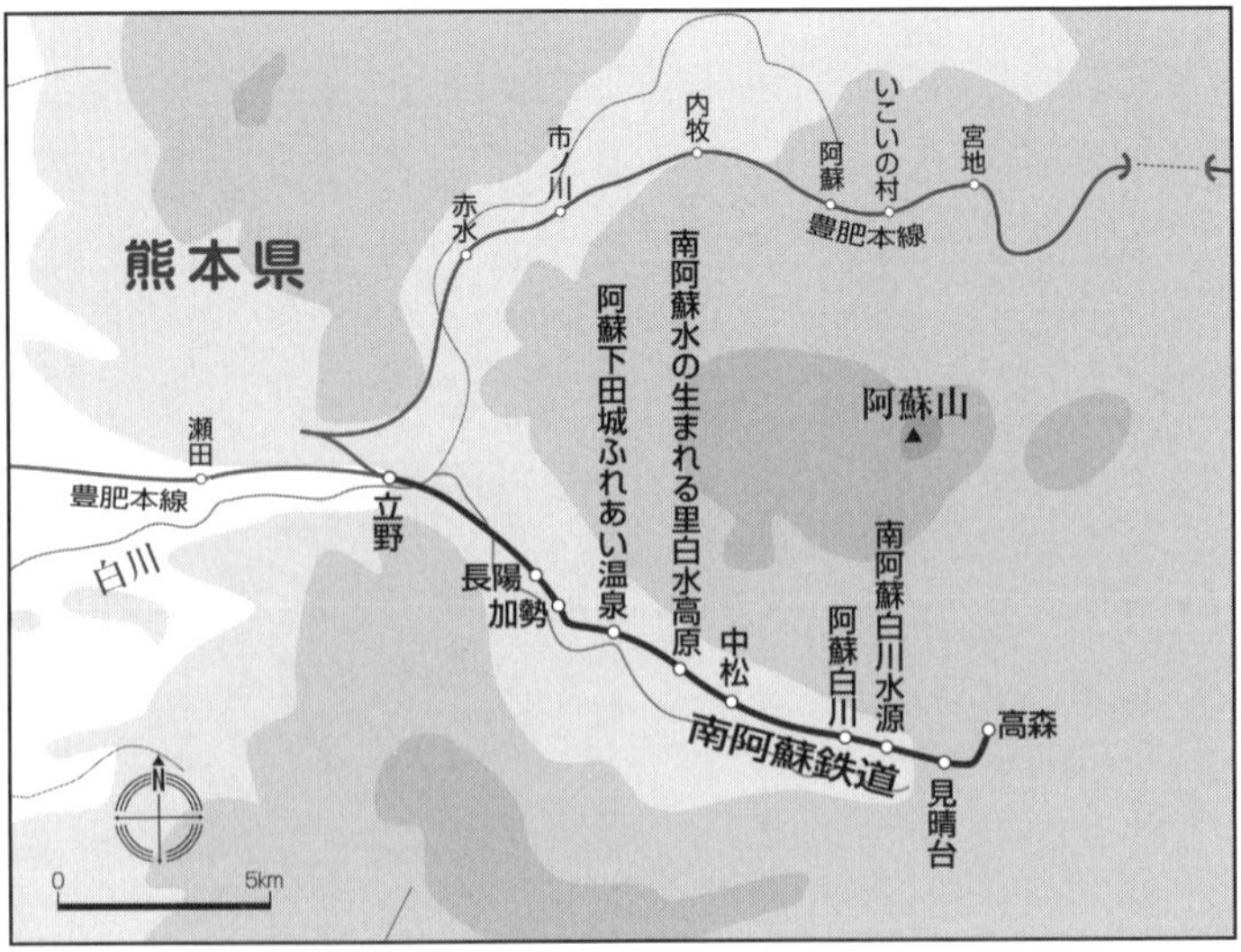

である。赤水駅を過ぎると、いきなり外輪山が近づいてきた。赤水の標高は四六七メートル、区間七・九キロの次の立野は二七七メートル。長大な外輪山の切れ目の底である。その標高差は一九〇メートル。なんと六〇階建ての高層ビルに匹敵する。勾配は三三・三パーミル。列車はまさに日本有数の険しい勾配を下るのだ。

急勾配の下を流れる黒川は、そのあまりの深さのため、窓から見ることはできない。やがて途中でゆっくり停車すると、運転士は後方の車両に移動し、逆向きに走り始めた。

これがかのZ型スイッチバックだ。

天下の険《けん》、箱根登山鉄道のスイッチバックをはるかに凌駕《りょうが》するスケールだ。

豊肥本線のディーゼルカーはゆっくりと斜面を下り、立野駅のホームへ滑り込んでいった。

「しらかわ」「はなしのぶ」「おおるりしじみ」

それにしてもだ。春まだ遠い二月の週末である。朝から冷たい空気に包まれ、身震いしながら、いつか、ここが火柱噴く〝火の国〟熊本だということさえ疑わしくなって、懐の携帯用のポケット角瓶を握り締めている。

この日、そんな愁然《しゅうぜん》たる旅人を迎えてくれたのはMT－2000形2001「りんどう」だった。

「りんどう」は、「阿蘇ゆるっと博」のロゴとご存知のゆるキャラ「くまモン」のほか、阿蘇地域にちなんだイラストでカラフルにラッピングされていた。その明るさ、温みに、気分はにわかに〝元気モード〟に転換している。

南阿蘇鉄道は国鉄時代には高森線と呼ばれていたが、昭和六一（一九八六）年に第三セクターとして生まれ変わった。阿蘇の山々の眺望、日本名水百選として有名な水源を持つ白川と平走して全長一七・七キロ、のどかな高原を進み、高森駅までの九駅を約三〇分で結んでいる。

時刻表をみれば、早朝から夜九時過ぎまでほぼ一時間一往復のペースである。気ままな途中下車には最適の路線だろう。

主力気動車は、開通時導入の「りんどう」に、2002「しらかわ」、2003「はなしのぶ」、次世代にあたるＭＴ－3000形3001は「おおるりしじみ」と、それぞれ粋な愛称を持っている。

リンドウ（竜胆）は、九州を中心に自生する多年草で熊本の県花。根が「熊の胆《い》（胆嚢《たんのう》）」よりも苦いという意味で、「竜の胆」の名がある。ハナシノブは紫色の花を咲かせる山草で、純粋なハナシノブは阿蘇地域にしか自生しておらず、絶滅危惧種に指定されている。

蝶《ちょう》の一種でメスの黒い斑紋《はんもん》が特徴的なオオルリシジミは、これも野生では絶滅したといわれ、飼育のものが放されてわずかながら阿蘇と長野県北部で見ることができる。興味深いことにリンドウは、熊本と長野の県花であり、オオルリシジミの生息地と分布が合致することになる。

〝火の国〟というと熱いイメージだが、この高原の冷気は意外だった。ここは標高六〇〇メートル。つまり、熊本・阿蘇と長野の気候はさほど変わらず、と実感した。だから高原の冷気からうまい水が育まれる。

「しらかわ」の名の由来はもちろん白川で、阿蘇五岳の根子岳（一四三三メートル）を水源にして湧き出し、南郷谷を流れ、北側の阿蘇谷から流れ込む黒川と合流、下って熊本市街を貫流し有明海《ありあけかい》に流れる。阿蘇の名水として知られる名川だ。

「りんどう」は中央部に四人掛けボックスシート六席、窓際ロングシートのワンマン。白川の渓谷美を眼下にして、たちまちほろ酔いの人となる。窓を開けると、さわやかな冷気が入ってきた。

この日は土曜日で、若いカップルや年配グループの乗客を多く見かける。三月から一一月までの毎週末はトロッコ列車「ゆうすげ」が約一時間かけて終点までのんびりと走っているのだが、今回乗れなかったのは残念だった。

11時03分。出発してすぐに二つの名場面がやってきた。

白川渓谷をまたぐトレッスル形式の、高さ三四メートルの鉄製橋脚三本を持つ立野橋梁と、アーチ橋の第一白川橋梁で、水面から高さ六四・五メートル。下を覗き込む乗客から驚嘆の声があがる。確かに目がくらんでしまうほどの高さで、九州一を誇っている。

立野から次の長陽《ちょうよう》までは標高差は約七〇メートル。「りんどう」はどんどん上って行く。線路の両側は切り立った山の谷で、阿蘇北向谷原始林《きたむきだにげんしりん》の戸下《とした》トンネルを抜け、白川を第二白川橋梁で渡ると、瓦屋根で木造の落ち着いた雰囲気の長陽に着く。

11時10分。乗ってからその間、約七分と短いが、さっそく降りてみる。この気ままさが、ローカル線

南阿蘇の麓にひとりぼっちの単行列車がやってきた

の醍醐味なのだ。無人駅だがすぐ右手に「久永屋《ひさながや》」という喫茶店を見つけた。入口脇に無料で飲めるポットが置いてあり、その水がうまい。これだけ水がいいと、きっと地酒も上質なはずだ。この先、楽しみな予感が広がる。

他に二、三組のカップルやグループで店内はいっぱいになった。

「この辺りには住宅が増えとるけんが、みな国道325号ぞいとね」

と常連らしいおじさん。やはりローカル線はクルマに追いやられているのだろうか。

チェコからホームステイに来ている二二歳になる青年に会った。来日はこれまでに五回で、阿蘇は二回目。ホームステイをしながら、居合い、武道、陶芸を学んでいるそうだが、身長一八六センチの偉丈夫《いじょうぶ》の表情が和んで「とくに武道はむつかしい」と首を振って見せた。

空いた時間を見つけて、この店でバイトをしているらしいが、適度に距離感を保って、こちらの様子を見ながら礼儀正しく応対するその佇まいは、日本人よりも日本人らしいので感心した。ふと、小泉八雲こと、ラフカディオ・ハーンを思い出してしまった。

ハーンが見た熊本

ハーンは松江で英語教師をしていたことは知られるが、実は松江には一年足らずしかいなかった。明治二四（一八九一）年一一月から明治二七（一八九四）年一〇月にかけて、熊本で約三年間の歳月を過ごしている。長男は熊本で生まれ、世界に日本を紹介した名著『知られぬ日本の面影』『東の国から』は熊本で書かれている。ハーンにとって、熊本は日本の第二の故郷なのだ。

当時の西洋人にとって日本は文明、文化の遅れた国であり、彼らは〝お雇い外人〟として政府に招へいされ、技術や知識の伝授、啓蒙のためにやってきていた。そういう時代のなかで、神社などを見てまわり、自然と共生している日本人を評価した西洋人といえば、ハーンその人しかいなかった。

ハーンが阿蘇まで足を伸ばしたかどうかは定かではないが、阿蘇で暮らす人たちはハーンと同様、自然と共に生きる、ということの重要性を昔から認識していた。

阿蘇の地形を改めて考えると、世界でも珍しい別天地であることが分かる。

景観だけならば、自然豊かな景勝地のひとつと思われそうだが、活火山の真っ只中に五万人にも及ぶ人々が代々住み続けているという土地柄は、外国人の眼からはとうてい理解されないだろう。

しかし、阿蘇の人々にとって、周囲を取り囲む外輪山はあたかも〝神〟の象徴であるかのようだ。時には怒りのしるしがあるが、ここは空気が清浄で、地下水も豊かだ。緑も多く、田畑や牧畜の収穫もあり、人々は古代より神の恵みを受けて暮らしてきた。西欧人のように自然と戦うことなく、自然と共生してきたのだ。

阿蘇のおいしい水で入れたコーヒーを啜りつつ、下界の熊本市内で桜の花が咲くころにも、ここでは雪が舞い散ることもあると聞いた。

12時56分、次の列車に乗り込む。ここから阿蘇の高原が広がってくる。車窓の右手には南外輪山がつくる間断なく続くスカイラインが現れ、左手には烏帽子岳、夜峰山《よみねやま》が姿を見せる。

12時59分。阿蘇下田《あそしもだ》で下車。正しくは「阿蘇下田城ふれあい温泉駅」という。駅舎内に番台があり、そのまま温泉へとつながっているような造りで、さっそく四〇〇円を払って温泉に浸かった。

なにやら指がピリピリする、と思ったら、それは微弱な電流が流されているかららしい。いわゆる〝電気風呂〟だ。旅の疲れを癒《いや》すにはちょうどよい刺激だった。

13時44分。阿蘇下田を後にする。

ここでは無人駅ならではの、ちょっと予想外な光景に出会った。列車を降りていったご婦人グループが、駅事務室と待合室の扉を間違えてホームで立ち往生してしまっていた。

これを見た運転士は、「そこは入口ではありませんよ。こちらですよ」と運転席から大きな声で教えている。その間、列車は止まったままだ。ここでは、時間がゆっくりと流れていた。

同じような光景は、日本で二番目に長い駅名を持つ「南阿蘇水の生まれる里白水《はくすい》高原」駅でも見られた。

この辺りは急に視界がひらけて高原らしい景観が出現し、また一二角形のログハウス風駅舎も美しい。さっそく車内ではご同輩の数人の〝撮り鉄たち〟のシャッター音が響き渡る。すると、ワンマンの運転士が、「みなさん、ホームに出て写真を撮ってもいいですよ。少しなら時間は大丈夫ですから……」

と声をかけてくれた。

「田舎の列車だから、サービスしなきゃあ」

運転士がつぶやく。

乗客はホームに出て写真を再び撮り始めた。ご婦人もケイタイを手に降りてくる。

鉄道といえば「安全、正確」を旗印に、万事杓子定規《しゃくしじょうぎ》が常なのだが、おもてなしの気質からか、南国の風土からなのか、とても大らかな気分になった。ほろ酔い加減のウィスキーがますますうまくなったのは語るに及ばない。

いつも、旅情を掻き立てるのは……

地元客が多いだけに、会話に耳をすませるのも鉄道旅の楽しみの一つ。自分が非日常の世界にいることをより鮮明に感じさせてくれる。

ここ阿蘇地域で話されているのは、肥後弁である。熊本弁といえば、「〜ばい」でどこか雰囲気は出るが、肥後弁では「寒くなる」を「さもなる」といったり、「冷たかつ、飲みたか」(冷たいものが飲みたい)なんて言ったりする。

「あんたがったどこさ、肥後さ、肥後どこさ、熊本さ、熊本どこさ」で始まる『肥後の手まり唄』は有名だが、これは戊辰《ぼしん》戦争で今の埼玉県川越《かわごえ》市内の古刹《こさつ》・喜多院《きたいん》裏の仙波山《せんばやま》に駐屯《ちゅうとん》した熊本藩出身の兵士と地元の子供たちとの問答を歌にしたものといわれている。しかし、それは明治の話であって実際には、「どこから来たとー?」が日常的な肥後弁だ。

記念撮影を頼むと、「いごいたけん、しゃしんのぶれたたい(動いたから、写真がぶれたよ)」。次のポーズを急き立てられてしまった。

13時47分。中松《なかまつ》で降りる。

お目当ては駅舎のなかにあるそば処「南阿蘇一心庵《いっしんあん》 中松店」だ。ここのそばは阿蘇の自然で育てられた自家栽培で、それを庵主が自ら打ったすべて手作り。水がいいとそばの味も格別だ。気さくな庵主との会話も弾んで、時間はあっという間に過ぎ去った。

15時06分。中松出発。ここから列車は次第に勾配を上り始めて行く。左手に中岳、高岳が近づいてくる。

ちょうどイベントで走っていた新酒列車の後部につながれた車両に乗り合わせる。新酒列車とは、列車一両を借り切って地元酒蔵の新酒と田舎料理を振舞う特別列車だ。新酒は非加熱のため、店頭販売をすることができないので期間限定となる。

満員御礼で車内は盛り上がり、料理に舌鼓《したつづみ》、お酒が進んでいる様子を車窓越しに眺める。予約してないので乗れず、残念な思いをしていると、

「寒造《かんづく》り新酒は高森駅にいっぱいあるから」

運転士が教えてくれる。楽しみは後になるほど大きい。

麓の水田に列車と阿蘇山が映し出される

南阿蘇の名水と酒

15時15分、阿蘇白川に着く。

阿蘇には水源がたくさんあり、そのなかの最大が「白川水源」だ。駅から少し離れているが、散歩にはちょうどいい距離である。この源流から湧き出す毎分六〇トンもの清水が一級河川の白川となって熊本市内を流れ有明海へと注いでいる。想像するだけで、そのスケールの大きさがわかる。

まさに阿蘇は〝水の王国〟だ。

車窓から見た中岳といえば、明治三二（一八九九）年秋に当時旧制第五高等学校（現・熊本大学）の英文学教師だった漱石が同僚と登山に挑戦。折からの台風に遭遇して退散している。その前夜に二人で泊まった宿での話が七年後に短編小説『二百十日』になり、ビールと熊本が登場する。

全文ほとんど会話体だが、なんとなく間の抜けた滑稽譚《こっけいたん》にもなっているのが、宿の女にビールを頼むくだり。女は「ビールはござりまっせん」と答えて、ついでにいう。

「ビールはござりませんばってん、恵比寿《えびす》ならございます」

『恵比寿麦酒《ビール》』は明治二三（一八九〇）年、日本麦酒醸造会社（サッポロビールの前身）が発売したもので東京を代表するブランドだった。発売から一〇年足らずだが、阿蘇の女性はまだビールそのものを知らなかったらしい。持ってきた恵比寿ビールに漱石がモデルらしい客がさらに追い打ちをかける。

「――姉さん、この恵比寿はどこでできるんだね」

「おおかた熊本でござりまっしょ」

「ふん、熊本製の恵比寿か、なかなか旨《うま》いや。君どうだ、熊本製の恵比寿は」

「うん、やっぱり東京製と同じようだ」

落語好きの漱石のノリで、地元ではお馴染みの一節だが、ここ阿蘇は、九州の水瓶《みずがめ》と言われるほど数多くの水源がある。〝恵比寿問答〟から一世紀近く経ち、平成一五（二〇〇三）年に開設されたサントリーの熊本工場でも、天然水から作る「モルツ」を生産しているのだが、時代が変われど、水のうまさは変わらない。今、漱石が生きていたら、酒好きの文豪だから、きっと「モルツ」の話になっただろう。サントリーがなぜこの地を選んだかは十分納得がゆく。

終着が近い。懐の〝ポケ角〟をここでは白川の水で割る。のどごしの切れの良さがが堪らない。

酒豪で「俺は角と同じ年」が自慢の先輩をふと思い出した。昭和一二（一九三七）年生まれで、「角とともに俺も後期高齢者だ」と相変わらず威張っている。

「学生の頃は貧乏で角なんざぁ高嶺の花、もっぱらカストリ焼酎、よくて合成酒、トリス」。その頃は水割りがなく、

「ハイボール一杯三〇円。一生懸命勉強して、いい会社に入って、出世して、角呑むぞー」

と憧れた時代があったのだ。

囲炉裏には日本伝統文化が詰まっている

16時01分。鋸《のこぎり》の歯のような山頂を持つ根子岳に迎えられながら終点の高森に着いた。

駅前にはかつて高森線を走ったC12形蒸気機関車が鎮座していた。この列車を栃木《とちのき》温泉の露天風呂から眺めたことがあった。今を去る四〇年前、鉄道ジャーナル社の社員旅行の時であった。社主の竹島紀元さんが久留米の出身だったから、皆で九州を旅行した。現『鉄道ジャーナル』編集長の宮原正和さんもイラストレーターの安達義寛さんも二〇代の若者だった。まだまだSLが元気な頃だった。

駅から徒歩で一〇分くらい歩くと、高森湧水トンネル公園がある。国鉄時代の昭和五〇（一九七五）年、建設中だった高千穂《たかちほ》線未完成区間（高森〜高千穂間）のトンネルで、工事の際に異常出水が重なり、高森町の水源脈を絶ってしまった。そのため、工事は中止。それでも水はトンネルから湧き続け、

現在は町の水源兼、公園となっている。

その近くにある『高森田楽《でんがく》の里』を訪ねてみた。茅葺合掌造り《かやぶきがっしょうづく》りの旧家を三〇年ほど前に宮崎から移設して、郷土料理をふるまっている。板張りの広すぎる座敷に囲炉裏《いろり》があり、炭が赤く暖かく燃えている。自然と囲炉裏の端に引き寄せられる。囲炉裏には家族が一体となり自然と共生してきた日本文化の伝統的が凝縮されている。

火山灰のやせた土壌でしかとれないというつるの子芋（かたちが鶴の頭に似ているところから名づけられた）、高森田楽、外輪山の清流にすむヤマメを角瓶のロックでいただく。

そして、お待ちかねの新酒の地酒。生ならではの香りと口当たり、旅の一期一会とはこのことをいうのだろう。予想していたとおり水がいいとすべてがうまい。

「火の国」は「水の王国」、南阿蘇鉄道は水の王国を走る、火の国の高原鉄道だった。

（平成二四年二月取材）

あとがき

〝呑み鉄〟とは酒を呑みながら、鉄道旅を楽しむ人のことをいう。

近頃流行りの〝鉄ちゃん用語〟で、撮りテツ、乗りテツ、音テツ、女子テツなど鉄道趣味分野の一つである。と、いうと何だか小難しいことのようだが、実は簡単なことで、酒を呑みながら旅を楽しむことなのである。ウィスキーのポケット瓶、缶ビール、コップ酒など酒ならなんでもいい。

それなら単なる酔っ払いじゃないか、と言われそうだが、呑み鉄は〝ほろ酔い気分〟であって、〝深酔い〟あるいは〝泥酔〟ではない。酒は単なる旅の友なのだ。

流れる風景を愛でながら、酒が呑めるのは鉄道旅行の特権で、クルマではできないし、飛行機や船は可能だが、鉄道のように山から海へ、トンネルから鉄橋というような風景の移り変わりを楽しむことは難しい。

呑み鉄には新幹線や特急よりも〝どん行列車〟がおすすめだ。

一駅一駅丁寧に停車して、呼吸を整えるように動と静を繰り返すローカルのどん行列車にこそ呑み鉄の格別の味わいがある。

そこにはゆったりとした時間の流れがあり、広がる風景の開放感があり、過ぎし日のこどもを回想する心の余裕があるからだ。

残雪の枯れた丘陵にこぶしや山桜の花が浮かぶ春の里山、キリギリスが鳴き、オニヤンマが飛ぶ夏の無人駅、渓流からほのかな宿の湯気が立ち昇る秋の夕暮れ、一面の積雪の中に埋もれて、押し黙ったような民家群……そうした忘れられた日本の風景に、自らの失った青春時代を重ねながら、旅は続く——。〝時〟が一層愛おしく感じられることだろう。

旅と文学と酒は三位一体である。

古来多くの文豪たちが旅をしてきた。

若山牧水、内田百閒、太宰治、吉田健一……文豪たちの傍らには必ず〝黄金の一滴〟が置かれていた。鉄道紀行作家の先達、宮脇俊三、種村直樹、竹島紀元らも旅の友は酒だった。

各駅停車の駅名には鼠ケ関《ねずがせき》、勿来《なこそ》、多賀城、長篠城、関ヶ原など史跡や古戦場の名を残すものが多い。移りゆく車窓を眺めながら、遠い歴史に思いを馳せるのも呑み鉄の特権だ。

ほろ酔いは想像をたくましくさせる。いささか気分が高揚し、時代劇のヒーローになったつもりで、薄暗がりの歴史を逍遥する。そこには幻の古代王国や異民族がたち現れ、裏面史の謎解きに興奮する。

気ままなひとり旅でもいい、夫婦の思い出旅行でもいい、本書を片手にぜひ〝車窓の人〟となっていただきたい。

本書は復刊『旅と鉄道』（天夢人発行、朝日新聞出版発売）の連載（平成二三年一一月号〜平成二七年七月号）をまとめたものである。経年変化は多少あるが、大幅な加筆は行わず、取材年月を記すことにより時事性、記録性を重んじた。旅を予定される方は事前に情報を確かめてから、お出かけ願いたい。

出版にあたり、東京新聞出版部の三橋正明さん、担当の山﨑奈緒美さん、天夢人の野口芳江さん、武田元秀さんにお世話になった。ここで改めて感謝の意を表したい。

芦原　伸

平成二八年、夏

芦原　伸（あしはら・しん）

1946年生まれ。名古屋育ち。紀行作家、ジャーナリスト。北海道大学文学部卒。週刊誌記者を経て、1972年、鉄道ジャーナル社に入社。1976年、フリーランスとして独立。1979年、企画創作集団「グループ・ルパン」を設立。現在は（株）天夢人 Temjin 代表。現場主義を貫き、国内はもとより、国外60ヵ国の取材を重ねる。『旅と鉄道』『SINRA』編集人・発行人。一般社団法人・日本旅行作家協会常務理事、日本ペンクラブ、日本文藝家協会会員。主な著書に『被災鉄道～復興への道』〈第40回交通図書賞受賞〉（講談社）、『へるん先生の汽車旅行』（集英社インターナショナル）、『シルクロード鉄道見聞録』『さらば！ブルートレイン』『鉄道おくのほそ道紀行』（講談社）、『60歳からの青春18きっぷ』（新潮新書）など。

編集協力：天夢人（野口芳江、武田元秀）
表紙写真：生井秀樹
写　　真：飯出敏夫、酒井広司、中西文明、小野純一、
　　　　　工藤久雄、戸川　覚、宮本和彦、坪内政美
地図製作：エルフ（石井一雄）
装　　丁：町田てつ

呑み鉄、ひとり旅
乗り鉄の王様がゆく

二〇一六年九月二十八日　第一刷発行

著者　芦原　伸

発行者　三橋正明
発行所　東京新聞
〒一〇〇－八五〇五
東京都千代田区内幸町二－一－四
中日新聞東京本社
電話 ［編集］〇三－六九一〇－二五二一
　　 ［営業］〇三－六九一〇－二五二七
FAX 〇三－三五九五－四八三一

印刷　株式会社　シナノ　パブリッシング　プレス

ISBN978-4-8083-1014-1　C0065
JASRAC　出　1608692